我国农村宅基地使用权流转制度研究

WOGUO NONGCUN ZHAIJIDI
SHIYONGQUAN LIUZHUAN ZHIDU YANJIU

赵保海等◎著

中国社会出版社
国家一级出版社 · 全国百佳图书出版单位

图书在版编目（CIP）数据

我国农村宅基地使用权流转制度研究 / 赵保海等著
. -- 北京：中国社会出版社，2019.11
ISBN 978-7-5087-6246-3

Ⅰ. ①我… Ⅱ. ①赵… Ⅲ. ①农村住宅—住宅建设—土地使用权—研究—中国 Ⅳ. ① F321.1

中国版本图书馆 CIP 数据核字（2019）第 241164 号

书　　名：我国农村宅基地使用权流转制度研究
著　　者：赵保海等

出 版 人：浦善新
终 审 人：李　浩
责任编辑：李新涛

出版发行：中国社会出版社　　**邮政编码：**100032
通联方式：北京市西城区二龙路甲 33 号
电　　话：编辑部：（010）58124841
邮购部：（010）58124848
销售部：（010）58124845
传　真：（010）58124856
网　　址：www.shcbs.com.cn
shcbs.mca.gov.cn
经　　销：各地新华书店

中国社会出版社天猫旗舰店

印刷装订：北京教图印刷有限公司
开　　本：170mm×230mm　1/16
印　　张：15
字　　数：260 千字
版　　次：2019 年 12 月第 1 版
印　　次：2019 年 12 月第 1 次印刷
定　　价：68.00 元

中国社会出版社微信公众号

目录

第一章　农村宅基地制度的研究现状

在国外土地经济学和土地法文献中，很少使用“农村宅基地”这一词语，但关于土地所有权和土地发展权转移的研究，对于我们研究我国农村宅基地问题具有重要借鉴意义。

关于土地所有权转移。在西方国家，土地所有权转移有两条路径——市场交易与政府征收。市场交易即通过市场交换转移土地权利，政府征收是在未获得土地权利所有人同意的情况下通过强制方式取得土地权利（Munch，1976）。西方学者普遍认同征收是为实现公共利益所必需，但强调公共利益只是启动征收的正当性前提，具体补偿则应体现保障公民财产权之基本原则，按照公平市场价格给予补偿。

关于土地发展权转移。它是美国（Kaplowitz，2008）和欧洲部分国家（Henger & Bizer，2010）为保护农业用地、森林等而设计的一种土地利用管理机制。基本逻辑是——土地所有者通过市场机制将发展权转让或出卖给他人（Johnston & Madison，1997），获得补偿的让渡土地受到严格的开发限制，受让地块获得更高的土地开发强度（Tavares，2003），从而将土地开发引向更合适的地区。

近年来，我国耕地保护的压力越来越大，城市建设用地供应日趋紧张，但同时农村空心、空巢现象更加严重，农村宅基地居住功能不断弱化，城市建设用地紧张与农村建设用地闲置并存的“窘相”越来越突出。另外，“占补平衡”政策约束下建设用地指标成为一种稀缺资源，农村宅基地附带建设用地指标增值空间巨大，但在现行制度框架下农民无法通过宅基地流转获得期望收益，以致越来越多的农业转移人口（其中一部分人口已经能够在城市稳定地就业和生活）因农村宅基地而不愿放弃农村户籍。农村宅基地已经在"人"与"地"两方面全面制约城镇化进程。在这样的背景下，国内众多专家学者的研究目光纷纷转向了农村宅基地，从农村宅基地的性质、宅基地的取得、宅基地的流转、宅基地的制度创新、宅基地用益物权实现机制等方面进行了大量研究，并且取得了许多有益的成果。

一、关于农村宅基地使用权的取得与消灭问题研究

（一）宅基地使用权取得的方式

宅基地使用权的取得有初始取得和继承取得两种方式。高圣平、刘守英认为初始取得仅指申请取得①，尹飞认为初始取得还包括法律的直接规定②，法律的直接规定是我国建立宅基地使用权制度后对当时现存的宅基地直接赋予了其宅基地使用权。孙毅、申建平则将宅基地使用权的取得方式区分为申请取得、受让取得和继承取得方式③。

孟勤国认为，土地管理法应当规定农村宅基地的分配原则、标准、程序等，农村宅基地的分配不能解释为平等主体之间的行为和意志，无论是农户还是集体经济组织，都不能自由分配农村宅基地，必须服从国家的土地管理意志④。林德萍认为，要打破新宅基地分村审批制，建立各区（市）、县统一的农民宅基地审批机构，在规划范围内，由农户提出申请，自主选择住宅建设地点，经审批合格后取得宅基地指标，以此促进农民集中居住⑤。

在宅基地使用权取得的原则上，刘俊认为应坚持以下原则：人人平等，平均分配；以户为权利行使的基本单位；实行无偿方式取得；有严格的标准限定；不得重复享受；有严格的审批权限和程序规定⑥。汪军民认为，除了应

① 高圣平，刘守英. 宅基地使用权初始取得制度研究 [J]. 中国土地科学，2007（2）.
② 尹飞. 物权法·用益物权 [M]. 北京：中国法制出版社，2005.
③ 孙毅，申建平. 建设用地物权. 宅基地使用权 [M]. 北京：中国法制出版社，2007.
④ 孟勤国. 物权法开禁农村宅基地交易之辩 [J]. 法学评论，2005（4）.
⑤ 林德萍. 建立农村宅基地新机制的思考 [J]. 农村经济，2004（9）.
⑥ 刘俊. 农村宅基地使用权制度研究 [J]. 西南民族大学学报 .2007（3）.

严格审批和不得重复申请外，还要节约土地资源，服从乡镇规划；尽量使用原有宅基地和村内空闲地。在农户取得宅基地使用权方面，不分性别、婚姻状况、种族、财产状况、社会地位，只要是本集体组织成员，并具备分配宅基地的资格和条件，均有权向本集体组织申请宅基地[①]。

（二）宅基地使用权的消灭研究

尹飞总结了现有规定，农村宅基地使用权因下列原因而消灭：为乡（镇）村公共设施和公益事业建设，需要使用宅基地的；不按照批准的用途使用土地的；长期闲置宅基地；宅基地面积超标；房屋消失。此外，宅基地使用权也可能因土地的灭失、国家的征收、无人继承和权利人的抛弃等消灭[②]。孙毅、申建平也总结了宅基地使用权消灭的法律事由：宅基地使用权的收回；宅基地的征收；宅基地的灭失；宅基地使用权的放弃。他认为，对于乡村公共设施和公益事业建设，需要使用宅基地的，应当对宅基地被占有的农户重新分配宅基地，并且对附着物进行合理的补偿；对于因“社会公共利益”确需征收的宅基地使用权，应按照征收的市场价格给予比较合理的补偿[③]。

宅基地使用权的收回，体现了宅基地所有权人的地位和权利。学者建议要限制宅基地所有权人的权利，要以“必须使用宅基地”为前提，并对宅基地被占用的农户重新分配宅基地才能以公益目的收回宅基地使用权；不能没有理由仅因面积超标将其宅基地使用权无偿收回；不能因房屋灭失就将其相应的宅基地使用权无偿收回；不能因宅基地闲置就将其收回，可以考虑置换、流转等手段处理。

---

① 汪军民．宅基地使用权的立法问题探讨 [J]. 湖北大学学报（哲社版），2006（5）.

② 尹飞．物权法・用益物权 [M]. 北京：中国法制出版社，2005.

③ 孙毅，申建平．建设用地物权、宅基地使用权 [M]. 北京：中国法制出版社，2007.

二、关于农村宅基地使用权流转的基本情况

（一）农户宅基地使用权流转意愿研究

近些年来，不少学者从经济学角度，对农村宅基地流转问题进行了理论研究和实证分析。如诸培新等人从公平和效率的角度对宅基地流转进行分析[①]；朱新华等人从制度经济学视角，对宅基地使用权流转制度改革进行解析[②]；邱道持等人提出和分析了农村宅基地流转的激励机制[③]。

部分学者通过农户调查和计量分析方法，对农户宅基地流转意愿进行了实证研究。赵国玲等人通过对湖北两县市农户宅基地流转意愿的问卷调查，发现有超过 50% 的农户愿意将宅基地进行流转；经济较发达地区农户非农收入已占据主导地位，农户的流动性较强，愿意流转的农户所占比例高于经济欠发达地区的比例。他们还采用 Logistic 回归模型，分析了农户宅基地流转意愿与区位条件、农户家庭属性特征以及经济发展水平等的关系[④]。赵淑芹通过对 1999—2008 年省级数据的分析，发现农户家庭纯收入、农户人均住房面积和 GDP 增长速度对农户宅基地流转具有影响，且作用显著。农户家庭纯收入增加促进了宅基地使用权潜在流转规模增加，农户人均住房面积对宅基地使用权潜在流转规模增加有较大影响，地区 GDP 增长速度对宅基地使用权潜在流转规模有负向影响。另外研究还发现，宅基地流转市场建设以农户和地方政府为主，村集体宅基地流转市场建设中节约交易费用的积极作用十分明显。《新形势下农村宅基地问题研究》课题组的农户调查发现，接近 60% 的农户表示有空房的情况下愿意出租自己多余的住房。但是从总体

---

① 诸培新，曲福田，孙卫东．农村宅基地使用权流转的公平与效率分析 [J]. 中国土地科学，2009（5）.

② 朱新华，柴涛修，陈利根．宅基地使用权流转制度改革的制度经济学解析 [J]. 中国土地科学，2009（4）.

③ 邱道持，赵亚萍，石永明，冯玲玲．农村宅基地流转激励机制研究 [J]. 西南大学学报（自然科学版），2008（10）.

④ 赵国玲，杨刚桥．农户宅基地流转意愿的影响因素分析——基于湖北二县市的农户调查研究 [J]. 长江流域资源与环境，2009（12）.

来说，我国农村房屋出租情况并不普遍，尤其在远郊农村腹地，没有人会在偏远的农村租房。

（二）农村宅基地流转的基本情况

近几年，随着城市建设向郊区拓展以及农村劳动力向城市迁移，农村宅基地使用权流转的隐形市场在部分大城市的城乡接合部已经逐渐形成。我国农村宅基地使用权流转主要是通过房屋在农户之间的买卖、房屋出租实现的。在一些城市的城乡接合部，房屋出租已经成为最普遍的流转方式；在北京、重庆、成都等大城市的城乡接合部甚至出现了利用农村宅基地建设商品房对社会公开销售的情况(即“小产权房”买卖)。例如，2004 年,《北京农民宅基地与房产制度研究》课题组对北京市朝阳、昌平和怀柔三个区农村宅基地流转情况进行了调查。从调查来看，宅基地流转已占宅基地总数的 10% 左右，有的甚至高达 40% 以上。2006 年，山东经济学院不动产法研究中心组织学生对全省 17 个地(市)的 42 个县、42 个村庄的宅基地流转情况进行了抽样调查。结果显示：51.3% 的被调查村庄存在住宅出租情况，出租户数在 10 户以上的村庄占 30%；总计 68.9% 的村庄实际发生过住宅出卖情况；实际出卖住宅 10 户以上的村庄占 26.5%；其中，75% 城乡接合部地带的村庄实际发生过住宅出卖情况，实际出卖住宅户数在 10 户以上的占 43%。可见，山东农村住宅出租、出卖的情况已较为普遍。2007 年，中国农科院《新形势下农村宅基地问题研究》课题组对重庆、四川、云南、海南、吉林、湖南等省份 160 个村庄的 263 户农户进行了有关农村宅基地流转情况的调查。在农村房屋出租方面，被调查的 263 户农户中，有 11 户出租过自己的房屋，出租房屋的农户主要位于城乡接合部和城郊农村。在房屋买卖方面，约占 29% 的农户 (77 户)表示本村发生过房屋买卖，其中 43 户反映房子主要卖给了本村人，4 户表示卖给了城镇居民，17 户反映卖给了村外农民。从卖房的原因看，主要是由于进城打工定居、户口迁走等原因；也有的是建了新房，将老房子卖掉或者是卖了旧房建新房。调查还发现，不仅在一些大城市的城乡接合部存在“小产权房”，在一些小乡镇也出现了“小产权房”现象。

三、关于农村宅基地使用权流转问题研究

（一）农村宅基地使用权自由流转说

陈小君认为，应赋予包括宅基地使用权的农村建设用地使用权流转的合法性，明确转让、抵押、出租、入股等都是流转方式①。陈健认为，农村宅基地使用权的转让范围没有必要局限于集体内部成员，只要规划为建设用地范围的集体土地，其上设定的农村宅基地使用权均可自由转让②。章波等人通过对北京市郊区的实地调查后认为，经济发达地区的宅基地流转市场日趋发达，宅基地管理应采取疏导方式而非强堵手段。通过土地管理制度改革，依法准许宅基地入市，建立合理健康的农村宅基地流转市场，统筹城乡协调发展，保护农民利益③。

韩世远从立法论的立场出发，认为不允许城镇居民购买农村房屋，属于违反“原则”而确立“例外”，而且仅在农民所在集体内符合宅基地使用权分配条件的农户间流转，无法形成有效的市场，无法体现房屋的实际价值，会损害出卖人的利益④。李翔、徐茂波认为，只有赋予宅基地使用权人向非集体成员转让宅基地的权利，才能保障那些非集体成员的村民“居者有其屋”⑤。郭明瑞认为，农民的生存权是需要保障其生存条件才能实现的，但生存条件中第一位的绝不是有住房，如果一个人到了只有处置住房才能生存下去的地步而又不许可其处置，这恐怕是最不重视生存权的⑥。钱茜认为，立法者担心允许农户自由买卖住房会严重影响农村集体利益以及国家对土地资源的宏观调控。但是，限制流转一是将土地所有者凌驾于房产所有者之上，二

---

① 陈小君. 农村土地法律制度研究 [M]. 北京：法律出版社，2003.

② 陈健. 中国土地使用权制度 [M]. 北京：机械工业出版社，2003.

③ 章波，等. 经济发达地区农村宅基地流转问题研究——以北京郊区为例 [J]. 中国土地科学，2006（1）.

④ 韩世远. 宅基地的立法问题——兼析物权法草案第 13 章“宅基地使用权”[J]. 政治与法律，2005（5）.

⑤ 李翔，徐茂波. 物权法不应限制宅基地流转 [J]. 中国土地，2006（2）.

⑥ 郭明瑞. 关于宅基地使用权的立法建议 [J]. 法学评论，2007（1）.

是将农户住房转让限定在较小的范围内，可能出现国家立法将部分房地产逼成“死物”的局面[①]。

赵之枫认为，随着城镇化进程的不断加快，针对村镇建设中出现的问题，应适时尝试建立完善的宅基地有偿使用和出让制度。这不仅可以加速城市化进程、促进人口转移、加快农村土地制度改革，还对促进村庄基础设施建设、加强村庄规划管理、保护耕地、抑制空心村有重要作用。通过经济手段进行调控在市场经济条件下更为合理有效[②]。肖兴红认为，允许农村住宅的自由交易利大于弊：在住宅所有人不能或不愿继续管理和使用其房屋时，让城市居民受让房屋并进行管理，有利于延长住宅的使用寿命，保护民居文化；让农村住宅自由上市交易，可以加速农民脱贫的进程，有利于解决“三农”问题；有利于农村承包土地的合理流转；有利于推进农户户籍改革，缩小城乡差别[③]。

学者从理论和实践两个方面主张宅基地能自由流转，一是平等，城乡居民权利的平等、土地所有者和房屋所有者的平等；二是宅基地资源的配置效率；三是加速城镇化进程，缩小城乡差别；四是现实中禁止不起作用，不如疏导。

（二）禁止农村宅基地使用权流转说

汤树华认为，受宅基地私有的旧观念影响，一些居民将其祖遗宅基地或依法经批准无偿取得的宅基地出租、出卖、赠与他人建房使用，或私自与他人互换，或作为私有财产进行继承等，均属非法转让土地使用权，不受法律保护。土地属于国家或集体所有，公民只有使用权，没有支配权。公民自己不需要时，应该返还给国家或集体另作安排[④]。

王兰萍认为，形成于计划经济时代的宅基地使用权制度是禁止以任何民

---

① 钱茜．我国农户住房、宅基地立法的历史比较 [J]. 农业经济问题，2005（12）.

② 赵之枫．城市化背景下农村宅基地有偿使用和转让制度初探 [J]. 农业经济问题，2001（1）.

③ 肖兴红．关于农村宅基地使用权流转的思考 [J]. 扬州教育学院学报，2004（4）.

④ 汤树华．房地产审判实务与疑难案例评析 [M]. 北京：法律出版社，1992.

事的方法转移对土地的占有的，使用权人没有独立的权利，故宅基地使用权不能算是一种财产权利，这种制度只是行政法律制度，而不具有民事法律制度的性质[①]。

主张禁止宅基地流转的学者较少，他们认为，宅基地是集体的，宅基地使用权不能算是一种财产权利，农民没有支配权。

（三）限制农村宅基地使用权流转说

部分学者认为，宅基地使用权转让只能在本集体经济组织成员之间转让。王卫国认为，宅基地使用权在本集体组织成员之间协议转让，但必须经乡镇政府批准，而且出让方不得牟利[②]。王利明认为，宅基地使用权只可以在本集体经济组织内部自由转让[③]。孟勤国认为，农村宅基地能否交易基本上是一个宪法和土地管理法的问题，物权法必须重申禁止农村宅基地交易的现行法律政策。农村宅基地使用权不可以买卖、抵押、租赁、赠与及其他方式转给集体经济组织以外的自然人和法人；除继承外，农村宅基地使用权在集体经济组织内部的转移必须经集体经济组织同意，并且必须具备土地管理法及其他法律规定的转移事由[④]。陈柏峰认为，禁止农村宅基地在城乡之间自由交易的规定是合理的，一是宅基地对于农民而言是一种社会保障福利，一旦允许自由交易，他们必定会是受损者，而各种社会强势群体才会成为真正的受益者；二是农村宅基地自由交易之后可能破坏村庄伦理，加剧村庄内部的不平等[⑤]。

有的学者认为应该严禁向城镇居民出售。李植斌认为，在坚持农村宅基地“一户一宅”原则的基础上，允许将符合规划的宅基地连同地上的建筑物转让给集体经济组织内符合宅基地申请条件的其他农户，严禁向城镇居民出售。农户购买农村多层住宅后，原有房屋必须限期自行拆除。拆除后的宅基

---

① 王兰萍．论我国土地使用权和用益物权 [J]. 山东师范大学学报（社科版），1997（2）.

② 王卫国．中国土地权利研究 [M]. 北京：中国政法大学出版社，1995.

③ 王利明．物权法研究 [M]. 北京：中国人民大学出版社，2004.

④ 孟勤国．物权法开禁农村宅基地交易之辩 [J]. 法学评论，2005（4）.

⑤ 陈柏峰．农村宅基地限制交易的正当性 [J]. 中国土地科学，2007（4）.

地必须依法由农村集体组织收回。农户购买的多层住宅，允许转让、出租和抵押[①]。

有的学者认为宅基地使用权要在一定限制条件下对本集体外人员转让。朱岩认为农村宅基地流转必须满足几个前提：一是宅基地使用权并不是使用权人的唯一“安身之处”；二是流转方式的限制。禁止宅基地使用权单独流转，流转宅基地使用权不是无限期的，本集体经济组织成员享有同等条件下的优先购买权，农村集体经济组织不应当强行要求房屋所有人必须向其转让宅基地之上的房屋所有权[②]。韩鹏认为，农户向外转让宅基地使用权须经本集体同意且本集体内符合宅基地使用权分配条件的成员享有优先受让权；受让方取得宅基地使用权后，应主要以居住为目的，并服从本集体的土地管理制度[③]。汪军民认为，当农民失去集体成员身份时，集体组织应当收回其占有的宅基地。宅基地使用权的流转应当区分不同情况，实行有差别的、有条件的流转制度[④]。

主张限制农村宅基地自由流转的学者也很多，他们认为，宅基地使用权转让要受到一定的限制，其中，部分学者认为只能在本集体经济组织内部流转；部分学者主张设定交易条件，宅基地可以对本集体外成员出售。后者已经接近自由流转。

（四）农村宅基地使用权出租问题研究

王卫国、王广华主张限制出租，他们认为，宅基地使用权人出租房屋及宅基地使用权的，应当租给集体经济组织内符合建房申请宅基地条件的成员[⑤]。

王利明主张自由出租。他认为，法律虽然不允许宅基地使用权的自由转

① 李植斌. 农村集体建设用地流转研究 [J]. 国土资源科技管理，2003（3）.

② 朱岩. 宅基地使用权评释 [J]. 中外法学，2006（1）.

③ 韩鹏. 宅基地使用权转让的法律途径——兼评《物权法草案》第162条 [J]. 广东商学院学报，2006（3）.

④ 汪军民. 宅基地使用权的立法问题探讨 [J]. 湖北大学学报（哲社版），2006（5）.

⑤ 王卫国，王广华. 中国土地权利的法制建设 [M]. 北京：中国政法大学出版社，2002.

让和抵押，但应当允许农村居民对宅基地长期出租，对于出租对象，法律上也不应当有限制[①]。

因为管理成本，限制宅基地使用权随房出租很难实现，学者们基本都认同宅基地自由出租。

（五）农村宅基地抵押流转问题的研究

部分学者认为，依据担保法宅基地使用权不得抵押的规定，连同宅基地之上的农村私有住房也不能用于抵押。而且在金融机构质押权实现后处分该抵押物，会损害集体利益[②]。

主张宅基地自由流转的学者都把宅基地使用权的继承和抵押作为流转应有之义。如陈健认为，宅基地使用权的出让受到农地审批权的制约，农村宅基地使用权的丧失并不必然导致耕地的流失和乱占，而且，在农民将房屋用于抵押后，宅基地使用权亦由于我国政策“房地一致”原则而随之抵押而转让。因此，他认为，农村宅基地使用权的转让、抵押，对于我国农业生产和耕地保护并不会造成损害[③]。范晓杰认为，在允许农村私有房屋转让的同时，又禁止以农村私有房屋进行抵押，必然引起立法和执法上的混乱，违背法律上的统一性[④]。王利明认为，现行立法严格禁止宅基地使用权抵押、出租和转让的做法是不完全合理的。宅基地只能在集体经济组织成员之间进行自由转让，至于宅基地的抵押同样适用这一原则[⑤]。

一些学者从完善农村产权制度、赋予农村宅基地充分的处置权的角度，主张宅基地抵押。叶剑平认为宅基地产权制度应适应农村城市化的趋势，应当允许宅基地使用权以出租、转让、抵押等形式进行流转，以促进农村土地的有效利用[⑥]。高富平则主张在保留集体土地所有权前提下，允许宅基地使用

① 王利明. 物权法研究 [M]. 北京：中国人民大学出版社，2004.

② 徐武生. 担保法理论与实践 [M]. 北京：工商出版社，1999.

③ 陈健. 中国土地使用权制度 [M]. 北京：机械工业出版社，2003.

④ 范晓杰. 农村私有房屋可以用于抵押 [N]. 人民法院报，2000-11-11.

⑤ 王利明. 物权法研究 [M]. 北京：中国人民大学出版社，2004.

⑥ 叶剑平. 中国农村土地产权制度研究 [M]. 北京：中国农业出版社，2000.

权抵押，但实现抵押权时，要求受让人交纳一定“出让金”。同时必须建立相应的农村房地产产权登记制度、监管措施等，防止农村土地过度利用，有效保护耕地和农业生产的发展①。刘云生从研究农村现行地权立法与政治需求的关系出发，认为残缺的宅基地权利是政治理想的产物，应允许农村土地使用权自行设定抵押，以增进土地效益，发挥土地融资、劳动力转化、规模化经营等复合功能②。而高圣平、刘守英则竭力主张农民宅基地物权各项权能的完整化，呼吁尽快结束现行法律限定农民宅基地“一户一宅”、转让限于本村的半商品化状况，赋予农民宅基地及其房屋所有人以完整占有、使用、收益和处分的权利③。

其他一些学者从农村土地资源与金融资本的“两极”结合的角度，主张农地抵押，建立农村土地资本化运行机制，提高农民财产性收入。周诚认为，农村土地使用权抵押将是建立当代中国土地金融体系的核心④。陈家泽主要研究了土地金融的二级市场。他主张以农村土地使用权抵押为担保进行金融创新，即以农民土地合作社为单位，发行土地债券，然后以此为质押，向金融机构申请贷款；同时，主张建立区域性的“农村土地银行”，即把某一区域的农民的土地承包权、农村建设用地使用权以及“拆村并院”后的宅基地使用权分类整合，形成资产池，零存整贷，加快农地流转，加速农业产业化和规模化⑤。洪增林、薛惠锋则提出了宅基地的抵押流转设计模式。他分析了宅基地抵押流转系统中的各主体的行为和关系以及宅基地抵押流转的操作过程⑥。

（六）农村宅基地使用权继承问题研究

部分学者主张宅基地使用权可以继承。沈守愚、陈利根认为，宅基地使

---

① 高富平. 物权法的十个基本问题——物权法草案修改意见 [J]. 法学，2005（8）.

② 刘云生. 农村土地使用权抵押制度刍论 [J]. 经济体制改革，2006（1）.

③ 高圣平，刘守英. 集体建设用地进入市场：现实与法律困境 [J]. 管理世界，2007（3）.

④ 周诚. 土地经济学原理 [M]. 北京：商务印书馆，2003.

⑤ 陈家泽. 土地资本化的制度障碍与改革路径 [J]. 财经科学，2008（3）.

⑥ 洪增林，薛惠锋. 宅基地抵押流转的系统设计 [J]. 西安建筑科技大学学报，2007（12）.

用权具有继承性、永恒性、人身性和民族传统性，长达几代人、几百年历史，是中国农业制度具有强大生命力的根基，应另立法①。王利明也认为，公民只能拥有一处宅基地，只是就申请而言，法律上不应当禁止公民通过继承等方式取得两处以上的宅基地使用权②。

部分学者主张宅基地使用权随房继承。王卫国认为，按照继承法的规定和我国农村的传统，承认了外地继承人继承本地居民的房屋，这样也就自然地承认了宅基地使用权的继承③。尹飞也认为，我国法律承认私有房屋为继承的标的，宅基地使用权也可因房屋的继承而取得④。

部分学者主张区别对象予以继承。周洪亮、陈晓筠提出两种情况，继承人为本集体经济组织成员且无宅基地；继承人为其他经济组织成员。建议在立法中应该规定以房屋在本集体经济组织内部流转为原则，如果其他经济组织成员将户口迁移到本集体经济组织，那么该成员也有权享有宅基地使用权或者通过继承享有宅基地使用权⑤。

在宅基地使用权的继承上，有的学者主张可以单独继承宅基地使用权，有的主张随房继承宅基地使用权，有的主张区别继承对象确定是否继承。实践中大部分地区是认同随房继承，但在继承人是否有权翻建房屋时，各地的做法并不相同。

（七）关于农村宅基地使用权权能问题研究

黄小虎和赵树枫认为，宅基地使用权包括占有、使用、收益、处分四项权能。宅基地处分权限于连同房屋一起进行买卖、租赁、抵押，其使用权随房屋转移而转移，但其所有权仍属于集体。出租、出卖农宅的，不得再申请新宅。在耕地上建设的房屋和违反村镇建设规划的房产不得出售，经过登记

---

① 沈守愚，陈利根. 集体土地产权制度改进的理论与实践的法律思考 [J]. 南京农业大学学报（社科版），2007（1）.

② 王利明. 物权法研究 [M]. 北京：中国人民大学出版社，2004.

③ 王卫国. 中国土地权利研究 [M]. 北京：中国政法大学出版社，1995.

④ 尹飞. 物权法·用益物权 [M]. 北京：中国法制出版社，2005.

⑤ 周洪亮，陈晓筠. 从“一户一宅”的视角探讨宅基地使用权取得 [J]. 中国农业大学学报（社科版），2007（1）.

取得合法证书的农民房产，与城市居民和国有房产，实行“同物、同权、同利”原则，可以平等地上市交易①。高圣平、刘守英认为，农村宅基地及其房屋所有权人应该享有占有、使用、收益和处分的权利，必须正视住宅商品化是城市化进程中实现农民财产权的不可分割的部分，尽快结束现行法律限定农民宅基地“一户一宅”、转让限于本村的半商品化状况，赋予农村宅基地及其房屋所有人以完整物权②。刘俊认为，应赋予农村宅基地使用权一个完整的物权权能，即占有、使用、收益和处分的权能。宅基地使用权可以自由买卖、出租、抵押、继承和赠与。农村宅基地使用权只能在法律规定的期限内流转③。

四、关于农村宅基地增值收益分配机制问题研究

2005 年天津试点以“宅基地换房”推进示范小城镇建设，之后，重庆、北京、广州、嘉兴等地均宣布推行“宅基地换房”模式，宅基地整理上市会产生巨大增值收益，但在增值收益的利益分享上却缺乏统一规范的办法。农民失去宅基地，但往往并未获得应有的补偿和收益分配，对于宅基地整理、集中居住节约出来的建设用地，国家、集体和农民如何分配收益是一个不可回避的问题。

何缨认为，“宅基地换房”牵涉土地所有权、土地使用权、价格、拆迁补偿等多方面的问题，需要土地管理法、土地整理法、价格法相配套，以规范“宅基地换房”所涉及的法律关系主体——政府、集体、农民、投资者等的权利和义务④。蔡玉胜、王安庆认为，宅基地置换这种土地利用模式需要从完善农村土地产权交易与利益保障体制、培育和发展农村专业经济组织、改革农村社会治理结构等方面进行综合配套改革⑤。蒲方合认为，宅基地使用权

---

① 黄小虎，赵树枫．北京农民宅基地与房产制度研究——兼论“两个严禁”[EB/OL].http：//www.cngrain114.com.

② 高圣平，刘守英．集体建设用地进入市场：现实与法律困境 [J]. 管理世界，2007（3）.

③ 刘俊．农村宅基地使用权制度研究 [J]. 西南民族大学学报（人文社科版），2007（3）.

④ 何缨．“宅基地换房”模式的法律思考 [J]. 山东社会科学，2010（1）.

⑤ 蔡玉胜，王安庆．城乡一体化进程中土地利用存在的问题与对策——以“宅基地换房”模式为例 [J]. 经济纵横，2010（1）.

置换牵涉农民、地方政府等众多利益相关者，必须根据当地的生产力发展水平、经济发展条件，根据是否能为当地农民提供新的生存发展条件，因地制宜、循序渐进地实行宅基地使用权的置换①。

一些学者不赞成“宅基地换房”模式，认为此模式将会演变成变相征地，农民房屋“以旧换新”，但节约的土地国有化，村集体及农民均对节约土地丧失了占有、使用、收益、处分的权利，村集体及农民在建设中没有参与权和收益权。张曙光考察后认为，以宅基地换房来看，只是有效地解决了农民的住房问题，并未保障农民和集体的财产权和发展权，所有置换出来的土地都实现了国有化，均被政府拿走，农民既丧失了处置权和使用权，也没有收益权，这是一种变相的征地方式②。张云华、伍振军调查认为，“宅基地换房”的实质是低成本占有农民宅基地，应该审慎推行这一做法，切实保护好农民对宅基地排他性的用益物权③。

宅基地整理置换的关键是农民宅基地用益物权的保护。一些学者认为，地方政府有着自己的利益目标，不赞同地方政府参与分配宅基地增值收益。李延荣认为，应将土地所有者、使用者和国家作为土地使用权流转收益分配的主体，地方政府既不是土地所有者，又不是土地使用者，没有理由参与土地流转收益分配④。张新桥、张海涛也认为，利益体制中不应该包括政府机构，政府本身不能作为这种交易的主体，只能对这种交易作一定程度上的指导和监督，不应从中收益⑤。

五、关于改革完善农村宅基地法律法规问题研究

农村宅基地使用权流转是根据市场供求关系决定的。中国经济发达地区的农村宅基地和房屋流转已经十分活跃，但是根据我国宪法和土地管理法的

① 蒲方合. 宅基地使用权置换中的利益平衡机制研究 [J]. 经济体制改革，2009（4）.

② 张曙光. 统筹城乡改革要防止变相征地 [EB/OL].http：//www.21cbh.com.

③ 张云华，伍振军. 成都市土地承包经营权流转主体行为剖析 [R]. 国务院发展研究中心调研报告，2009（181）.

④ 李延荣. 集体建设用地流转要分清主客体 [J]. 中国土地，2006（2）.

⑤ 张新桥，张海涛. 集体建设用地使用权流转存在的问题及对策 [J]. 特区经济，2007（2）.

规定，这些流转的做法除了国家征收外均不在现行法律允许范围内，于是形成了以自发流转为特征的农村宅基地隐形市场，其中存在很多隐患，这些问题也凸显了我国法律制度不适应城市化和经济发展进程的不足之处。在人口流动较为频繁、市场交易相对发达的地区，禁止农村宅基地使用权向外流转的强制性规定较难实施，而城市化建设中城郊接合部所出现的隐形宅基地市场却使宅基地交易制度面临挑战。

（一）农村宅基地法律法规滞后

农村宅基地流转在流转条件、范围、方式、期限、收益分配及流转后土地产权关系的调整方面，均缺乏明确的法律法规及政策的规定和指导，这一方面增加了管理的难度，另一方面大量宅基地交易私下进行，扰乱了土地市场的正常秩序。而且自发流转行为和结果不受法律保护，当转让、出租行为发生后，无法律的约束和保障，双方一旦发生矛盾和纠纷，各执一词，如果对簿公堂，法院只能依据大法的规定，判决此项交易无效（北京画家村房屋买卖纠纷案就是典型）；部分地区对农村宅基地制度进行了创新，结果是放松了对农民宅基地交易的限制。比如，对于“宅基地换房”目前没有统一的关于农村集体建设用地使用权流转的法律，各地已经出台的关于集体建设用地使用权流转的地方法规并没有规定集体建设用地可以转让，北京将“宅基地换房”作为集体建设用地转让的方式，也没有实施前提。对于不同类型的“小产权房”的区分处理，也没有法律依据。四川省都江堰市的《农村集体经济组织成员确认办法》将集体经济组织成员划分为普通成员和特殊成员，特殊成员就包括“与该农村集体经济组织或经该集体经济组织同意与其成员形成产权转让关系的，拥有土地共有权、土地使用权、承包经营权、集体收益分配权等完整权利的一项及以上，并承担相应义务的公民”。这种做法不违反宅基地管理的严格禁令，实现了宅基地在城镇居民与农村居民之间的交易，但也缺乏法律依据。

（二）完善农村宅基地法律法规的必要性研究

大多数学者认为，目前的农村宅基地法律法规有待完善。韩俊认为，农村宅基地立法的主要问题，一是缺乏专门的宅基地法律法规；二是立法内容比较粗糙滞后，立法技术不高，可操作性差；三是部分宅基地法规规定相互矛盾或冲突；四是法规层次较低，政策代替文件突出[①]。黎孔清、陈银蓉认为，农村宅基地条款分散在多部法律法规条文中，内容不明确、不全面，效力较低[②]。高圣平认为，从立法的视角，宅基地使用权作为一种他物权，不可能永久存在，否则与土地所有权发生冲突和矛盾。他认为，宅基地使用权的身份性限制了宅基地使用权相关制度的完善[③]。朱识义认为，现行农村宅基地使用权流转的法律制度存在诸多不完善之处，与欠发达地区土地使用权流转实践需要不相适应，欠发达地区农村宅基地使用权流转制度应该从宅基地使用权的取得、消灭和流转等多个环节进行完善[④]。

（三）农村宅基地制度法律体系建设研究

韩玉斌认为，农村宅基地使用权制度的总体框架须以效率优先价值来决定权利、利益等法律资源的社会配置，在制度设置时要紧紧围绕农村宅基地的动态利用这个中心，不可再沿用过去那种强调保持农村宅基地使用权高度静态归属的观念和做法[⑤]。陈荣文认为，农村宅基地使用权制度的重构，需要兼顾生存和发展，应将生存保障性的范围局限于农民基于其集体经济组织成员身份而无偿获得宅基地的分配即宅基地使用权的原始使用权的原始取得方面，此后则应该通过流转使其效率最大化[⑥]。

何缨认为，应从宪法层面明确允许集体建设用地使用权可以转让，但应规定其转让的限制。应制定集体建设用地转让的相关法律，明确“宅基地换房”的条件。明确规范“宅基地换房”的复耕制度等[⑦]。大多数学者认为，需

① 韩俊. 中国农村土地调查 [M]. 上海：远东出版社，2009.
② 黎孔清，陈银蓉. 现行农村宅基地使用权制度评价与改进创新 [J]. 农村经济，2010（1）.
③ 高圣平. 宅基地性质再认识 [J]. 中国土地，2010（1）.
④ 朱识义. 欠发达地区农村宅基地使用权流转法律制度的完善 [J]. 求索，2010（1）.
⑤ 韩玉斌. 农村宅基地使用权立法的价值选择 [J]. 西南民族大学学报（人文社科版），2005（3）.
⑥ 陈荣文. 我国农村宅基地使用权制度的解构与重建 [J]. 福建政法管理干部学院学报，2007（2）.
⑦ 何缨. “宅基地换房”模式的法律思考 [J]. 山东社会科学，2010（1）.

要进一步细化和明确农村宅基地用益物权的条款，赋予农民实实在在的宅基地用益物权。张云华、伍振军通过调研指出，物权法中农民宅基地用益物权的条款应该得到进一步明确和细化，用更为简洁、直白、通俗易懂的语言把宅基地用益物权这一法律专业术语进行解释和说明。并且，物权法只赋予农户占有和使用两项权利，没有提到收益权①。高圣平、刘守英提出，基于宅基地使用权的用益物权属性，应当明确农村土地所有权人的地位。对于宅基地抵押、补偿等问题，相关法律法规应加以完善②。朱识义认为，法律对于宅基地使用权的取得有明确的规定，但对于宅基地使用权的消灭却相当模糊，不利于宅基地转变为农业用地。

部分学者提出用村规民约管理宅基地。刘圣华认为，实行村规民约管理宅基地，变单一的行政管理手段为群治群管与行政管理相结合的管理方式，能改变过去土地管理法规管不了、管不好的局面，从根本上遏制农村建房用地管理失控现象。

农村宅基地立法要公平与效率兼顾，既保障集体经济组织成员的居住权，又要促进宅基地的充分利用。现有宅基地立法还存在不少问题，需要出台宅基地权利与管理的法律法规。

六、农村宅基地制度研究的简短评价

通过研究国内学者现有研究成果，当前农村宅基地使用权不仅是经济学、社会学研究的热点，也是法学研究的热点，只是研究中所采用的方法不同而已。法学界的研究主要是民法学者从民事立法的角度，以现行相关法律条文或者既有的法律制度为逻辑起点，着重通过法理分析对宅基地使用权进行反思，并试图进行制度重构。与之相反，经济学者对农村宅基地使用权进行制度经济学和产权经济学的研究，大多以对农村宅基地使用权进行实证分析为起点，揭示宅基地使用权的本质和特征，形成改革思路。就法学研究而

① 张云华，伍振军．审慎推行“宅基地换房”保障农村宅基地用益物权 [R]. 国务院发展研究中心调研报告，2009（185）.

② 高圣平，刘守英．宅基地使用权初始取得制度研究 [J]. 中国土地科学，2007（21）.

言，多数学者片面关注制度层面的研究，研究方法局限于理论研究，缺少实证调查和分析，对全国各地宅基地制度的创新实践亦较少基于立法借鉴的考虑，较少从理论和实践层面总结提炼经验、发掘规律，因此其研究结论未免有失科学性。事实上，现行农村宅基地使用权问题的实质是如何实现私权自由和公权限制的问题，但大多数民法学家侧重于私法层面探究宅基地使用权保护问题，缺乏从公法层面和法社会学维度考察公权力和私法的限制问题。因此，对问题的考虑有失偏颇。对于涉及交叉学科领域产生的问题，如土地用途管制与农村宅基地权益保护的互动关系问题更是少有涉足。

就经济学研究而言，多数学者较注重实地调研和数据模型的分析，研究内容大多局限于对我国宅基地法律问题现状、模式的描述和分析，其研究结论为政府决策提供依据，大多属于对策性研究，较少有学者就法律制度的构建如何吸收其研究结果作出深层思考。

无论是经济学家还是法学家很少就农民对农耕和对土地的依赖进行社会学层面的思考，宅基地这一地地道道的带着“泥土芬芳”的中国问题如果缺乏社会学视角的研究，则其研究结论均值得追问。

土地是自然资源，也是经济资源。自然资源涉及利用与保护，有明确的价值内涵；经济资源涉及效率配置与收益，意味着资源价值的市场实现。宅基地同时还承载着社会保障功能，宅基地承载的多重功能及其多重属性决定了宅基地使用权的研究应当进入学科交叉阶段，它应当成为经济学、社会学、法学、管理学等多门学科共同的研究对象。

当前，近年来国内学者对宅基地问题的研究已跳出封闭式的传统思维，逐渐从多元的视角关注这一问题，研究重点开始多元化。原先宅基地问题的理论研究仅仅局限于宅基地使用权的性质、流转等方面。近年来，理论与实务界逐渐开始关注宅基地问题与耕地非农化关系，宅基地问题与城市化进程及农村经济体制改革的互动关系，宅基地使用权调整与农村居民点调整的关系，等等。与此同时，研究的视角也趋向多元化、新颖化，从产权经济学、法律经济学、社会学等角度来研究农村宅基地问题的成果日益增多。

关于农村宅基地是否能够流转，笔者研究认为，禁止流转学说有其存在理论意义，但是对现实实践有诸多问题。能流转的学说具有理论和实践价值，但争执不下的论点是流转范围，能否在集体经济组织之外流转。显而易见，应肯定兼具理论和现实意义的流转，但是不赞同一下子放开流转，自由流转应是一个稳步推进过程。现在的宅基地使用权流转初期，如突然放开缰绳，让其驰骋，没有配套的制度规范和约束，会弊大于利。

有学者在农村集体土地制度改革中提出，改革的目标是在土地公有制和土地权利的无偿配置制度基础上构建土地市场配置法律机制。构建我国农村土地市场配置法律机制，必须解决两个带根本性的制度基础问题：一是在法律上拟制一项可以自由流转的真正属于私权性质的、独立的土地财产权；二是构建一个丰富并多元化的土地财产权的私权主体体系。因此，在目前，我国集体土地所有权制度暂时不改变的情况下，将集体土地所有权做“虚”，将农村土地利用权（承包土地使用权、农村建设用地使用权、宅基地使用权）做“实”，并在法律上最大限度地明晰土地利用权[①]。

做“实”宅基地使用权制度是宅基地使用权流转的突出重围的尚方宝剑，宅基地使用权流转潮流不可逆转了，应接受现实挑战。

建立该项制度，关键在三个注意：一是注意还权赋能。有关土地用益物权都应具备市场性质土地权利所需的所有用益物权的全部权能。二是注意明权限行。明确集体所有权内容和形式空间，明确宅基地使用权内涵，市场没有完全健康建立之前，设置一定限制行使条件，防范投机取巧，严禁获取不当暴利。三是注意权利独立。独立自由流转，一旦宅基地使用权人在宅基地权益受损失，主张权利的独立性，获得补偿的正当性。

明晰产权，是市场健康的生命力。内容清晰，权利主体能够预期所拥有的宅基地使用权能给自己带来什么。明晰就是做实土地使用权，法律上明确规定权利的内容与权利行使方式，需要相关配套制度改革给予这项制度严格的法律保护。

赞成建立集体经济组织内部自由流转，外部流转进行多环节防范的流转。稳步推进过程中，一要明确合法地位。物权法如要再次修改，须明晰宅基地使用权的全部权能，可为现实交易、司法审判均提供强有力的法律依

① 刘云生. 中国不动产法研究 [M]. 北京：法律出版社，2010.

据。二要随时跟进配套制度。在土地使用权市场中孕育发达的土地用途制度，建立公平合理有效的土地利益调节机制。三要始终贯彻保障性原则。创构土地使用权流转促进保障和间接的以土地资源利益为支撑的新型农村生存保障制度体系。

纵览现有研究资料，目前国内学者研究农村宅基地使用权流转问题的成果很丰富，也提出了许多建设性意见，但是用“物权效率原则”来探讨如何实现农村宅基地的理想利用及效益最大化，还很少见。鉴于此，笔者试图以“物权效率原则”为指导，研究探讨实现农村宅基地的理想利用及效益最大化的路径，以期为其他学者以后研究类似问题提供借鉴，并开辟新的研究视角。笔者研究认为，在尊重农民意愿的基础上实行集中居住符合物权效率的原则，但对农民集中节约出来的宅基地要求复垦的政策提出质疑。从解决“三农”和保护农民利益的原则出发，为防止地方政府利用城乡建设用地增减挂钩将农地置换到城市，应当慎用该政策，同时确认节约的宅基地性质属于建设用地，其所有权归原来的村集体，由集体将该宅基地的建设用地指标上市交易。政府的职责不是在土地上与民争利，而是要着力构建宅基地市场配置的市场机制和风险防范机制，防止农民任意将耕地转为宅基地。

第二章　农村宅基地使用权制度演变

新中国成立后，农村宅基地从农民私有转为现在宅基地集体所有、农民使用；从不限制交易转变为禁止流转，限制农民住房出售、出租给城镇居民；从宅基地的无法律规范管理转变为现在的规范管理和控制；从农民的宅基地宗数和面积的不限制转变为现在的一户一宅和面积限制；从宅基地用途的无法律限制转变为现在规定主要是住宅用途并不得用于商品住宅开发；从宅基地的登记转变为不登记现在又开始登记，农村宅基地产权制度经历了巨大变迁。

追溯新中国农村宅基地使用权制度的源起，探寻其历史嬗变的轨迹，揭示其制度变迁的规律与特点，透视宅基地使用权与社会经济发展的互动关系，对于后续农村宅基地使用权制度的改革与完善研究具有重要的意义。

一、土地改革时期（1949—1956 年）：农村宅基地农民所有

新中国成立后，土地改革全面展开。依据 1949 年 9 月 29 日新颁布的《中国人民政治协商会议共同纲领》第二十七条规定，凡已实行土地改革的地区，必须保护农民已得土地的所有权。凡尚未实行土地改革的地区，必须发动群众，建立农民团体，经过清除土匪恶霸、减租减息和分配土地等项活动，实现耕者有其田。1950 年 6 月 30 日颁布的《中华人民共和国土地改革法》规定：废除地主阶级封建剥削的土地所有制，实行农民的土地所有制；所有没收和征收得来的土地和其他生产资料，除本法规定收归国家所有外，均由乡农民协会接收，统一、公平合理地分配给无地少地及缺乏其他生产资料的贫苦农民；土地改革完成后，由人民政府发给土地所有证，并承认一切

土地所有者自由经营、买卖及出租其土地的权利。通过土地改革确立了农民的宅基地权利：以农民个人为单位平均分配，以户为单位发放土地房产所有证，农民享有宅基地所有权；实行宅基地无偿取得制度。这一时期土地产权的自由流转没有任何制度性障碍。

此后，1954年颁布的《中华人民共和国宪法》则在宪法上肯定了农民具有土地所有权①。尽管当时没有出台相应的法律法规来协调土地与房屋的关系，但实质上房屋所有权与土地所有权是一致的。1954年初，中共中央公布了《关于发展农业生产合作社的决定》，其中规定：农民的土地作股入社，由合作社统一经营使用，耕畜与大型农具等生产资料也归合作社统一使用。

1956年3月17日，全国人大常委会通过了《农业生产合作社示范章程》，其中规定：初级阶段的合作社属于半社会主义性质。在这个阶段，合作社已经有公有的生产资料；对于社员交来统一使用的土地和部分生产资料，在一定的期间还保留社员的所有权，并且给社员以适当的报酬。6月30日，第一届全国人大又通过了《高级农业合作社示范章程》，受当时合作化、集体化的影响，章程要求"入社的农民必须把私有的土地和耕畜、大型农具等主要生产资料转为合作社集体所有"，"社员土地上附属的私有的塘、井等水利设施，随着土地转为合作社集体所有"。这样，在农业合作化进程中，取消了入社农民对土地等生产资料的私有权，确立了农村土地集体所有制。同时，章程又规定，"社员原有的坟地、房屋地基不入社"，显示出高级合作社并未改变农民对宅基地及地上房产的私人所有权性质。

二、人民公社时期（1956—1978年）：农村宅基地变为集体所有农民使用

高级农业合作社成立不久，1958年就演变升级为政社合一的人民公社。这一时期，农村宅基地立法表现出鲜明的集体化特点。1962年9月27日，

①《中华人民共和国宪法》第八条 国家依照法律保护农民的土地所有权；第十一条 国家保护公民的合法收入、储蓄、房屋和各种生活资料的所有权；第十二条 国家依照法律保护公民的私有财产的继承权。

党的八届十中全会正式通过并颁布了《农村人民公社工作条例修正草案》（简称《农业六十条》），其中明确规定，“生产队范围内的土地都归生产队所有，生产队所有的土地，包括社员的自留地、自留山、宅基地等，一律不准出租和买卖”，由此，农民对宅基地由原来享有土地所有权变为只享有宅基地使用权，完整的农村土地集体所有权制度最终得以建立。同时又规定“社员的房屋永久归社员所有。社员有买卖或者租赁房屋的权利”，也较好地解决了农户房屋私有与宅基地集体所有之间的矛盾，并未因宅基地的公有性质而限制农户对私有房屋的买卖租赁。

1963 年 3 月 20 日，《中共中央关于各地对社员宅基地问题作一些补充规定的通知》第一次明确使用了“宅基地使用权”和“宅基地所有权”的概念，且就宅基地的相关问题作了比较详细的规定：社员宅基地都归生产队集体所有，一律不准出租和买卖，但仍归各户长期使用，长期不变。宅基地上的附属物，如房屋、树木、厂棚、厕所等永久归社员所有，社员有买卖或租赁房屋的权利。房屋出卖后，宅基地使用权即随之转移给新房主，但宅基地的所有权仍归生产队所有。至此，我国农村“房地分离”的宅基地制度正式确认并沿用下来，形成了现行宅基地制度“一宅两制、房地分离；无偿取得，长期使用”的基本构架。

1963 年 8 月 28 日，最高人民法院《关于执行民事政策几个问题的意见（修正稿）》规定：在宅基地使用权的取得上，先由本户提出申请，经社员大会讨论同意，由生产队统一规划，予以解决，但尽可能利用闲散地，不占用耕地。必须占用耕地时，应根据《农业六十条》的规定，报县人民委员会批准。这样，就正式明确了宅基地使用权的无偿取得制度。

1978 年 12 月，党的十一届三中全会通过的《农村人民公社工作条例（试行草案）》规定：农村土地包括宅基地一律不准出租和买卖；在发展生产的基础上，逐步改善社员居住条件，按照有利生产、方便生活、合乎卫生、尽量不占耕地的原则，作出建设居民点的统一规划，可以由集体建房社员居住交房费，也可以由社员自己建房；社员合法所有的房屋，永远归社员所有，任何人不得侵犯。

三、改革开放初期（1978—1986 年）：规范农村宅基地管理

改革开放初期，随着人们生活水平的提高，人们对改善住房条件的需求日益提高，农村兴起建房热，集体对农民宅基地使用权的管理约束力弱，出现了乱占滥用耕地、在承包田上盖房等问题，使得当时的宅基地问题比较突出。从 1981 年开始，国务院等部门不断出台政策，采用设立宅基地申请程序及面积限制政策等技术手段，制止随意扩大宅基地及买卖、租赁宅基地的不良行为。

1981 年，国务院发出《关于制止农村建房侵占耕地的紧急通知》，要求农村建房用地必须统一规划、合理分布、节约用地。1982 年 2 月 13 日，国务院颁布《城镇建房用地管理条例》，该条例首次对宅基地面积作出了限制性规定："社员建房用地，由省级人民政府根据山区、丘陵、平原、牧区、城郊、集镇等不同情况，分别规定用地限额。"第一次提出"出卖、出租房屋的，不得再申请宅基地。社员迁居并拆除房屋后腾出的宅基地，由生产队收回，统一安排使用"。该条例也首次对某些城镇居民取得宅基地的合法性作了规定："回乡落户的离休、退休、退职职工和军人，回乡定居的华侨，建房需要宅基地的，应向所在生产队申请，经社员大会讨论通过，生产大队审核同意，报公社管理委员会批准；确需占用耕地、园地的，必须报经县级人民政府批准，批准后，由批准机关发给宅基地使用证明。"同时，社员对宅基地、自留地、自留山、饲料地和承包的土地，只有按照规定用途的使用权，没有所有权，严禁买卖、出租和违法转让建设用地。

同年颁布的宪法对宅基地集体所有权以宪法的形式予以正式确认，宪法规定："宅基地和自留地、自留山，属于集体所有。"并一直沿用至今。

1985 年 10 月 29 日，城乡建设环境保护部发布的《城镇建设管理暂行规定》强调：城镇居民使用宅基地和建设单位使用规划区范围内的土地，应遵守国家《村镇建房用地管理条例》《城市规划条例》的有关规定，严格审批制度。村镇居民使用宅基地和建设单位使用规划区范围内的土地，必须经建设主管部门核定建设项目的建址和用地范围，并办理用地手续。村镇居民新建、改建、扩建住宅，必须履行申请审批手续，由本人向所在村（居）民

委员会提出申请，报镇（乡）人民政府批准，建设主管部门核发准建证件，领证后方可进行建设。村镇居民新建、改建、扩建住宅，要适用、安全、卫生、美观。各级建设主管部门应根据当地宅基地用地限额和建筑材料供应情况，规定住宅的准建面积标准，报县以上人民政府批准后施行。

1986 年，全国人大常委会通过的第一部《中华人民共和国土地管理法》规定：出卖、出租住房后再申请宅基地的，不得批准。第一次提出“农村村民一户只能拥有一处宅基地，不得超过省、自治区、直辖市规定的标准”的限制条款，并以法律的形式对城镇居民取得农村宅基地作了规定，但与 1982 年《村镇建房用地管理条例》相比，限制条件大为放宽，已将“回乡落户的离休、退休、退职职工和军人，回乡定居的华侨”放宽为“城镇非农业户口居民建设住宅，需要使用集体所有土地的，必须经县级人民政府批准，其用地面积不得超过省、自治区、直辖市规定的标准，并参照国家建设征用土地的标准支付补偿费和安置补助费”。

四、深化改革时期（1986—2010 年）：农村宅基地开发逐步受到控制

随着工业化和城镇化的推进，1986 年后，针对日益严峻的农村建房高潮导致大量耕地被蚕食的情况，我国逐步建立了城乡土地统一管理的新体制。1988 年 4 月修订的《中华人民共和国土地管理法》发布，允许“国有土地和集体土地的使用权可以依法转让，国家依法实行国有土地有偿使用制度”，确立了我国国有土地有偿使用制度。同时，新修订的土地管理法第四十一条“关于城镇居民在农村取得宅基地”的条款遵循 1986 年的规定，未作调整。作为补充，1989 年，国家土地管理局曾出台过一个指导性文件《关于确定土地权属问题的若干意见》，意见规定：非农业户口居民原在农村的宅基地，凡房屋产权没有变化的，可依法确定其集体建设用地使用权。

1991 年 1 月《中华人民共和国土地管理法实施条例》发布，规定：农村居民建住宅需要使用土地的，应当先向农村集体经济组织或村民委员会提出用地申请，经村民代表会或村民大会讨论通过后，报人民政府批准。其中需要使用耕地的，由乡级人民政府审核，经县级人民政府土地管理部门审查

同意后，报县级人民政府批准；需要使用原有宅基地、村内空闲地和其他土地的，报乡级人民政府批准。城镇非农业户口居民建住宅需要使用集体所有土地的，应当经其所在单位或者村民委员会同意后，向土地所在的村农业集体经济组织或村民委员会或乡镇农民集体经济组织提出用地申请。

可以说，1986—1992年间，农村宅基地使用权的流转空间是较为宽松的。它以法律的形式明文规定非农业户口居民可以向县级人民政府申请集体所有宅基地使用权，但需参照国家建设征地标准“支付补偿费和安置补助费”。

20世纪90年代中后期，进城打工人数增多，农村闲置房屋增加。1995年3月国家土地管理局发布的《确定土地所有权和使用权的若干规定》指出，“空闲或房屋倒塌、拆除两年以上未恢复使用的宅基地，不确定土地使用权，已经确定土地使用权的，由集体报经县级人民政府批准，注销其土地登记，土地由集体收回”。这确立了宅基地使用权收回制度，也意味着土地闲置成为宅基地使用权消灭的原因。与此相承的是，1997年5月发布的《关于进一步加强土地管理切实保护耕地的通知》中指出，“农村居民每户只能有一处不超过标准的宅基地，多出的宅基地，要依法收归集体所有”。

另一方面，1988年修订的土地管理法已不适应形势发展需要。当时，随着市场化进程的不断推进，宅基地隐形流转在广大城乡接合部成了普遍现象。许多城郊农村集体经济组织大量非法出租、出让宅基地，一些村干部借此大发横财；一些房地产开发商也非法利用农村宅基地开发房产牟利①。这以后，屡禁不止的“小产权房”逐渐成为宅基地立法管理的重点。

1998年我国重点新修订了土地管理法，一是删除了1988年土地管理法第四十一条，即关于城镇非农业居民在农村取得宅基地的规定。至此，城镇居民在农村建房买房的大门被关闭；二是确立了宅基地使用权以户为单位申请的原则，规定“农村村民一户只能拥有一处宅基地，其宅基地的面积不得超出省、自治区、直辖市规定的标准，农村村民出卖、出租住房后，再申请新宅基地的，不予批准”。1999年5月，《国务院办公厅关于加强土地转让管

① 中央党校地厅班．因地制宜推进农村宅基地流转[J]．理论前沿，2009（12）．

理严禁炒卖土地的通知》发布，一是制止非农建设非法占用土地，“农村居民点要严格控制规模和范围，新建房屋要按照规划审批用地，逐步向中心村和小城镇集中”；二是严禁非法占用农民集体土地进行房地产开发。从国家法律层面上来看，此前，从来没有限制过农村村民对自己房屋的买卖及占用范围内的土地使用权转让，更没有限制受让对象。但是，针对当时农民集体土地转让管理的混乱和“炒地热”，该通知要求“农民的住宅不得向城市居民出售，也不得批准城市居民占用农民集体土地建住宅，有关部门不得为违法建造和购买的住宅发放土地使用证和房产证”。

进入 21 世纪，人口流动加大。为鼓励农民进城落户，2000 年 6 月发布《中共中央国务院关于小城镇建设有关政策》。这个政策遵循“节约利用土地的原则”，首次提出了节约下来的农村宅基地与城镇建设用地的关系和宅基地转换问题：一是鼓励农民进城购房或按规划集中建房，节约的宅基地可用于城镇建设用地；二是对进入城镇农户的宅基地，要适时转换出来，防止闲置浪费。

2004 年 8 月，我国对土地管理法进行了修订，但对农村宅基地的相关规定与 1998 年相似，没有变动。

自 2000 年以来，随着人口向经济发达地区和城镇不断聚集，城市周边郊区的人口密度也随着增加，加上城市和农村土地级差地租的存在，客观上造成农村尤其是城郊农村宅基地流转活动的空前活跃。2004 年 10 月，《国务院关于深化改革严格土地管理的决定》发布，强调：“改革和完善宅基地审批制度，加强农村宅基地管理，禁止城镇居民在农村购置宅基地。”作为补充，当年 11 月，国土资源部《关于加强宅基地管理的意见》提出两个“严禁”：严禁城镇居民在农村购置宅基地，严禁为城镇居民在农村购买和违法建造的住宅发放土地使用证。虽然国家三令五申予以禁止，但隐形的农村宅基地使用权流转市场不仅禁而不止，反而愈演愈烈。据国土部门的不完全统计，截至 2007 年上半年，全国“小产权房”面积已经达到 66 亿平方米。据此，2007 年 12 月《国务院办公厅关于严格执行有关农村集体建设用地法律和政策的通知》再次申明：农村住宅用地只能分配给本村村民，城镇居民不得到农村购买宅基地、农民住宅或“小产权房”。

2007 年 3 月颁布的《中华人民共和国物权法》首次以基本法形式对宅基地进行了规范，并确立了宅基地使用权的用益物权性质，但由于担心放开宅基地使用权流转可能会造成耕地流失等不利后果，规定“农村宅基地只能在村集体内部流转，而不能转让给集体经济组织以外的居民、单位”，同时也不能进行抵押。

2008 年 1 月，《国务院关于进一步促进节约集体用地的通知》发布，要求逐步清理历史遗留的一户多宅的问题，意在控制农民将多余的住宅出租或向城镇居民出售，而要杜绝此问题有效的措施之一就是实行对宅基地使用权登记制度。

2008 年 7 月，《国土部进一步加快宅基地使用权登记工作通知》发布，通知提出了“两个严格”：第一要严格落实农村村民一户只能拥有一处宅基地的法律规定。除继承外，农村村民一户申请第二宗宅基地使用权登记的，不予受理；第二要严格执行城镇居民不能在农村购买和违法建造住宅的规定。对城镇居民在农村购买和违法建造住宅申请宅基地使用权登记的，不予受理。对宅基地使用权登记发证，也是依法保护宅基地使用权人合法权益的重要措施。

此后，2010 年 3 月，《国土资源部关于进一步完善农村宅基地管理制度切实维护农民权益的通知》发布，除约束土地节约利用外，针对愈演愈烈的“小产权房”，特别指出，农村的土地不得用于商品房住宅开发。禁止农村土地用于商品房开发，可有效防止乱占滥用土地，促进土地的节约集约利用和有效管理，也有利于维护农民的合法权益。

五、农村宅基地制度变迁的特征

纵观新中国成立以后我国农村宅基地产权制度的发展历程，我们可以发现不同时期的宅基地立法有着深刻的政治、经济、社会和历史内涵，其酝酿、形成、成熟和演变以非线性方式进行。

（一）新中国成立初期：政治因素在农村土地制度变迁中起决定作用

中国是一个由政府提供制度安排的传统国家，在我国这样一个有着千年集权史的国度里，无论是制度的变迁还是创新，都无法忽视政府的制度安排意愿，国家设计始终是决定制度变迁轨迹的众多力量中的主要方面[①]。

自新中国成立初期到人民公社，国家依然依靠强大的专政力量采用分步推进的强制性变迁方式推进农村土地制度改革。农村土地制度的重大变革，无论是土地改革还是合作化和人民公社时期，其基本动因主要缘于政治的非经济的因素。正如学者所言，20 世纪 50 年代土地集体所有制在中国农村形成、发展并最终取得统治地位，是很难用规范的纯经济学的语言和逻辑作出解释的。同样，对当代中国农村土地制度改革的分析也是如此[②]。

鉴于土地制度必将对中国农村社会方方面面产生深刻而久远的影响，新中国政府便力图通过土地政策法律的制定与调整制约和引导中国土地制度变迁的路径，进而引领农村经济社会的发展方向。新中国成立初期土地制度变革的思路与毛泽东同志的中国革命发展理论不无关系。毛泽东在《新民主主义论》中提出中国革命分两步走：第一步是新民主主义，第二步是社会主义。在新民主主义时期，土地实行农民私有制，在社会主义时期，土地实行集体所有制。因为唯有消灭农村土地私有制，才能实现国家权力在社会各角落的全面渗透，从而巩固共产党的政权。于是，通过互助组、合作社和人民公社等一系列运动对农村土地制度作出强制性变迁的安排，实现对农村社会的高度统治和对经济及各种社会资源的超强控制，为工业化提供制度层面的支撑便成为政府的题中之义。

宅基地私有制之所以在轰轰烈烈的合作化进程中岿然不动，究其根本原因主要在于，农业合作化运动的目的是国家通过集体化运动加强对社会生活的全面干预，以便尽早踏上工业化发展道路，支持当时的社会主义工业化计划的实现。实现这一目标的具体手段之一就是全面提取农业部门的经济剩余，集中投到必须优先发展的重工业领域。因此，急风暴雨式的农业合作化仅仅涉及土地、耕畜、大型农机具等主要生产资料的集体使用和集体所有问题。与社会主义道路关联性的缺乏是合作化运动将农村土地制度改革的聚焦

① 高海燕. 20 世纪中国土地制度百年变迁的历史考察 [J]. 浙江大学学报，2007（5）.

② 靳相木. 中国乡村地权变迁的法经济学研究 [M]. 北京：中国社会科学出版社，2005.

点集中在农地制度，而并未波及农村宅基地产权制度的根本缘由。

（二）人民公社成立以后：农村土地制度与户籍制度的交织与互动

新中国成立之初，户籍制度仅仅具有人口统计和身份证明的功能，但因政治经济情势的变化，户籍制度逐渐偏离预设的轨道，成为控制人口流动和实际利益分配的依据。

20 世纪 50 年代初，根据当时的土地制度安排，农民享有完整的农村宅基地私有权，其对宅基地及农民房屋的买卖、出租等处分权未曾受到任何法律限制。这一时期，虽然经历互助组和合作社推行阶段，但由于社员仍然保留了入、退社自由，因此，人们享有迁徙的自由，严格意义上的户籍管理制度尚未诞生。

50 年代末期，以限制人口流动为旨归的户籍管理制度的诞生源于特殊年代适应特殊工业化发展道路的需要，其实质乃是通过控制有限资源的分配实现对城乡社会流动的控制，进而构筑起城乡之间的藩篱，阻断了农业人口向非农领域转移和向城市迁移的通道。从此，中国步入了一个漫长的城乡分割的二元体制时期。

重工业优先发展战略同样催生了城乡二元土地制度的诞生，这一点在宅基地使用权制度中体现得淋漓尽致。诞生于特殊背景下的土地制度对人民公社社员的入、退社自由的取消，以及对宅基地使用权流转的严格限制，无疑是为了达到加大国家公权力在农村社会的渗透力，实现将农民束缚在土地上这一最终目标。

宅基地使用权法律制度与户籍管理制度在控制人口流动、稳定社会秩序方面的功能可谓殊途同归。自 20 世纪 50 年代中期至改革开放以前，中国就是在二元户籍制度和二元土地制度互动共存的状态下稳定运行了数十年，二元土地制度是二元户籍管理制度长期稳步运行的基石，二元户籍管理制度又反过来固化了二元土地制度，两者无论在制度生成的时间上，还是在制度的功能上都具有内在的关联性与互动性①。

---

① 王菊英，王晓明．城乡户籍制度改革与农村土地集体所有权变革的思考 [J]．吉林经济管理干部学院学报，2008（4）．

改革开放以后，家庭联产承包责任制的推行和人民公社的解体拉开了农村经济体制改革的序幕。农村经济体制改革促成了大量剩余劳动力群体的形成，这些群体在流动中寻求解放和发展，人口流动改变着人口的空间分布，加速了社会阶层的分化，也冲击着传统的户籍管理制度，这无疑为户籍管理制度的松动起到了助推的作用。在这一宏观社会背景下，全国各地关于放宽户籍管理制度、形成城乡人口有序流动的机制和取消对农村劳动力进入城镇的不合理限制等法律文件纷纷出台。农村经济体制改革和户籍管理制度改革推进了农村土地法律制度的改革，旨在促进土地资源合理流动的法律法规也不断出台。如土地经营承包权在农村土地承包法出台之前不能进入市场交易，土地承包经营权的流转更多是农民的自发行为，处于一种无法可依的状态，而 1994 年农村土地承包法的出台改变了这种绝对禁止流通的格局。物权法的出台进一步推动了土地资源的合理流动。

反观新中国成立后数十年的发展史，可以发现新中国户籍制度的变迁与土地制度改革如影随形。一方的变革往往会引起另一方的变革，从而表现出动态上的相互适应性[①]。户籍制度的改革为土地制度的变革提供基础条件，土地制度的改革对户籍制度的变革起到推波助澜的作用；户籍制度改革的程度决定着土地制度改革的深度和广度，两者呈现出共生、交织和互动的状态。

基于宅基地的流转性直接关乎农民的迁徙问题，因此宅基地使用权制度与户籍制度的关联尤为密切。但是，我们清醒地看到，相对于土地承包经营权制度而言，宅基地使用权制度历经数十年，其制度改革的力度较小，即使是近 30 年，其制度改革更多地体现在土地利用规划对宅基地使用的制约等方面，而宅基地使用权制度权利层面的改革却少有涉及。今天，宅基地使用权的非市场化特征已经成为破解城乡二元社会格局和实现城市化工业化的障碍。

① 汤玉权. 论户籍制度改革与农村土地制度的变革 [J]. 东南学术，2006（1）.

（三）改革开放以后：可持续发展理念在农村宅基地使用权制度中逐步渗透

新中国成立后在相当长的时间内，农村宅基地使用权制度变迁的内容主要在于宅基地所有权制度的变革和宅基地使用权权能的变动等方面。这是由于人类活动尚未对自然资源和生态环境造成严重破坏，自然资源和生态环境对人类的生存和发展的制约作用尚未凸显。然而随着工业化和城镇化的推进，以及 20 世纪 80 年代以后掀起的农村建房高潮导致了大量耕地被蚕食，土地利用规划遭到突破，这一严峻形势不得不令立法者在其后的宅基地使用权立法中逐步渗透可持续发展的理念。改革开放后，我国出台了大量旨在加强耕地保护、落实土地利用规划和村镇规划、严格宅基地审批、控制宅基地面积的法律法规。在对新中国成立后宅基地法律制度变迁的线索进行宏观梳理后，可持续发展理念在宅基地立法中从萌芽到形成和发展的脉络便清晰可见。

宅基地使用权主体范围呈现从开放到限制的趋势。1986 年制定和 1988 年修改的《中华人民共和国土地管理法》，以及 1991 年制定的《中华人民共和国土地管理法实施条例》均承认城镇非农业户居民有使用农村宅基地建房的权利。但是，1998 年修订土地管理法时，废除了城镇非农业人口享有农村宅基地使用权的规定。此后发布的政策法规多次申明严禁城镇居民在农村购置宅基地，严禁为城镇居民在农村购买和违规建造的住房发放土地证。对宅基地使用权主体范围的限制无疑阻却了宅基地数量的增加，此乃保护耕地和节约土地利用的有效之举。

宅基地使用权面积从最初的无限制向有限制发展。20 世纪 60 年代前后的宅基地法律制度，未曾发现有关宅基地面积限制的相关规定。对宅基地面积限制的规定最早出现在 1982 年《村镇建房用地管理条例》的相关规定之中。从此以后，对宅基地面积限制的规定便成为宅基地立法的一项重要内容。国家还就宅基地面积超标现象的处理问题先后发布相关政策法规，全国各地也根据国家法律法规，结合本地区的实际情况发布相关规定，明确宅基地面积的最高限额。

建立"一户一宅"制度。1998年修订的土地管理法确立了宅基地使用权以"户"为单位的申请原则，明确规定农村村民"一户只能拥有一处宅基地"。同时规定，出卖、出租住房后再申请宅基地的，不予批准。"一户一宅"制度的确立对土地资源的节约使用意义重大。

建立宅基地使用权回收制度。在广大农村，宅基地闲置和扩展的矛盾日益尖锐，为了妥善协调这一矛盾，20世纪90年代出台的法律明确了对已经确定使用权的空闲宅基地或房屋倒塌、拆除两年以上未恢复使用的宅基地实行回收制度。

此外，针对20世纪末21世纪初出现的"一户多宅"和农民进城落户导致的宅基地闲置等现象，先后出台的相关法律政策开始鼓励农民腾退闲置多余的宅基地，并规定对自愿退宅还耕且以后不再申请新宅基地的农民，政府应按其宅基地面积给予补偿。

20世纪80年代以后，旨在强化土地资源保护和加强宅基地管理的法律法规纷纷出台，虽然在一定程度上遏制了宅基地资源浪费与耕地非农化趋势，但一些制度性问题仍然在不同程度上广泛存在，并引发了宅基地的闲置与扩张的矛盾，宅基地制度陷入了现实困境，改革宅基地使用权制度已迫在眉睫。

六、当前农村宅基地制度的产权特征与制度功能

（一）产权特征

1. 使用主体的身份性

宅基地使用权的主体只能是农村集体经济组织的成员，失去其集体经济组织成员的身份，宅基地使用权也就失去了其存在的基础。非本集体组织成员，无权取得宅基地。城镇居民不得购置宅基地，除非其依法将户口迁入该集体经济组织。其用途仅限于村民建造个人住宅，法律规定一户只能拥有一处宅基地，且宅基地售卖后，无权再申请宅基地。村民申请取得宅基地后只

能自建，不能转让[①]。

2. 权能限制性

宅基地属于农民自用，不能用于商业用途，一般情况下，不得单独流转。土地管理法和其他相关法律明确规定：农民的住宅不能向城市居民出售，农村宅基地可以向本集体经济组织成员转让，严禁城镇居民在农村购置宅基地，禁止为城市居民发放宅基地使用权证[②]。因此，即使城市居民购买了农村住宅，也不能取得宅基地使用权。另外，与国有土地使用权的单独存在和转让不同，宅基地使用权不能单独存在，需要由该地面附着的房屋所有权来定。

3. 取得和使用的无偿性

与城市居民取得国有土地使用权的有偿性比较，农村宅基地是基于其集体经济组织身份免费取得和无偿使用，具有很大的保障功能，实现了“农民居者有其屋”的梦想。

4. 使用无期限性

国家相关法律对国有土地规定使用期限为 70 年，对集体所有土地上的承包经营权规定期限从最初的 15 年，到期后又规定为 30 年，对于这个问题各地方政府也作出了不同的尝试和规定，在此不再多述。但关于农村宅基地的使用期限，国家还没有明确的规定，事实上，宅基地具有长期性甚至是无限性，一经取得，就可永久使用。

（二）制度功能特征

1. 保障功能

保障功能是现行宅基地制度设计的首要功能，宅基地使用权是基于农民身份而享有的社会福利性权利，具有保障功能[③]。一方面宅基地使用权的主体

---

① 刘俊. 中国土地法理论研究 [M]. 北京：法律出版社，2006.

② 艾琴，梁丹辉. 城市化背景下农村宅基地使用权制度的创新思路 [J]. 中国房地产，2009（4）.

③ 陈龙江. 制度功能视觉下农村宅基地使用权制度改革创新 [J]. 河南省政法管理干部学院学报，2008（3）.

是针对农村本集体经济组织的成员，他们才有资格经过申请免费取得宅基地的使用权，并且取得和使用都是无偿的。另一方面，宅基地使用期限具有不确定性，国家相关法律和条文都没有明确规定宅基地的使用期限，在大多数学者看来，认为是无期限的。从政策设计者的初衷来看，无外乎是保障农民最基本的居住权利，实现了历代农民“居者有其屋”的梦想。此外，国家目前无力对农民提供保障，而只能通过制度方式解决农民的利益问题，国家推行宅基地无偿使用，保障了在我国农民的基本生存权利①。

2. 分配公正功能

分配公正功能，主要是对农村集体经济组织内部成员而言，农村村民无论贫富，无论年龄，无论性别，不论加入本集体时间的长短，不论贡献的大小，只要是本集体经济组织成员，都有权利可以申请取得宅基地的使用权，都可以按人平等地分到相应的宅基地面积。

3. 维护社会稳定功能

新中国成立后到改革开放前这段时期，由于农村人口占多数的特殊国情，为保证大多数农村人口能够“居者有其屋”的目的以及支持重工业优先发展的需要，国家规定，农村人口可以免费取得和使用宅基地用于建造房屋，彰显了社会主义的优越性。宅基地承载着农民生产和生活等一切经济和社会功能，让广大农民能够在土地上安居乐业，积极从事生产和生活等活动，为支持重工业和城市的发展打下坚实的基础，维护广大农村社会的稳定。

改革开放后，国家对农村宅基地的取得、使用和流转作了严格的规定，从宅基地的权能性和使用主体性来看，首先原始取得只能是集体经济组织成员，除继受取得外，不管是购买，还是申请，城镇居民无权在农村获得宅基地使用权。严格限制宅基地向城镇居民流转的规定，把农民限制在土地上，显示立法者的本意是保护作为弱势地位的农民，担心大量的农民转入城市，而目前城市还没有足够的能力接受和容纳他们。这是考虑到农民失去土地和宅基地后无家可归的情况，这一限制旨在避免破坏社会秩序和稳定，不利于

① 于大水. 物权法视野下农村土地制度若干问题探析 [J]. 法学论坛，2008（1）.

社会主义和谐社会的建立。

4. 保护耕地的功能

人多地少是我国的基本国情，也是我国实施可持续发展的最大障碍，国家政府和相关立法者一直将“十分珍惜、合理利用和切实保护耕地”作为其基本国策，严格限制农用地转为建设用地，控制建设用地总量，严格实行耕地保护和土地用途管制制度。

第三章　农村宅基地相关问题的调查与分析

现行的农村宅基地使用权规则主要是由土地管理法规范的，2007 年的物权法将其明确为一种用益物权，但只赋予农户占有、使用的权利，并未赋予农户处分的权利，因为物权法在起草时曾经征求专家的意见，最终认为现阶段开放宅基地使用权市场流转的条件尚不成熟。不过该法授权土地管理法在条件成熟的时候开禁。故此有人说“农民的房子是后娘生的”。当然，农户是可以将宅基地转让给本村村民的，只是不能将其转让给城镇居民和其他村的村民。笔者在前人已有调研成果的基础上，又在一些典型地区采用多阶段随机抽样和重点抽样相结合的方法深入基层开展有关农村宅基地使用权流转问题调查，获得了比较翔实的数据。现以农户宅基地使用权流转的调查资料为样本，就农户对宅基地使用权的认知、农村宅基地的管理、农村宅基地的闲置与流转情况、农村宅基地有偿退出，以及农民对放开宅基地流转政策的态度等一些问题进行分析。

一、农民对宅基地使用权的认知度

（一）对物权法的认知

笔者在农村进行调研中发现，多数农民对宅基地的认知是模糊的。这也和其他学者的调研结果类似，在对北京和湖北农村的调研显示，只有 43% 的农民知道明确赋予宅基地使用权的物权法，57% 的受访农民不知物权法，或虽然知道物权法，但不知道其中对宅基地使用权的规定。具体来说，北京有 64% 的受访农民知道物权法的相关规定，22% 的农民知道物权法，但不清楚具体规定，只有 13% 的农户不知有物权法。在湖北，50% 的农民不知道物权法。29% 的农民只知道有物权法的存在。只有 20% 的农民既知道物权法，又知道其中对宅基地的规定[①]。北京和湖北调研结果的差异反映了我国不同地区的农户对宅基地的关注是有差别的。北京地区的农村靠近大城市和大工厂，宅基地和农房的流转（如出租和转让）较多，农户对法律规定相对比较敏感，而宋庄画家村农房买卖纠纷对农户的影响较大；但湖北的农村离城市相对较远，农户流转宅基地和农房的比例较少，故农民对相关法律法规的了解较少。

在知道物权法的农民中，他们对宅基地权利有什么诉求？是否认同国家对宅基地的管理？在北京的调研中，有 83% 的农民认为国家应当严格宅基地的管理，但同时应当给农民更多的权利。在湖北也有 81% 的农民认为国家应当加强管理和赋予农户更多的权利。在北京只有 17% 的农民认为宅基地是村集体的权利，国家不应管理；选择宅基地权利是村委会的事情，国家不应管理的为 0；认为宅基地权利是农户的事情、国家和村集体不应当管理的也是 0。在湖北，10% 的农民认为宅基地是村集体的权利，国家不应管理；选择宅基地权利是村委会的事情，国家不应管理的是 2%，认为宅基地权利是农户的事情、国家和村集体不应当管理的有 7%。这说明，国家对宅基地的管理是得到大多数农民的认同的，但是农民希望得到更多的宅基地权利，管理和权利保障是农民最关心的问题。

（二）农户对宅基地的归属认知

根据我国物权法，宅基地的所有权是村集体，但使用权归农户，由于农户在上面建造了住宅，故农户对宅基地使用权的归属存在误解。并且调查时相当比例的农户宅基地并未确权发证，这也使其归属在农户中的错误认知较多，所以农民对宅基地使用权所包含的内容是模糊的。但这不妨碍农民为追求利益最大化而利用宅基地获得经济利益。

在北京，有 4.85% 的农户认为宅基地使用权归国家所有，认为归村委

---

① 吴远来. 农村宅基地产权制度研究 [M]. 长沙：湖南人民出版社，2010.

会或村集体的比例都是 4.85%，但没有农户选择村民小组作为宅基地的归属对象，这可能是因为村民小组在宅基地的分配与管理中基本没有作用相关，因为现行宅基地的审批主要是由行政村负责的。但是有 65% 的农民选择了农户家庭享有。另有 5% 的农户选择了村集体和农户共有，5% 的农民选择了国家和农户共有，10% 的农户选择了以农户户主作为归属对象。在湖北，59% 的农户选择了归农户自身享有，有 9% 的农户选择了归国家享有，5% 的农民选择了归村集体享有，2% 的农户选择归村委会享有，13% 的农民选择了农户户主享有，8% 的农民选择了村集体和农户共有，3% 的农户选择了国家和农户共有。这说明，宅基地使用权的归属由农户享有的观念还是比较深入人心的，但还是有很多农户对此的观念是模糊的。特别是宅基地使用权确权登记发证工作的推进，对农民的宅基地权利观念有直接影响。但据我们调查，各地宅基地确权发证工作的进度差距很大，比如重庆市的情况，原来根本没有办证，1990 年以后才对宅基地办理使用证书，但房产证由房管部门办理，到 2006 年后，市政府统一了宅基地和房屋的发证工作，即重庆市房地产证，根据在该市部分地区的调查，在 2006 年前，主城四镇的发证率为 17%，根据国土资源部的要求，全国各地都正在紧锣密鼓地推进集体土地确权登记工作。

调查显示，北京有 21% 的农民认为其享有宅基地的所有权，只有 11% 的农民认为其只有使用权；在湖北的调研显示，有高达 55% 的农民认为其享有宅基地的所有权，认为其只有使用权的比例和北京相似，为 12%。这说明，农民对宅基地使用权和所有权的概念是十分模糊的。北京的农民对宅基地使用权的概念要比湖北的农民更清楚，更符合法律的规定和本意，这可能与北京的位置属于市郊，农民的宅基地流转和交易较为频繁，对政策和法律的理解要比湖北的农民吃得透有关。区域的差异还体现在农民对宅基地的流转的态度上，在北京，有 82% 的农民认为农民对宅基地有继承权，19% 的农民认为其对宅基地有抵押权，在湖北，有 61% 的农民认为其对宅基地有继承权，32% 的农民认为其对宅基地有抵押权，这说明，由于实际生活中的继承宅基地事实上屡有发生，所以农民对宅基地的继承权问题大多数有清楚的认识。但对宅基地的抵押权问题，农民的认识发生分歧，由于银行等金融机构并不受理农民的宅基地抵押业务，所以，大多数农民认为其没有抵押权是符合法律和现实的事实的，但还有少数农民选择了可以抵押的选项。其中湖北的选择率大大高于北京农民的选择率，又一次说明了湖北农民对政策和法律的了解程度比北京的农民低得多。这些调查反映出了农民对宅基地的私产观念较之于承包地更甚。在调查中，当被问到宅基地是否可以有偿转让时，北京有 77% 的农民回答可以，而在湖北，这个比例只有 39%，这可能与北京农民的宅基地流转较内地远郊农民频繁有关，由于频繁的流转，导致农民误认为其宅基地是可以流转的，事实上的确有很多北京农民将宅基地流转到了集体经济组织成员以外的城市居民或打工者的手中。在宅基地和其上的房屋的问题上，两地农民只有不到 10% 的比例认为宅基地必须连同房屋一起才能抵押，但对于宅基地是否可以连同房屋一起租赁的问卷上，两地差距较大，北京受访农民有高达 76% 的认为可以，而湖北只有 14% 的这样认为。两地的差距可能是因为北京农民的房屋出租率远比湖北内地农民发达。

在进一步调研宅基地的继承权问题时，由于宅基地使用权的继承人有可能是城镇居民，而城镇居民有没有在原有宅基地上翻建房屋的权利，法律对此并没有明确的规定，各地的规定也不一致。在调研中，有 14% 的北京受访农民认为城镇居民继承后可以不经任何人同意进行翻建房屋，7% 的农民认为要经过村委会同意，12% 的农民认为要经过规划部门同意，60% 的农民认为要经规划部门和村委会双双同意，只有 5% 的农民认为不能翻建，由村委会收回。湖北农民有 13% 认为不经任何人同意即可进行翻建，15% 的农民认为要经村委会同意，这是北京农民的 2 倍。在是否要经规划部门同意的问题上，10% 的受访农民认为需要，与北京相似。有 49% 的农民认为要经规划部门和村委会同意，但在不能翻建，应当由村委会收回的问题上，湖北农民选择的比重达到北京的 2 倍多，说明湖北的农民更加信任村委会的权力。

在两地的调研中，由于相当多的农民认为自己有权转让宅基地，所以宅基地在他们眼中是自己的私产。这就产生了一个问题，农民是否可以随意转让自己的宅基地和房屋给他人呢？针对这个问题进行的调研显示，在北京，有 11% 的农户认为可以将宅基地转让给本村村民，5% 的农民选择了宅基地的交易对象只能是本村和外村村民；3% 的农民选择了可以出售给城镇居民；但 80% 的农民选择了按市场经济的价值规律出售给出价高的买主。

在调查农民房屋建设的方式问题上，多数农民认可农民自建的传统方式，但要服从村里的统一规划，在北京的受访农民中有 75% 的人选择了该选项，在湖北有 62% 的农民选择了该选项，说明了农民开始认同了统一规划，这也是村民在村庄建设中无规划和乱建设造成的只有新房、没有新村的现象进行反思的结果，农民在生活水平提高的同时也希望改善居住环境。北京受访农民有 10% 同意村里统一规划和建设，而湖北则有 20% 的农民同意村里统一建设，但与此相反，在是否希望自己建筑自己独门独院的平房或楼房这个选择上，北京和湖北的差距较大，北京有高达 76% 的农户选择该选项，后者则只有 38% 的农户选择了该选项，这可能是因为北京农民的传统民居是四合院，而湖北的农户独门独院民居较北方为少，故此两者差距较大，不过也反映了很多农民还是希望建造独门独院的愿望。对于村集体统一建立公寓楼的选项，两地选择的农户都不多，分别只有 22% 和 20%，这也是当前农村集中居住受到非议的民意基础，因为民居传统习惯和农耕文化决定了农民还是希望居住在平房而非统一的楼房，所以集中建立统一的农民公寓楼在农村推行还是有一定难度的。不过大多数农民都认为村里统一规划是必需的，选择自己建筑自己的住宅而无须他人干涉的，两地分别只有 10% 和 11% 的受访农民选择了该选项，说明任意建设住宅的观念越来越不得人心，乱占乱建、只见新房、不见新村的无规划乱象越来越不被农民认可。

二、农村宅基地的管理

（一）农村宅基地的使用状况

由于我国南北地理状况和住宅风俗的差异，宅基地占用面积在各地有很大的不同。南方多丘陵，北方多平原；北方的农民以建有院墙的独家小院为特色，而南方的丘陵地带农民大多建楼房，且无院墙；北方土地较多，人均耕地面积较大，收种的庄稼较多，而南方种植的水稻较多，庄稼秸秆较少，对院子的需求不迫切。在对北京和湖北的 300 多户农民进行的调研中，发现北方农户的户均宅基地面积和人均宅基地面积要高于南方。北京的农民户均宅基地面积有 426 平方米，人均宅基地面积达到 133 平方米，户均住房面积达到 320 平方米，人均住房面积有 100 平方米。湖北的农民户均宅基地面积只有 158 平方米，人均宅基地面积有 40 平方米，户均房屋面积达到 186 平方米，人均住房面积 47 平方米。从中可以看出，北京的宅基地面积是湖北的 2—3 倍。

（二）农民对“一户一宅”的理解

北京的问卷情况显示，农户认为一户只能拥有一处住宅的占 47.88%，认为一户只能申请一处住宅的占 22.42%，认同前者是后者的 2.1 倍；而在湖北，认为一户只能拥有一处住宅的农民占 38.82%，认为一户只能申请一处住宅的占 13.82%，认同前者的是后者的 2.8 倍。这说明湖北农民更为认同一户只能拥有一处住宅的观念。在对户的理解上，北京农户有 31% 认为是指通过血缘或婚姻组成的自然户，湖北的比例为 26%；北京农户有 22% 认为户是指户籍的管理户，包含农村承包经营户，而在湖北的比例是 16.5%；认为 20 岁或 22 岁的男性村民可以独立申请宅基地的北京农民有 28.5%，而湖北只有 11% 的农民这样认为；北京认同 20 岁或 22 岁的农民都可以单独申请一处宅基地的比例达到了 18.8%，而湖北的比例高达 26.3%。

一户一宅是我国农村宅基地审批的基本原则，按照规定一户只能拥有一处宅基地，但是调查发现，北京近郊的农户一户多宅的比例为 7.5%，2006 年末拥有两处住宅的有约 12 万户，拥有 3 处住宅的有 7800 户，占比不到 1%。山东枣庄市的调研显示，其下属的滕州市、薛城区和山亭区三个地区“一户多宅”情况最为严峻，其中滕州市一户多宅的户数占到村民总户数的 25%，薛城区达到了 20%。据对 359 个农户的调查显示，知情的农户有 226 个，占总样本的 63%；不知道的有 133 个，占总样本的 37%。对是否知道宅基地的申请条件、申请的审批程序的调研显示，有 67 户农民选择知道，占比为 19%；有 155 人选择知道一些，占比为 43%；有 137 人选择了不知道，占比为 38%。这说明，很多农民对宅基地的审批政策的细节并不知情。由于国家土地管理法规定了农村宅基地的面积由省、自治区、直辖市自行规定，而该面积的确定大多是依据当地的人均耕地面积。如河北省《宅基地管理办法》规定人均耕地不足 1000 平方米的地方，一宅的面积控制在 200 平方米，人均耕地超过 1000 平方米的地方，一宅的面积不得超过 230 平方米。实际情况又如何呢？在陕西的 26 份调研结果显示，某平原县的一个乡的农民宅基地面积在 220 平方米以上，而按照规定的宅基地面积为 200 平方米之内。来自黑龙江的调查显示，当地的宅基地面积已经超过 300 平方米，有的达到了 340 平方米、350 平方米。四川省规定，每人宅基地面积为 20—30 平方米，最多不能超过 150 平方米，但是在四川各地 20 个村调查的结果显示，有 9 个村的人均宅基地面积在 80—120 平方米，7 个村的人均宅基地面积达到 120—150 平方米，还有 4 个村的农民人均宅基地面积居然达到 150 平方米以上。在丘陵和山地的宅基地更是没有院墙，当然，各地执行本地的面积标准差距悬殊，有的面积相差能达到 100 多平方米。同时，很多农民主观上仍然认为不够用。这说明，农民对宅基地的占有欲望是很强的。在农村占有宅基地的面积越大，越能显示出农户的地位。

关于宅基地的扩张原因，农民对选项的选择是，北京农民有 71% 选择了农村经济发展导致宅基地占用过快，53% 的农民选择了农村人口过快增长导致了宅基地增长过快，43% 的农户认为农民住宅观念的转变导致宅基地占地过多，其中有 25% 的农民认为农民对宅基地的私有观念是造成宅基地过快增长的原因。有 21% 的农民认为农村土地承包经营权不稳定，而宅基地政策是大家都可以通过争取获得的现状导致了宅基地增长过快，23% 的农民认为国家缺乏调控宅基地的政策和经济手段是造成宅基地扩张的原因。

对于超面积宅基地的处理方式，在调研中，北京农民认为应当由土地管理部门或村委会组织拆除的有 7%，认为应当由农民对超标准的面积补交费用的达到 25%，但应当一次交清；而 19% 的农民认为应当补交费用，但应当按年交付。但是大多数农民认为农户可以暂时使用，不用交费，该比例在北京有 73%，在湖北有 77%，这与我国长期以来执行的免费使用宅基地的政策相关一致，也与农村宅基地管理上的对此问题处理不严有关。关于交费的方式，多数人认为应当一次性交付，北京的农民选择一次性交费的比例高于按年交付的比例，而湖北的农民前者竟然是后者的 4 倍，可能当地农民将一次性交费当成超生罚款之类的东西了。

关于控制村民占用宅基地的方法，北京受访农民选择由国家严格控制宅基地用地指标的达到了 32%，选择国家对全部宅基地征税的占 5%，选择由国家对超标准的部分进行收税的占 41%，还有 27% 的农民选择不需要国家和集体管理，选择村集体对全部宅基地收费的占 7%，选择村集体对超标准宅基地部分收费的占 19%。在湖北，选择国家严格控制宅基地用地指标的农民有 41%，选择国家对超标准宅基地部分收费的占 32%，选择国家对全部宅基地收费的占 10%，选择村集体对全部宅基地进行收费的占 5%，选择村集体对超标准宅基地部分进行收费的占 32%，最后只有接近 8% 的农民选择了不需要国家和集体进行管理。从中可以看出，北京和湖北对是否由国家严格控制宅基地用地指标的差距较大，北京受访农民大多不赞成由国家严格控制宅基地指标，而湖北有一半多的农民选择了国家应当严格控制宅基地指标，说明了北京农民对宅基地的私权属性更为认可，因此国家不应当进行管理。这正好印证了北京和湖北农民对不需要国家和集体对宅基地进行管理认识上的较大差距，数据显示北京农民赞同取消国家管理的比例是湖北农民的 3 倍多。两地农民选择接近的是，多数农民认为应当由国家对超标准宅基地进行收税或对全部宅基地征税，而只有较少的农民选择由村集体对全部或超标准部分收费。而且，选择对超标部分的宅基地进行征税的要远高于对全部宅基地征税的比例，在北京，两者的差距达到了近 8 倍，在湖北该差距也有 3 倍之多。这是农民的公平理念的体现，很显然，国家长期以来执行的宅基地免费申请政策使得农民认为国家对全部宅基地征税的做法不认同。选择由村集体对全部或超标准部分宅基地收费的比例之所以较少，可能是国家的税收行为要规范，而村集体的收费较为混乱，村务公开还存在很多问题，农民对此不满。但是宅基地毕竟是村集体所有的土地，所以还是有个别农民选择了由村集体对宅基地收费的选项。

关于闲置宅基地的处置方法。由于种种原因，农民宅基地闲置的情况还是比较普遍。如何处理闲置的宅基地，既是农民关心的问题，也是各级土地部门亟待解决的问题。通过对闲置宅基地的处置方式进行的调研显示，多数受访农民认为国家应放松对宅基地的管理。北京受访农民有 49% 的认为国家无须管理，而湖北有 38% 的农民认为国家无须管理；北京农民认为政府以资金或者房屋等置换的有 24%，而湖北此问题的比例只有 12%；北京农民选择村集体或村委会以资金或房屋等置换的占 28%，湖北农民选择此项的有 25%，两者差距不大。总之，北京农民比湖北农民更加关心宅基地的私权性，而湖北农民相对不太重视宅基地的私权属性，这与湖北受访农民所处地域中宅基地的流转价值不大有关，北京农民由于地处城市郊区，宅基地的价值处于上升趋势，农民对闲置宅基地也很看重。

关于宅基地政策变化后的反应。当问及如果法律允许农村宅基地出租、出售、抵押，您对此会如何应对？在北京，有 49% 的农民最担心有越来越多的人会占用耕地去申请宅基地，担心村干部会借机以权谋私的有 45%，而想办法申请新宅基地的有 22%。在湖北，有 49% 的农民担心群众借机占用耕地，但只有 24% 的民众担心村干部会借机以权谋私，而想办法再去申请新宅基地的比例有 30%。说明农民对此的认识是很深刻的，即针对宅基地政策放开后，耕地被占用作为宅基地的现象会更加严重。

（三）农村宅基地登记发证情况

积极推进农村宅基地确权登记发证工作，关系到广大农民群众的切身利益，是加强农村宅基地管理的重要手段，也是集体土地利用制度改革的基础和保障。做好宅基地确权发证工作，可以有效规范农村住宅建设，促进节约集约用地，防止乱占滥用耕地，维护集体土地所有者和使用者的合法权益，对推进社会主义新农村建设具有十分重要的意义。早在 2010 年，中央就明确了要从 2011 年启动全国范围的农村集体土地确权登记发证工作，计划用 5 年时间基本完成。截至 2012 年，海南省基本完成农村宅基地确权登记发证工作。全省共完成农村建设用地和宅基地地籍调查 181.5 万亩，确权 178.6 万亩，占总面积的 98.7%，发证率占全省应发证总户数的 97.7%，有 89.65 万农户领到了宅基地土地使用证。辽宁省 1210 余万公顷、14 万余宗农村集体土地都有了权属明确、四至清晰的“身份证”，走在了全国前面。2013 年，农村宅基地、集体建设用地使用权的确权登记发证工作已全面展开。在河南省，截至 2013 年 9 月，共完成 2115 个乡（镇）、47585 个行政村、345116个村民小组约150万宗土地的地籍调查工作，基本完成集体土地所有权确权登记发证的地籍调查工作，涉及土地面积15.15万平方公里。下一步将启动集体所有权和使用权的确权发证工作，这意味着农村宅基地使用权调查工作也即将展开。

在山东省德州市，从2013年9月开始推进宅基地的确权工作，截至2015年3月，全市11县（市、区）均开展了地形测量、权属调查和地籍测量工作，部分县（市、区）进行了建库工作。全市宅基地应确权登记的村庄共7161个，已完成地形测量的村庄3982个，完成率55.61%；已完成权属调查的宗地481752宗，已完成地籍测量的宗地375956宗，已入数据库71208宗，已初审公告的宗地104宗。

在广西，从2009年底全面开展农村宅基地使用权确权登记发证工作（一期工程），共投入经费1.79亿元。目前，全区农村宅基地确权登记发证工作已完成既定的目标。全区农村宅基地使用权应发证721.49万宗，已发证631.88万宗，发证率为87.6%。完成了全区84个市、县城镇规划范围农村宅基地使用权登记数据库建设。彻底查清了这一类区范围内农村宅基地使用权的位置、权属、界址、面积和利用状况，完成了档案扫描、录入、挂接任务，建立了农村宅基地使用权登记数据库，数据库基本满足了日常管理和更新、查询的需要。与此同时各市、县按照《土地登记办法》的规定和《土地登记档案顺序表》的要求，整理归档了历年已发证宅基地及集体建设用地登记发证档案，并通过重新梳理和核查，完成了所有已发证宅基地档案基本信息的录入。下一步广西将进一步细化政策，提高农村宅基地发证率，在2014年底完成90%以上发证任务。加大对土地确权登记发证成果的质量检查和实地核查。开展土地登记规范化检查工作，清理查找存在的问题，纠正不规范土地登记行为，建立健全土地登记工作的各项制度，维护土地登记的公信力。

在四川省都江堰市柳街镇鹤鸣村，2008年以前是一个全农业村，经济落后，地处偏僻，被当地人称为“夹皮沟”。当“确权颁证”“产权制度改革”的消息传到村里时，村民和干部并不知道这意味着什么。市里的一个领导给大家先解释了一番：“确权颁证就是弄清楚每户农民有多少土地、房屋、林地，并把代表权属的本本发给农户。有了本本，就可以用房屋产权进行担保贷款，去搞农业项目，搞规模经营。”这位领导还举了一个例子：“双流县（后区划调整为双流区）的羊肝菌出口，一亩地一年产值 1.5 万美元，没有规模经营是难以实现的。不愿意搞农业的，也可以把土地流转出去收取租金，自己外出打工，确权后就有保障了。”2008 年 3 月，鹤鸣村完成了全村 572 户入户调查、资料汇总、公示等工作。集体土地所有权、集体建设用地使用权确权到村或组，而承包地、自留地、宅基地和农民的房屋则全部确权到户，农民手上有了“五证一卡”。虽然已经确权给村民了，也有了房产证，但是按照现在的规定，宅基地是不能转让给外村人的。来看的人还是有顾虑，不敢买。村干部用了句很通俗的话来说：“感觉就是领导讲话只说了上半句，下半句没说出来。”①

三、农村宅基地的闲置与流转状况

（一）空心村现象与宅基地的闲置

对山东省齐河县 354 个农户的调研显示，有 133 个受访农户承认常年在村里居住的每个家庭人口只有 1—2 人，占比例为 37%；家庭常住人口有 3—4 人的达到 99 户，占比例为 28%，5—6 人的家庭有 85 户，占比例为 24%；其他有 37 户，占比例为 10%。这说明，在务农收入逐渐被打工收入取代成为家庭主要收入来源的今天，农村务农人口越来越少，从齐河县的状况可以看出，至少有 1/3 的家庭常年只有个别家庭成员居住，甚至无人居住，宅基地的居住功能趋于弱化。在对安徽 1413 户农民的调研显示，流转过宅基地的农户有 54 户，占比例为 4%，办理过土地使用证的有 309 户，占比例为 22%，房屋有闲置现象的有 465 户，占比例为 33%，房屋闲置现象较为严重。进一步了解为什么闲置时，有 30% 的农户回答是房屋面积大，用不了，有 55% 的农户回答是家庭主要劳力打工闲置，有 7% 的农户回答是危房不能用，认为环境不好造成闲置的占 3%。这里的闲置比邻省的山东省齐

① 范传贵. 新型城镇化如何让农民带着“财产”进城 [N]. 法制日报，2013-9-10.

河县要严重。

空心村现象的产生，部分原因是建设规划滞后，新建住宅大多集中在村庄外围、道路两侧，而村内存在大量的空闲宅基地，形成了外实内空、外新内旧、外齐内乱的“空心村”。如山东省枣庄市山亭区冯卯镇涝坡村共有327户、783人，村庄占地面积为219亩，其中空闲土地面积为132亩，空闲户数共102户。河北省邢台市的一个有2300多人的村庄，共有615户，而其中空闲的旧宅基地就达129处，占地约60亩。山东省成武县2006年农村总人口为559729人，共有150165户，宅基地和村庄占地总面积达到414114.8亩，人均0.74亩，户均2.76亩，大大超出一般村庄0.3—0.5亩的标准。大部分村庄内部空壳严重，有些地方基本无人居住。随着经济社会的快速发展，大批农民涌向小城镇和大中城市，成了非农业的城镇居民，但仍占着原农村宅基地；部分农村青年大学毕业后在外就业，结婚生子，把父母接出去一起居住，造成原宅基地闲置，加重了“空心村”现象。“空心村”的大量存在，造成土地浪费，环境恶化，严重影响了经济发展和新农村建设。

江西省安义县新民乡有1.3万人，在国家封山育林后，很多村庄因为田地少，村民结伴外出打工，最多时外出打工人员达到四五千人之多，造成了大量的“空心村”。原本有三四十户人家的村庄，现在很多只剩下两三户人家，且留守的都是老人。合水村有11个自然村，共计814人，而现在留在村里的不到80人，都是年过六旬的老人，每个自然村平均不到8人。吊钟村原有700多名村民，现居住不足100人；塘边村有1400名村民，现居住不到300人。观坪村原有57户村民，现在只有3户7个老人居住。一份材料显示：安义县25万人口中有10万人外出务工经商。他们赚钱后在县城购房，或在农村修建新房。不过新建的楼房大半关门闭户，一年中只有过年才会有人住上几天。随着村民减少，教育、医疗、治安等公共资源日益衰弱。村里卫生所一天不如一天，老人看病也不方便。公共服务跟不上，又造成更多村民外出，如此恶性循环。“空心村”的学校因学生人数大量减少，很多办不下去了。合水村小学在2011年停办，吊钟小学2012年只有6个学生，老师只有1个，面临停办。

（二）宅基地的隐性流转

安徽的调研显示，在问及农民流转宅基地的原因时，有 34% 的农户选择想去别的地方居住，有 26% 的农户选择其在其他地方有住房，因而要流转，而 23% 的农户认为自己流转宅基地的目的是希望筹集资金。这表明，农民在外地拥有住房的已将近 1/4，而 1/3 的农民希望到外地条件更好的地方居住，还有接近 1/4 的农户希望通过抵押来实现宅基地的价值。这说明有相当多的农民已经有流转宅基地的经济基础、条件和愿望。

由于国家法律的禁止，宅基地的市场化流转从未开禁，但民间自发的流转却从未间断，也就是宅基地的地下交易在一些地方特别是城郊接合部还是普遍存在的，除此之外，交通便利，风景优美，靠近工矿企业的农村，宅基地地下交易也十分活跃。学者们对此进行了很多调研。《北京农民宅基地与房产制度研究》课题组对北京市朝阳、昌平和怀柔 3 个区进行了调查，发现宅基地流转已占宅基地总数的 10% 左右，有的村甚至高达 40% 以上。从法律上讲，凡是交易对象不是本村的宅基地买卖行为，都可以界定为隐性流转。学者朱明芬教授等人在调研中发现，我国东部地区的宅基地流转中，出售给本村村民的交易有 13 户，面积达到 2838 平方米，占所有交易的比重达到 68%；没有人卖给外村村民；有 6 户村民卖给了城镇居民，交易面积达到 1820 平方米，占调查样本的 32%。在中部的农村调研结果显示，有 11 户村民将宅基地共计 1506 平方米卖给本村村民，没有人卖给外村村民和城镇居民。在西部地区的调研显示，有 5 户村民将宅基地卖给本村村民，成交面积达 466 平方米，占调查样本的比例为 17%；有 6 户村民将宅基地卖给外村村民，面积达到 785 平方米，占调查样本的比例为 20%；有 13 户村民将宅基地卖给了城镇居民，面积达到 2996 平方米，占样本的 43%。在所有的调查样本中，只有西部地区的村民将宅基地卖给了企业和单位，户数是 6 户，面积为 770 平方米，中部和东部地区没有受访村民将宅基地卖给企业和单位的现象①。

① 朱明芬，邓容．农村宅基地使用权隐性流转情况的实证调查 [J]. 农村经济，2012（12）.

另据湖北省荆门市国土局的调查发现，该辖区所辖的 3 个镇近年共发生宅基地转让 787 宗，面积达到了 179700.55 平方米。其中属本集体经济组织内部转让的 620 宗，面积 135487.66 平方米，这些转让是为法律许可的；除此之外，转让本村以外村民和城镇居民的 167 宗，面积 44213.5 平方米，这些是违反法律规定的。调查发现，这些隐性流转，有的通过村委会或村小组同意即发生转让；有的私下签订转让协议，致使有些宅基地反复私自转让，现在原宅基地户主都不知去向。甚至有个别村原来的老住户大多都搬迁到城镇居住或者迁往外地，现在的居民基本上都是云南、贵州等边远山区搬迁来的农业人口。浙江省丽水市政协调研组发布的报告显示：通过对云和县、缙云县 15 个行政村开展抽样调查统计，发现农民私下流转宅基地的就有 8 个村，占 53.3%。而上海市南汇区惠南镇城南村在近 15 年的时间里，有八成的宅基地被转卖给了外来人员居住。据湖北省国土厅调查，该省荆州市自 2003 年以来，农村宅基地出租、转让的户数占总户数的 29%。

还有一种隐性流转是城乡联建。我国东部的浙江联众农业投资公司通过和环境优美的农村合作进行新农村建设而探索出的一种模式，它的主要运作程序是，公司与村委会签订协议，由村庄提供土地，由公司提供建设资金，通过对整个村庄进行统筹规划，建设成城乡共享的农家乐。公司为村民投资建设 4 层住宅小楼，一层归农户使用，2—4 层则以 5 万—7 万元使用 30—40 年的出租条件，出租给希望到农村休闲养老的城镇居民，租期届满，住宅的所有权归农户。而农家乐的管理者是该农户，他们同时作为公司的员工负责公寓的日常管理，并领取每月 500 元的工资。目前该公司已经与数十个环境优美的旅游区附近的村庄签订协议，建设成仙居。在中西部，汶川地震后，为解决当地受灾群众的居住问题，四川省的部分地方允许采用城乡联建的方式，如都江堰市将农村产权制度改革与灾后重建相结合，根据大观镇、青城山镇、紫坪铺镇等乡镇不同的区域和资源特点，摸索出“联建”这一灾后重建模式，即灾区村民提供农村宅基地、自然人出资建房，通过农民宅基地的产权流转，解决村民建房资金问题。联建房建成后，国土部门对农户和联建方颁发分割后的《集体建设用地使用权证》、房管部门审核后为双方颁发《房屋所有权证》。根据联建的模式不同，可以将之分为小联建和大联建，前者是指由一户一户结对子建房子，但存在资源和效率问题，并且由于允许联建户可以分享集体宅基地使用权，明显违反了土地管理法。为此，当地采取企业参与的大联建方式，这种城乡互动新模式，解决了灾后重建的资金难题，让成都市几个重灾区的居民在短短一年多时间里都住上了漂亮的小别墅，成为百万富翁，生活质量显著提升。在运作时，当地还通过村民集中居住，将节约出来的宅基地或复垦为耕地作为占补平衡指标，或作为城乡建设用地增减挂钩指标，这些指标通过交易平台出让。

在调研中，总共有 41 户村民实施了联建，占 1010 户样本的比例为 4%，大部分集中在东部和西部城乡统筹综合改革试验区，其中东部占 32%，西部占 65%，中部占 4%。根据样本的统计，东部地区农户原有宅基地面积为 1924 平方米，但通过联建，农户现有的宅基地面积达到了 1978 平方米，联合开发房屋面积达到 8316 平方米，农户可支配房屋面积达到了 2340 平方米；中部只有 1 户进行了联建，原有宅基地面积为 120 平方米，联合建设面积为 480 平方米，农户可支配房屋面积达到了 240 平方米；西部地区的农户原有宅基地面积为 7858 平方米，现有宅基地面积为 2375 平方米，联合开发房屋面积为 4416 平方米，农户可支配的房屋面积为 4080 平方米[①]。从东西部的数据进行分析可以发现，联建后，东部的农户可支配房屋面积有一定程度的增加，但西部的农户住房面积反而出现了减少。这可能与联建中农户房屋层数有关，联建模式中，公司建设的农家乐达到了 6 层左右，而在西部联建中，农户的住房层数只有 3 层，自然可支配住宅面积就少。由于农家乐的出租面积多少直接决定了公司的投资回报率，所以层数越多，建设面积越多，收益也越多。

第三种隐性流转是以房屋出租实现宅基地使用权的流转。法律虽然禁止宅基地的流转，但并未禁止宅基地的出租，因此在城郊接合部逐渐形成宅基地出租使农民获益的模式，比如北京的密云、延庆、怀柔、昌平等多个区都存在该模式的影子。出租是在现行法律政策框架下，一种变通的宅基地流转方式，但这种流转方式存在法律风险。因为按照合同法的规定，租赁合同最

---

① 朱明芬，邓容．农村宅基地使用权隐性流转情况的实证调查 [J]. 农村经济，2012（12）.

长有效期是 20 年，超过的部分不受法律保护；而很多宅基地出租合同的租赁期限都超过了 20 年。据山东省经济学院不动产法研究中心于 2006 年的抽样调查显示，总计 51.3% 的村庄发生宅基地和住宅出租情况，其中出租户数在 10 户以上的村庄占调查比例的 30%；总计 68.9% 的村庄实际发生过宅基地和住房出卖情况；实际出卖住宅 10 户以上的村庄占 26.5%；而大多发生在城乡接合部地带的村庄，占 75% 的比例。重庆市的调查显示，200 户受访农户中有 153 户将住房用于自住，但有 111 户将房屋出租，有 40 户农户将房屋转让或出售。北京市怀柔区玻璃庙镇三个村没有出租房屋的现象，但有 10% 左右的农户出卖宅基地的现象。朝阳区的两个村庄则正好相反，买卖宅基地的很少，但有较多的农户选择出租农房[①]。

（三）农村“小产权房”状况

根据《中国统计年鉴》，1995 年“小产权房”竣工面积达到 3714 万平方米，1997 年“小产权房”竣工面积达到 3264 万平方米，1999 年“小产权房”竣工面积达到了 6679 万平方米，这是 2000 年以前的统计中数量最多的一年，其后的竣工面积都在 4000 万—5000 万平方米徘徊，2002 年“小产权房”竣工面积达到 5448 万平方米，2009 年“小产权房”的竣工面积达到 6538 万平方米，近年统计数字中最多的一年为 2010 年，“小产权房”竣工面积达到了 8345 万平方米，而从其所占当年社会总的住宅竣工面积来看，1999 年的比例为 4.8%，2010 年的比例为 4.6%，其他年份都在 3%—4% 的区间徘徊。从我们的调研情况来看，产权房的占地情况较为复杂，既有占用耕地建设的，也有占用宅基地建设的，还有占用其他土地建设的，也有借用农村新型社区建设的名义搭车建设“小产权房”。其中，占用耕地建设“小产权房”为违法行为，不应受到保护和鼓励，但占用宅基地建设的，目前政府和学界意见分歧较大。

① 韩俊. 中国农村土地问题调查 [M]. 上海：远东出版社，2009.

（四）农村宅基地的抵押流转

我国担保法、物权法等明确禁止以宅基地使用权作为标的的抵押行为，这是因为宅基地在我国仅有有限的流转权，所以在宅基地使用权全面放开流转之前，宅基地的抵押是无法进展的。不过，随着国家在逐步重视农民的土地财产权，宅基地使用权的流转和抵押在某些地方开始试点，比如在城乡统筹综合试验区重庆市石柱县出台了《农村居民房地产抵押贷款管理办法》，已经发放了农房抵押贷款 7 笔 66 万元，对于农房所占用的宅基地，有的规范性文件要求抵押人应当出具集体土地所有权人同意抵押的证明。学者们在重庆农村部分地区对此进行了调研，发出 240 份问卷，收回有效问卷 201 份，经过统计，得出了很多宝贵的数据①。首先，在农民资金借贷上，由于婚丧嫁娶、进城创业、房屋修建、教育、医疗、承包地生产经营等的需要，使农民不得不四处想法借贷资金。在消费性支出上，受访农户有接近 40% 的比例表示是通过家庭自身积累解决问题的，有 45% 的农户向亲朋好友借钱，向当地农村信用社贷款的有 37 户，占比例为 18%。在生产性支出上，向农村信用社贷款的比例大为增加，55% 的受访农户表示曾经向信用社借过钱，其次是向亲朋好友借款，有 83 户农民有此种行为，最少的是依靠家庭自我积累，只有 8 户农民这样做，占比例为 8%。

如果能用宅基地和承包地作为担保物向金融机构抵押贷款，则不论是扩大生产还是进城创业，农民的融资渠道无疑会大大增加。首先，在受访农民是否愿意抵押的问题上，有 93% 的农户表示愿意将宅基地用于抵押，只有 3% 的农户表示不愿意，这说明绝大多数农民有将自己的房地产进行抵押的愿望；有 3% 的受访农户表示无所谓，有 42 户农民认为宅基地的抵押价值不如承包地大，而 39 户农民表达了相反的意见，认为承包地的抵押价值不如宅基地大。其次，在抵押对象上，银行和信用社成为多数受访农民的首选，有 132 户农民表示愿意将自己的宅基地和住房向金融机构借款，占比为接近 66%，84 户农民愿意向亲朋好友抵押借款，占比为 42%，其中有 20 户

① 陈霄，鲍家伟．农村宅基地抵押问题调查研究 [J]．经济纵横，2010（8）.

的农民愿意向银行和亲朋好友抵押借款，所占比例为 10%。在受访农民接受宅基地作为担保物的态度上，64 户农民表示愿意接受债务人以宅基地和房屋用于实现债权。有 58 户农民表示要看情况而定，是熟人则可接受抵押，不熟则不接受抵押。但也有 79 户农民了解了抵押物实现的过程后，表示难以接受以宅基地和住房作为抵押，因为大家是乡里乡亲，如果对方无力还款，处理宅基地会导致对方无处容身，会很麻烦。这其实也是国家不肯推出宅基地抵押的重要原因，即如果农民只有一处宅基地，借款还不起时，如何实现抵押权。农民和国家的看法是一致的，和学者的设想是有较大差别的。在宅基地作为抵押物的实现问题上，农民是否愿意接受农房和宅基地被实现和处分，在统计的结果中显示，有超过一半的受访农民表示愿意房屋被处置以清偿债务（107 户，占比例为 53%），但有 41 户（占比例为 20%）农民表示不能接受房屋被他人处分，因为那样的话自己将无立足之地。还有 53 户（占比例为 26%）农民认为如果有别的更好的处理方式的话，不一定非得处理自己的房屋和宅基地。宅基地的抵押是学者们考虑其资本经营功能的前提，农民要想创业，想要过上小康生活，都有可能发生借贷。在调研中，有 35 户农民考虑将借款资金用于家庭消费，占比例为 17%；有 59 户农民拟贷款用于扩大承包地的投资，占比例为 29%；有 83 户农民准备将资金运用于进城创业，占比例为 42%；有 24 户农民考虑住宅的修建和翻新，占比例为 12%。在了解到抵押在农民生产生活中的重要作用后，农民对国家放开法律和政策的限制和禁止宅基地抵押的意愿是怎样的呢？统计显示，有 180 户农民希望国家法律允许农房和宅基地用于抵押借款，占比例为 90%。有 7 户农民不愿意国家开禁宅基地流转，有 14 户农民持无所谓的态度，占比例为 7%。实际上，由于国家法律的禁止性态度，金融机构在实践中对宅基地抵押并不积极。

四、农村宅基地的有偿退出

宅基地流转的期待在党的十八届三中全会落空之后，建立宅基地的退出机制成为各地土地制度改革的主旋律。其实，退出也是一种特殊形式的流转，相对于近郊农民的直接流转，农村大多数宅基地由于地理位置的因素，退出是更为合理的选择。据报道，安徽第一个统筹城乡土地使用制度综合改革试点的宁国市近日推出的《宁国市农村宅基地退出办法（试行）》规定，宅基地退出后复垦为耕地的，由当地乡镇政府或街道办事处对退出农户给予补助，如果当事人今后不再申请宅基地的，在法定范围内（应当是符合宅基地审批的合法面积）按照每亩 4 万—6 万元补助，超出部分按照每亩 2 万—3 万元补助。

但是农户是否会按照政府的设想退出宅基地呢？学者们对此进行了多次调研。基于安徽省铜陵（后改为义安区）、肥西等 6 个县 1413 个农户调查的实证研究表明，在问及农户是否愿意退出宅基地和为什么不愿意退出宅基地的问题时（该题是多选题），选择“没有经济能力购置新房的”农户占比例最高，达到了 59%，选择“习惯在本地居住的”竟有 42% 的比例，选择“是祖屋，有很深感情”的占 15.7%，回答“宅基地位置优越，房屋升值潜力大”的占 11%，选择“将宅基地留给下一代居住”的只有 9.8%，从中可以看出，农户对到城市或镇上居住担心买不起新房的人最多，这是近年来城市房价屡创新高，城市居民尚且难以拥有一套自己的住房的现实反映，况且农户拥有两套宅基地和房屋的比例也不太高，即使有很多农民工的农房长期空置，那也是为自己留条后路，否则一旦遇到诸如 2008 年的金融危机，农民工将失去家园，政府也不可能为这么多农民工提供住房。因此，宅基地的居住功能还是占据重要地位。除此之外，宅基地的文化功能也不可忽视，因为四成的农户面对宅基地涉及的 3 个选项，有 51% 的农户选择了根据补偿多少来决定是否退出宅基地，有 40% 的农户选择了补偿使自己不吃亏时愿意退出的选项，只有不到 10% 的人选择了不愿意退出宅基地。在调查村民是否愿意接受统一的宅基地退出的补偿安置标准时，有 79% 的农户选择了“如果大多数人都能接受，我也接受”的选项，其余的 21% 表示不能接受统一的安置补偿标准，因为各家情况各不相同。这说明涉及具体补偿时，尽管大多数人都同意设置一个统一的补偿标准，但由于各家情况各异，占有的宅基地面积和房屋面积和结构各异，实际宅基地在退出时，仍然不能千篇一律地简单化处理。调查时还询问了农户对到中心村或集镇通过置换退出宅基地的想法，有 53% 的农户接受以退出宅基地为条件，置换获得人均不少于35平方米的住房，并根据一定的标准进行补偿。但仍然有41%的受访农民表示不好说，有6%的农户表示不愿意置换[①]。在如此优厚的条件下，还是有相当多的农户不愿意退出宅基地，这也是当前农村新型社区推进中遇到的困难。

调查中，我们发现有些因素会影响农户退出宅基地的积极性。首先，农户居住的地点和地理位置对宅基地退出有一定影响，分析显示，安徽有52%的近郊农户表示愿意退出，但远郊农户只有22%表示愿意，视补偿数额而定的比例，远郊农户达到67%，而近郊农户只有40%的比例。这可能是因为近郊农民对宅基地退出的补偿预期较高，而远郊的农民离城镇较远，就业也不稳定，宅基地价值较低，所以更为看重宅基地的居住功能。还有年龄因素对宅基地退出的影响，统计结果显示，愿意退出的农户中，年龄因素不明显；但在不愿意退出的农户中，50岁以下的农户占比例高达70%，而50岁以上的农户只有30%。在选择视补偿情况而定的农户中，50岁以下的农户占比例为67%，而50岁以上的农户选择比例只有33%。这说明，年龄小的农民对补偿和安置更为看重，只要补偿合理；老年人可能对退出宅基地到城镇居住，不论是环境的适应还是就业问题，都顾虑重重。还有一个因素是农户参加社会保险，分析显示，参加社会保险的农户中，有高达59%的人愿意退出宅基地，而没有参加社会保险的农民中，选择愿意退出宅基地的比例只有35%。外出务工因素方面，外出务工年限、年龄和退出意愿呈正相关，因为如果长时间的务工后，如果不能在城市站稳脚跟，只有叶落归根，所以留房养老是最佳选择。在家庭收入来源方面，如果家庭收入主要依靠农业，则农户对宅基地的依赖性强，以房养老的心态更重。而参加新农合或养老保险的家庭，退出意愿更为强烈。非农就业方面，如果农户非农就业非常稳定，则其生活越有保证，对宅基地的依赖会减少。宅基地效用认知方面，如果农户对宅基地的价值有较高的预期，则农户退出意愿不高，如果农户看重以房养老，也会影响其退出的积极性。

---

① 彭长生，范子英. 农户宅基地退出意愿及其影响因素分析——基于安徽省6县1413个农户调查的实证研究 [J]. 经济社会体制比较，2012（2）.

第四章　物权公平背景下农村宅基地制度的变革

围绕着农村宅基地能否流转的问题，我国出现了理论与现实、应然与实然、立法与政策的多重价值冲突。政策制定者对宅基地流转限制的解释是维护农民利益的公平性考量。

公平，有公正、不偏不倚、公平合理的意思，指对一切有关的人公正、平等地对待[①]。改革开放之初，受平均主义和大锅饭的影响，国家对公平与效率关系的定位是要突出效率，发展生产力。党的十四届三中全会提出了“效率优先，兼顾公平”的政策，到20世纪90年代末，一直未改变。党的十七大明确提出要坚持按劳分配为基础，多种生产要素、资本按贡献参与分配的收入政策。“兼顾公平与效率，更加注重公平”是现阶段我国制定相关政策的价值取向。

一、现行农村宅基地制度的价值取向

新中国成立之后，农民主人翁地位得以确立，我国农村开展了以废除封建土地制度、没收大地主的土地与房屋分给无地无房的农民为手段，实行“耕者有其田，居者有其屋”的土地改革运动，这场运动严格按照保障农民居住权的理念设计。随后，为克服农民土地私有制的固有缺陷，我国逐步推行了以农业集体化为核心的农地制度改革，将土地的个人所有改造为社会主义集体所有，农民的宅基地所有权也归集体所有。此时，尽管农民对宅基地享有的权利发生了很大变化，但基于农村宅基地利用法律制度设计的居住权

① 岳永兵．公平视角下的宅基地流转浅析 [J]. 国土资源情报，2008（8）.

保障功能，不但未发生改变，反而还得到了进一步强化。在我国社会保障体系尚不完善的现实下，宅基地使用权是一种带有福利性质的权利，是农民的安身立命之本。与其他物权形态相比，它具有其显著特征。

（一）宅基地使用权具有身份性

土地的保障性决定了宅基地使用权仅以农村集体组织内部成员为限，只有农村集体经济组织内部的成员才有资格向其所在的集体经济组织申请农村宅基地的使用权，城镇居民不得购置宅基地，除非其依法将户口迁入该集体经济组织。依据国务院办公厅在 1999 年《关于加强土地转让管理严禁炒卖土地》的通知第二条第二款之规定，农民的住宅不得向城市居民出售，也不得批准城市居民占用农村集体土地建住宅，有关部门不准为违法建造和购买住宅发放土地使用证和房产证。同时，国土资源部还连续发出通知，即严禁城镇居民在农村购置宅基地，严禁为城镇居民在农村购买和违法建造住宅发放土地使用证。

（二）宅基地使用权具有无偿性

目前全国普遍实行的仍是无偿使用宅基地制度，其中无偿性主要体现在：只要符合法定的申请条件，农民不需要支付任何费用便可取得宅基地使用权，即使在少数有偿使用试点的地方，收取的费用也很低。由此可知，我国农村宅基地使用权的取得是国家给予农民的一种福利。宅基地使用权的无偿取得，不但能使农村享有最低限度的生活保障，而且更有利于维护农村稳定，同时这也是农村宅基地使用权的社会保障功能的应有之义。

（三）宅基地使用权具有限制流转性

宅基地的用途仅限于村民建造个人住宅，其中个人住宅包括住房以及与村民居住生活有关的附属设施，如厨房、院墙等，不可将其出卖、转让，也不可以抵押。我国土地管理法第六十三条规定："农村集体所有的土地使用权不得出让、转让或者出租非农业建设……"根据物权法第一百八十四条规定："下列财产不得抵押：（一）土地所有权；（二）耕地、宅基地、自留地、自留山等集体所有的土地使用权……”同时，我国担保法第三十七条也明确了宅基地不得进行抵押的规定。从这些法律条文可以看出，宅基地使用权的流转是受严格限制的，比如，一旦允许农村住房可以设定抵押贷款，那么当债务到期、抵押权人因未受清偿而要求实现抵押权时，用作抵押的农村住宅就必须用以抵债，如此一来，负债的农村村民将失去住宅而无栖身之处。

（四）以户为单位行使宅基地使用权

我国土地管理法第六十二条规定："农村村民一户只能拥有一处宅基地，宅基地的面积不得超过省、自治区、直辖市规定的标准。农村村民建住宅，应当符合乡（镇）土地利用总体规划，并尽量使用原有的宅基地和村内空闲地……农村村民出卖、出租住房后，再申请宅基地的，不予批准。"这也就是人们常说的“一户一宅”制。法律如此规定，一方面是为了满足农村村民有地建房的现实需要，另一方面则是在我国人多地少的国情下，通过尽量减少建房用地，切实保护现有耕地。

综上所述，无论是我国农村宅基地使用权法律制度的产生，还是已经颁发实施的物权法，都旗帜鲜明地选择了保障农民居住权的制度价值取向。在我国计划经济和城乡社会二元结构壁垒森严的社会背景下，这种价值取向是完全符合国家站在农民的立场并为农民利益着想的指导思想。但随着土地权利的制度设计从以“所有为中心”到以“利用为中心”的转变，要求宅基地使用权制度必须充分考虑效率目标。由于土地资源的有限性，一味地强调保障功能而忽视效率功能，显然无法适应农村实际，对农民极为不利。

二、单一价值取向下农村宅基地制度的弊端

笔者认为，我国现行的农村住宅法律制度以及农村宅基地制度，已经不适应社会主义农村产业结构改革的客观要求，也不利于改善农民生活以及我国城市化进程的发展，存在较大的弊端。

（一）大量土地闲置，造成资源浪费

随着我国农村经济的迅速发展，农民建房选址多趋向于交通相对便利的

公路干道附近，农村建设用地呈外延密集、中心空置的趋势。同时，在城市化进程不断加快的背景下，由于受经济利益的驱使，大量农村劳动力涌入城市，但受户籍制度等方面因素的约束，他们保留了原有的宅基地及住宅，使得不少地方出现了“空壳村”，这一现象的存在是对农村有限的宅基地资源的一种浪费，同时对有效保护耕地也造成威胁。除此之外，宅基地未批先建、超占现象严重，农民可能通过继承、购买等方式拥有两处以上的宅基地，出现“一户多宅”及“圈地”现象；同时，由于政府对农村建房普遍缺乏必要的监督和指导，导致许多城市特别是在一些发达地区，农村人均宅基地普遍存在利用粗放、严重超标和过剩闲置等问题；还有不少农户在城里购置了商品房，并到城里定居，同时仍占据着乡下的宅基地，给原本紧张的宅基地资源造成了更大压力。另外，根据我国现行法律规定，宅基地转让的对象只能是本集体经济组织内部符合宅基地分配条件的农户，禁止向城镇居民转让。因此，这就决定了宅基地只能在很小的范围内转让，或者说只能以很低的价格进行转让。

（二）隐形交易现象严重

近几年，全国许多城市郊区由于经济比较活跃，再加上轰轰烈烈的房地产市场使农民看到自家拥有的宅基地和房屋具有巨大的经济价值，由于受利润的驱动，农民对宅基地的流转产生了强烈的愿望，于是出现了集体和农民利用宅基地进行“以地生财”的交易，形成了自发的地下宅基地隐形市场。尽管按照我国土地管理法和有关国家规定，我国宅基地使用权及农村房屋禁止向城镇居民出售，但“上有政策下有对策”，在很多地方，多占、滥占宅基地的现象依然司空见惯，而公开出租、买卖或变相买卖宅基地行为亦非个别，特别是地处小集镇和公路两旁的村庄尤为突出。可以说，现实发生的情况对这一法律秩序的破坏已经达到了相当严重的程度。在农村，很多人徘徊在宅基地不能流转的法律禁令与需要流转的强烈愿望之间，最终难抵诱惑，导致了大量的宅基地隐形市场、暗地交易等违法违规现象出现。一方面，这些隐性交易的现象，缺乏相应的法律依据，没有规范的程序制约，一旦发生纠纷便容易引发社会矛盾，进而扰乱土地市场的正常秩序；另一方面，宅基地隐形交易加剧了土地权属混乱和产权纠纷，增加了土地管理的难度。

（三）农民融资困难

在农民文化素质普遍较低，信息不对称、农民资金寻觅能力较差的现实下，若要实现资金对农业现代化的拉动，就只能通过贷款的方式筹措资金。但大部分农民认为向银行贷款难，其中最重要的原因是没有抵押物。众所周知，农民最重要的财产就是住房，很多农民辛劳一生，把大部分积蓄都花在了建房上。而正如前所述，限制流转是农村宅基地的法律特征之一，正是基于这一限制使得农民无法将房屋抵押变现，使这些价值不菲的财产变成了“死产”或者说是“沉睡的资产”，大大降低了农民的融资能力，严重制约了农村经济的发展。从某种意义上来说，仅仅重视农村宅基地保障功能而对宅基地的效率功能进行限制，实质上降低了农民的生存质量。

三、当前农村宅基地制度的公平性分析

任何一种制度的设计都应该经得起公平性的考察，因为“法律面前人人平等”是每一个现代国家法治的基本要求，公平性的缺失将导致制度背离法治精神，从而丧失合法性前提。笔者认为，对现行宅基地制度的公平分析应该从以下两个方面入手：首先谈到公平，当然要有比较对象，主要是对拥有宅基地的主体——农民，与城市居民相比；其次，从比较内容上来看，农民对宅基地和城市居民对于房子在占有、使用、处置等方面是否享有平等的权利，即他们是否具有权利公平、机会公平、规则公平、分配公平等。

如果我们用这四个公平的标准审视我国农村宅基地的相关政策和司法实践，就会发现对宅基地流转的限制严重违反了公平原则。

（一）权利公平问题

出于财产权在维护个人尊严方面的重要性，各国宪法在规定公民的自由、选举、信仰等方面基本人权的同时，都明确规定了公民财产权的宪法保护。如《德意志联邦共和国基本法》第十四条第一款规定：“财产权及继承权应予保障，其内容与限制由法律规定之。”韩国宪法第二十三条第一款

规定："所有国民的财产权得到保障。其内容及限度以法律来规定。"美国联邦宪法第五修正案规定："任何人未经正当法律程序不得被剥夺生命、自由和财产，非有正当的补偿，不得征用私有财产以供公共使用。"我国宪法第十三条规定："公民的合法的私有财产不受侵犯。国家依照法律规定保护公民的私有财产权和继承权。"

就农民的宅基地使用权而言，尽管还不是一种所有权意义上的财产权，但是由于宅基地使用权和房屋所有权不可分割，因此对其流转的限制必然损害房屋所有权的价值，这样就形成了城市居民和农民的房产权利事实上不平等。正如上文所指出，我国任何一部法律均没有禁止宅基地的自由流转，这种禁止是通过政策性文件或以行政命令的方式作出的，这样的结果必然形成对农民房屋所有权的限制，违反了对公民财产权利平等保护的原则。

（二）机会公平问题

权利公平和机会公平是相辅相成的，权利的不公平往往意味着机会的不公平，反之亦然。自 20 世纪 90 年代以来，我国的土地资源价格不断攀升，但是广大农民阶层却未能从中得到任何的实惠。根据学者的观察，到 21 世纪初农村税费改革前，在城镇居民平均收入 6 倍于农民的情况下，农民纳税的税额是城镇居民的 4 倍①。然而，在已经过去的 60 多年的时间里，我国农村地区和广大的农民与城市居民的生活水平却存在非常悬殊的差距，这种现象的出现固然存在多种原因，但农民所拥有的土地权利不能通过正常的流转或者抵押等方式实现其价值是非常重要的一个原因。

由于我国城镇化的进程仍处于加速期，因而越来越多的农民将告别土地成为城市居民，这一过程中，将有大量的农村宅基地需重新分配。但是，作为宅基地的使用权人，农民对此却没有任何的决定权，从而也就失去了通过对自有房屋和宅基地的处分获得相应价值的机会。

---

① 张德瑞．我国农民平等权利法律保障：回顾、反省与前瞻 [J]. 理论与改革，2005（4）.

（三）规则公平问题

探讨农村宅基地规则的公平性问题，必然涉及我国土地二元制的结构问题。在我国，土地公有制分为国有和集体所有两种类型。任何公民购买城市住宅在取得房屋所有权的同时，也就拥有了对房屋所占土地的使用权，房屋所有权的流转就意味着土地使用权的流转。而在农村，农民获得房屋所有权的程序与城市住房所有权的取得则是完全相反的，农民取得房屋所有权的前提必须首先取得宅基地的使用权，而宅基地使用权获得的前提则必须是本集体经济组织的成员。这样，农村宅基地制度的构建实际上是以农民身份为基础的，不是农民便不能获得宅基地使用权。应该说这一规则建立的法理基础在于我国农村所实行的集体所有制经济——没有集体经济组织成员的资格当然不能获得集体所有的宅基地的使用权。

有学者指出：根据法律规定，(农村的住宅)向城市居民出租出卖也可以，但国务院与国土资源部却规定农村宅基地及其上的房屋不得出卖给城市居民，与土地管理法的规定相去甚远。城市房地产管理法第八条规定对于集体土地只能由国家征收后再开发建设，但在适用范围上，城市房地产管理法应不适用于农村集体土地。这些法律规则的实定性质量不高[①]。我国通过政府所制定的规则，单方面控制了城市居民购买农村住宅，却没有规定农民身份的人不得购买城市的住房。其实还是一个政策导向的问题，政府希望更多农民向城市集中。问题在于政策的意愿不应该建立在不公平的基础上，当这种政策的客观效果进一步强化了农民的身份性并导致农民财产权利贫乏的情况下，这样做的合理性和合法性都值得怀疑。

（四）分配公平问题

改革开放 40 年来，我国经济和社会发展取得了巨大成就，但也伴随着诸多的问题，其中收入分配的公平问题始终困扰着我国。而在分配公平问题上，最为显著的就是城乡收入分配的差距。为解决这一问题，我国自 2006

---

① 王洪亮．小产权房与集体土地利益归属论 [J]．清华法学，2005（5）．

年起取消了农业税，但是我国的城乡差距仍不断地扩大。联合国的一份报告显示：我国城乡居民收入差距已经从2000年的2.79倍扩大到2007年的3.33倍，若把基本公共服务，包括义务教育、基本医疗等因素考虑在内，城乡人均实际收入比高达5—6倍①。

出于保护耕地、节约土地资源等方面的考虑，我国法律规定了严格的建设用地审批制度。同时，又通过政策的规定，限制了农民宅基地的流转。由于土地的产出远远低于土地本身的市场价格，因而不论是集体经济组织还是农民都不可能享受到土地增值的利益。这样，农民虽然在人数上占据我国人口的绝大多数，但是却由于户籍制度和农村土地制度的双重作用，成了我国经济和社会发展的边缘人，无法享受到经济发展所带来的利益。

利益的驱动永远是行为选择的指南针，面对土地资源价格的飞速增长，集体经济组织和农民都不可能因为制度的约束而袖手旁观。于是“小产权房”在我国应运而生，成了近年来我国社会生活中的一大特色。有研究认为：大规模的城市扩展造就了中国历史上的村镇规模以最快的速度急剧减少，也直接促进和造就了“小产权房”以规模化的方式不断诞生和运转。“小产权房”的住宅目前总体上已相当于中国120亿平方米城镇住宅的40%以上，“小产权房”已经成为中国最重要的房产权利类型之一②。尽管如此，从全国范围看，“小产权房”的获利者并非广大的农民，而是村镇干部、部分建筑商和开发商以及地方政府和官员。在各种利益集团对土地超额利益的追逐中，农民个体的弱势地位，再次使其成为制度的牺牲品，在围绕着农村宅基地而上演的财富盛宴中他们仍然是一个旁观者。

诺贝尔经济学奖获得者阿瑟·刘易斯认为：“收入分配的变化是发展进程中最具有政治意义的方面，也是最容易诱发妒忌心理和动荡混乱的方面。”③我国近年来在社会经济领域发生的诸多问题都与收入分配的不公平密切相关，农民房屋的所有权由于宅基地流转的限制，无法获得房屋转让合理

① 联合国开发计划署. 中国人类发展报告2007/2008[R]. 北京：中国对外翻译出版公司，2008.

② 程浩. 中国小产权房：现状、成因与问题[J]. 中共中央党校学报，2009（4）.

③ 刘易斯. 发展计划[M]. 何宝玉，译. 北京：北京经济学院出版社，1988.

的价格，从而加重了农民的贫困。更为严重的是，在一些地方，宅基地本身成为集体经济组织谋利的手段，集体经济组织按照一定的市场价格出售宅基地，致使法律所规定的宅基地物权性质已经失去意义。

四、对现行农村宅基地制度公平性的评价

我国的农村宅基地制度设计的出发点正是有利于社会公平。理论研究认为：起点的公平、过程的公平和结果的公平需要政府制定和维护必要、合理的法律制度和规则，保护合法的产权和公平竞争的环境；结果的公平更多地体现在政府提供公共产品的保障功能上[①]。在现实中，什么条件下的制度可能运行良好，什么条件下能产生合意的结果，什么条件下一个人的情况变好而使其他人的情况不至于下降，都是很难评价的。比如说，从宅基地上的农房到共有宅基地的楼房，虽然失去了单独拥有的宅基地，但仍然共有地基，而且其他条件改善了，这种情况下满足程度很难衡量的，而且随着宅基地价值的不断上升，农户的满足程度也必然会发生变化。鉴于此，笔者认为现阶段农村宅基地制度设计更多地表现为有利于社会公平。其主要包括下面两个方面的内容：

一是农村宅基地制度设计是有助于农村社会福利水平的提高。据国家统计局对全国 31 个省（自治区、直辖市）7.4 万户农村居民家庭和 6.6 万户城镇居民家庭的抽样调查，2011 年全国农村居民人均纯收入 6977 元，城镇居民人均总收入 23979 元，城镇居民人均可支配收入与农村居民人均纯收入之比为 3.13:1。据《社会管理蓝皮书——中国社会管理创新报告》显示，我国改革开放丰硕成果背后正隐藏着种种复杂多变的不稳定风险：贫富差距正在进一步扩大（基尼系数已达 0.438），逼近社会容忍线[②]。农村宅基地制度作为一种对低收入群体的地权保障，不至于由于贫困而无家可归，有助于社会福利水平的提高。二是农村宅基地无偿提供的制度设计成为农村居民基本人权保障的重要内容。国家有责任提供全体社会成员以居住权利的保障，世界各

---

① 贾康．热点与对策：2006—2007 年度财政研究报告 [R]．财政科学研究所，2007.

② 中国城乡居民收入差距增大 [N]．周口晚报，2012-9-18.

国都将住房保障列为政府的重要职责内容，住房保障就是要保障社会成员能够获得满足基本居住需要的住房。现阶段，农村住房的主要提供方式是农户在宅基地上自建，还没有成熟的住房保障制度替代，因此，农村宅基地制度成为人权保障的重要内容，有助于社会公平的实现。

可是，根据中国现行政策，城镇住宅用地可以流转，而农村宅基地流转受到严格限制。下面，我们来分析一下，两种用地的目的和效应相同，都是为了解决居民能够有房居住，而且都是用于居住，但是区别仅在于所有权的归属不同，一个是属于国有土地使用权，另一个是属于集体土地使用权。对于这种有相同目的和效用的土地，仅仅因为土地归属对象不同而采取不同的政策，尤其是在流转上采取区别对待的政策，表现的是城乡土地产权不平等，城乡居民之间权利的不平等①。

不同主体之间具有相同的法律地位，并平等地受法律保护。禁止城镇居民到农村购置宅基地有违法律平等原则。一方面，仅允许农村居民到城镇购置房地产，而不允许城镇居民到农村购置宅基地，对城镇居民来说是不公平的；另一方面，允许城镇居民自由转让其房屋，而不允许农民自由处分其房屋，实际上剥夺了农民与城镇居民在财产上的平等权利，对农民来说是不公平的。城镇和农村居民的划分是计划经济下特有的产物，城乡统筹就是要消除这种二元结构，而禁止农村宅基地流转实质上在加剧这种二元结构。

正是基于公平考虑的角度，限制宅基地的流转，宅基地反而没有实现公平、农民的权益反而没有得到维护。因为国家的初衷是给予弱势地位的农民更多保障，所以，法律禁止宅基地的流转，不允许农民自由处置自家宅基地。因为不能自由处置宅基地，农民失去可以变现的资产，从而失去与城市居民平等的发展机会。在更深层次上，因为宅基地承担着农村生产和生活的重大责任，国家一度疏忽了农村保障制度的建设，反而使农民在医疗、养老和社保等方面没有得到保障，致使城乡差距越来越大，城乡居民的不平等权利更加突出。

---

① 顾建光. 中国城乡居民住房的福利效益比较研究——从市场与政府的角度[J]. 中国经济体制改革，2009（1）.

笔者认为正是由于禁止农村宅基地流转而导致了城乡二元结构的固化和城乡间社会不公平加剧。

（一）使城乡土地产权不平等、城乡居民之间不平等的矛盾更加突出

根据中国现行政策，城镇住宅用地可以流转，而农村宅基地流转受到严格限制。但是，两种用地的目的和效应相同，区别仅仅在于前者属于国有土地使用权，后者属于集体土地使用权。对具有相同使用目的和效用的国有和集体所有土地使用权在流转权上的区别对待反映了相关政策对集体所有土地使用权的歧视和不平等。尽管土地所有权有国有与集体所有之分，这仅仅体现了主体之间经济成分的不同。不同主体之间具有相同的法律地位，并平等地受法律保护。因此，既然国有土地所有权上可以设定依法流转住宅用地使用权，逻辑上集体土地所有权上亦可设定可依法流转的宅基地使用权[①]。因此，禁止城镇居民到农村购置宅基地有违法律的平等原则。一方面，仅允许农村居民到城镇购置房地产，而不允许城镇居民到农村购置宅基地，对城镇居民来说是不公平的；另一方面，允许城镇居民自由转让其房屋，而不允许农民自由处分其房屋，实际上剥夺了农民与城镇居民在财产上的平等权利，对农民来说是不公平的。因为物的主体身份不同而对物的交易进行区别对待，实际是在加剧物的主体身份差异。城镇和农村居民的划分是计划经济下的产物，城乡统筹就是要消除这种二元结构，而禁止农村宅基地流转实质上在加剧这种二元结构。

有学者担心一旦允许城镇居民到农村购买宅基地就会发生“城镇强势居民到农村利用农民的贫困而廉价地强取掠夺农民的宅基地”。这种担心至少存在三个方面的误区：第一，现有到农村购买宅基地的并不都是富有的强势人群，大量发生的购买农民“小产权房”的恰恰是难以承受城市高房价的普通民众。对他们来说，对“小产权房”的打压恰恰是对其基本居住权的打压。第二，正是因为对宅基地交易的禁止，才使得现有的宅基地“地下交易”价格偏低。一旦合法有序的宅基地交易市场建立，宅基地的价值自然就

---

① 高圣平，刘守英．集体建设用地进入市场：现实与法律困境 [J]. 管理世界，2007（3）.

会在市场机制的作用下体现出来。第三，在现有的社会经济条件下，农民将宅基地拿出来交易更多的是将自己的宅基地资源转变为资产，以求进一步发展，并非因贫困而出售宅基地。因此，从这三个方面看，对农村宅基地流转的担心是多余的。

（二）造成土地资产浪费，损害了农民的土地权益

城市居民不能购买农村集体建设用地上的住宅，表面看是保护农民利益，防止农民陷入"失地、失房"的困境，实质是对农民土地权益的侵犯。城市居民的房屋可以上市交易，即转让、抵押、出租，"物尽其用"，最大限度地实现其价值，而农民的宅基地却不能流转，土地资产价值无法显化并得到实现，也是对农民土地处分权的限制，是一种对农民拥有的农村土地产权不平等的表现[①]。

根据政策规定，农村宅基地流转只能限定在村集体内部人员之间。由于本村居民宅基地需求有限，宅基地出售价格较低，农户出售动力不足。此外，考虑到未来的房屋拆迁补偿，农户宁可空置等待日后拆迁补偿也不愿意低价销售。而城镇居民在农村购买闲置的住宅则要承受得不到法律保护的政策风险，唯有廉价才是买方冒着法律风险购买农村宅基地的根本动因[②]。因此，在这种农村宅基地供需态势下，交易价格和数量都不可能扩大。宅基地可以闲置，但不可以流转变现，也不符合市场经济发展的要求。

（三）在宅基地流转的隐形市场中纠纷不断，影响了社会的稳定

土地权利意识已经觉醒的农民正逐渐冲破不公平的藩篱，宅基地事实上的隐形流转市场已经形成，可是农村宅基地买卖的纠纷也不断上演。众所周知的北京画家村李玉兰案，就是严禁宅基地流转与事实上已经转让下的产物。类似于这类纠纷越来越多，这种纠纷一旦起诉到法院，法院在调解无果的情况下，只能按法律规定来判，对买方不利，由此更易导致矛盾激化，甚

---

① 刘守军．也谈农房上市交易 [J]．中国土地，2005（3）．

② 孟勤国．物权法开禁农村宅基地交易之辩 [J]．法学评论，2005（4）．

至会酿成重大案件，影响农村社会的稳定。

农村宅基地流转纠纷问题深层根源在于国家政策禁止流转，而事实上宅基地的流转市场已经存在，并且已成规模，在农村买卖宅基地已经是很普遍的现象。但是受土地增值的利益驱使，农村宅基地流转所产生的纠纷不断。关于农村宅基地的法律规范大多效力层次比较低，目前还没有一部直接调整和规范农村房地产的法律。在司法过程中，法官大部分是用旧规判新案，使社会的诚信建设面临挑战。完善农村宅基地法律制度已经迫在眉睫[①]。

五、物权公平背景下农村宅基地制度改革的方向

建立符合我国现实社会需要的农村宅基地使用权法律制度，既要通过保障功能以实现最基本的社会公平，又要兼顾宅基地制度的利用效率。我国农村宅基地使用权的动态法律过程，可以划分为三个环节：即权利的设定、权利的取得与权利的利用。为使保障与效率在同一个制度之中得以实现，就必须将二者分别界定在其应当发挥作用的范围，分环节实现一个制度中的不同价值目标。这不但是现代社会公平与效率发展的基本要求，而且是完善我国农村宅基地使用权法律制度面临的重大理论难题。

（一）权利的取得应以保障属性为基础

在宅基地使用权的取得环节，应当旗帜鲜明地贯彻现行立法中宅基地使用权所体现的社会保障属性，以实现社会公平的价值目标。这一阶段的法律规范，主要保障农民集体成员平等地享受法律规定的具有居住保障性质的权利。基于这一理论基础，我国宅基地使用权在取得环节的配置应强调如下规则：首先，宅基地使用权主要是保障农民集体成员平等地享受法律规定的具有居住保障性质的权利，其享有主体仅限于本集体经济组织内成员，外村村民、城镇居民均无权申请取得宅基地使用权。其次，无偿性是宅基地使用权保障功能的基本特征。基于这一功能，宅基地使用权在取得方式上应为无偿取得。即只要符合法定条件，就能依法申请取得且不附加任何费用。再次，

---

① 叶林荫，聂勇．农村宅基地使用权制度研究 [J]. 河南金融管理干部学院学报，2009（1）.

实行一户一宅制度。基于我国农村宅基地使用权的保障属性和中国以家庭为基本生活单位的文化传统，确立以户为单位行使宅基地使用权，从而也避免了由于家庭成员的不等而带来宅基地分配不均。最后，既然是以无偿方式取得的具有物权性质的宅基地使用权，那么它便具有较高的经济利益。为了维护权利取得的公平公正、确保有限土地资源的有效利用，应具有严格审批权限和程序规定。

（二）权利的内容应因时而变

任何一项法律制度都是历史的、具有时代特征。新中国成立初期，在我国城乡社会二元结构壁垒森严的社会背景下，住房对农民极为重要，以居住保障为基础所建立的农村宅基地使用权制度是有效率、符合农民利益的。但随着城乡二元壁垒逐渐被打破，仍一味地强调保障价值，其实际结果反而对农民不利。因此，宅基地使用权是一个动态发展的权利，它并非僵化、一成不变，我们应该根据社会经济发展和制度目标的需要来赋予它因时而变的性质与内容。当前社会形势下，我们应当赋予我国农村宅基地使用权新的权利内容。这其中主要包括：一是筑宅权。即宅基地使用权人有权在依法取得的宅基地上建造住宅，包括房屋和其他附属物，并取得对住宅的完全所有权。二是转让权。即在转让住宅（房屋和其他建筑物）所有权时，有权同时转让宅基地使用权。三是种植权。即在宅基地空闲处从事种植并取得收益的权利，宅基地使用权人在庭院、房前屋后种植树木、花草等收益归使用权人所有。

（三）权利的内容应以公平为基础

公平正义是现代社会进行制度安排和制度创新的重要依据，是协调社会各个阶层相互关系的基本准则，也是一个社会具有凝聚力、向心力和感召力的重要源泉。一种缺乏公平性的制度安排难以获得广大农民的拥护和遵守，因此也就难以产生所希望的结果。相反，却可能由于各种利益集团和组织的介入，而加剧了农民利益受损的尴尬局面。宅基地流转限制问题看起来只是一个具体经济制度的安排问题，而且的确存在着许多的政策性判断依据。然而，这一限制性规定难以通过合法性审视和公平性考察，它在某种程度上已经成为侵害农民利益、土地资源分配不公的因素，因而尽快解除目前宅基地流转和抵押等的限制，使农民的房屋所有权的价值得以充分的体现显得迫切而必要。首先，宅基地改革基于维护社会稳定和广大农民能够“居者有其屋”的目的不能改变。其次，在保障“居者有其屋”的前提下，让农民能和城市居民共享改革开放的成果，分享城市化进程中土地增值收益，实现城乡居民发展机会平等、处置权利的平等、社会保障权的平等。最后，由于改革的制定和执行都是一个渐进的过程，需要相关政策的制定者有敏锐的洞察力，基于我国的特殊国情，渐进地进行改革和完善相关制度，解决城乡居民不平等的权利问题，促使城乡居民平等和谐发展。

（四）权利的利用应以效率功能为基础

之所以按照三个不同的环节设计权利的运行规则，其目的就在于能够最终实现现代社会所要求的效率目标。在权利的设定环节中，本书已将宅基地使用权设定为一项独立的完整物权以体现效率功能，而社会保障性功能仅对权利的取得环节发生作用。故而在权利的利用环节应完全按照物权来进行配置和安排。首先，应赋予农村宅基地使用权一个完整的物权权能，即占有、使用、收益和处分权能。根据现实社会的需要，宅基地使用权作为独立物权，应还原其所应有的物权权能，进而促使其产生更大的效益。其次，既然宅基地使用权具有独立物权的全部权能，那么就应该允许其可以进行自由买卖、出租、抵押、继承与赠与等流转方式。本环节中以效率功能为基础的权利利用阶段应取消对流转对象的限制，即作为宅基地使用权的流转对象，既应该包括本集体组织成员，也应该包含其他集体组织成员和城镇居民。最后，在农村宅基地使用权的利用方式上应针对不同主体作区别对待。一方面，针对本集体组织内部成员，偏重于保障功能而使用宅基地，故可以扩展到由其自己建造住宅并使用的法律资格方面；另一方面，针对本集体组织以外的成员，不是以自己居住为目的，而是偏重于效率功能而使用宅基地，故可以不赋予其自己建造房屋的资格。这一安排主要是为防止利用集体土地进行其他开发建设，影响社会保障功能和损害公共利益。

第五章　物权效率背景下农村宅基地的市场配置

宅基地使用权是物权法律体系中直接涉及农民权益的核心问题之一。随着工业化和城市化的迅速发展，人口向经济较发达地区聚集，农民进城就业现象逐渐增多，农宅长期闲置现象日趋严重，许多农村成了名副其实的“空心村”。据国土资源部信息中心调查统计，目前全国约有 4 亿亩宅基地，数量庞大，浪费惊人。2010 年，时任国土资源部部长徐绍史署名文章透露：我国农村居民点用地达 24798 万亩，人均用地 214 平方米，远远超过 150 平方米的国标上限[①]。正如十一届全国政协副主席厉无畏所说，“现在宅基地的使用本身还存在很大的问题，土地的使用效率非常低”[②]。在物权效率维度下，当宅基地的所有权确定之后，紧接着必然是如何以最大的效率实现其价值的问题，否则所有权的确定将毫无意义。

探讨宅基地使用权的市场配置问题，也即宅基地的自由流转问题，这本是宅基地使用权物权化的重要特征，但在物权法起草过程中，法学界对此却存在严重分歧，主要的观点有三种：一种观点认为宅基地可以自由流转。如韩世远认为，允许宅基地转让和抵押，可以缓解农民贷款难的问题；有利于解决农房闲置，促进物尽其用；有利于改变城乡二元结构。另一种观点则禁止宅基地的流转。如孟勤国认为，目前的宅基地负担社会保障的功能，允许转让将可能使农户失去社会保障的生存条件；农民无偿取得宅基地是因其集体成员的身份，若流转给集体以外的人不符合宅基地管理体制；允许宅基

① 徐绍史 . 落实节约优先战略加强资源节约和管理 [J]. 国土资源，2010（12）.

② 王学比 . 在农村买房，慎之！ [N]. 人民日报，2005-07-13，第 13 版 .

地转让将会造成某些人多拿多占宅基地，造成耕地减少；银行并不愿意接受农户的宅基地作为抵押物。第三种观点是有限流转论。持这种观点的学者认为，由于现在很多农户存在多处宅基地，应当允许其在集体内部进行转让，这既解决了农户宅基地的交换价值，又使无地农户获得了宅基地，同时还节约了土地。现行土地管理法采纳了这种观点，物权法虽然最终没有突破土地管理法的规定，但为改革预留了空间。

一、物权效率原则

在物权法的基本原则中，核心原则是效率原则。但是，学界专门论述它的论文和著作却很少。效率，也有人称之为效益，是指相同的投入下如何获得最大的产出，即以最小的资源消耗取得同样多的效果，或以同样多的资源消耗取得更大的效果；帕累托效率认为，所谓效率就是说在不损害另外一个人利益的前提下使至少一人的处境更好。效率是法律追求的价值目标之一，也是配置物权所应达到的目的之一，在全社会实现资源配置的最大效率是权利人的理想，这就产生了物权的效率问题。

所谓物权的效率原则是指物权制度应当以提高物的利用效率、发挥物的最大效用和效益作为制度安排的根本指导思想。物权效率原则作为物权制度的根本性原则和核心原则，它体现在两个方面：对物的占有和支配的权利是物的效用发挥的基础；对物的充分高效利用的权利是物的效用发挥的最终目的和结果。

物权法调整的是资源的配置问题，而资源是有稀缺性和有限性的，特别是本书探讨的土地资源，具有稀缺性和不可再生性，而物权法的根本宗旨是对有限的资源进行有效率的配置，降低交易成本。传统的物权法的原则只有物权法定、一物一权、物权公示和公信原则，2007 年我国物权法制定后，各类物权法书籍和论著又加上物权的平等保护原则，而物权的效率原则始终未被物权法教材和论著列入，其实，物权的效率原则是物权法的核心原则，物权法定、一物一权、物权公示和公信原则从根本上讲都是物权效率原则的体现。张文显教授指出，财产效率是财产的根本价值，意味着财产价值的最大化。物权法或财产法的效率体现了四个基本原则：普遍原则、排他性原则、流转性原则和稳定性原则。物权中的自物权是物的效益发挥的基础，自物权即所有权确定之后，如何使物的效用发挥最大的作用是物权的效率问题，而作为他物权的用益物权和担保物权体现的正是对物的最大效用的追求。因为用益物权和担保物权在物权社会化的今天，它比所有权更加重要，它体现了物尽其用的指导思想，是物权效率的体现。正如我国物权法第二条规定的，物权法既调整物的归属关系，也调整物的利用关系，而且现代各国物权法更注重物的利用，其表现在，物权法以物的利用为中心，这种利用既包括现实的支配（如用益物权），也包括价值支配（如担保物权），物权的价值支配也使资源流向有效率的使用者成为必然。我国的物权法从总体上讲是顺应了物权效率的潮流，当然，由于种种原因，我国物权法在具体的物权制度安排上，还存在需要完善之处。

二、现行农村宅基地物权的效率现状

我国物权法第一次明确规定了宅基地使用权属于物权，这无疑具有重要的意义。但现实中的宅基地使用权以社会福利和保障为指导思想，以户为单位平等分配为原则，注重公平，但效率被忽视。宅基地使用权是用益物权的一种，而用益物权是指对他人所有的不动产和动产占有、使用和收益的权利，根据党的十七届三中全会决定的要求，国家应完善农村宅基地制度，依法保障农户的宅基地用益物权。不过物权法规定了宅基地使用权的占有和使用权能，而未明确这种用益物权的收益权能。马俊驹和余延满教授认为，宅基地使用权的内容是依法建造、保有个人住宅、庭院和房前屋后种植等而对土地的占有、使用和收益的权利。但多数学者则认为，物权法只规定了宅基地物权人即农户享有占有和使用的权利，而对建设用地使用权却规定了权利人享有占有、使用和收益的权利，所以应当说宅基地使用权不包括收益权，也就是说，农户取得宅基地使用权只能用来建造自己的住宅，而不能用于生产经营，或收取孳息，不管是天然孳息还是法定孳息。在现实中，如果机械地照此理解，则于“三农”问题的解决并无实益，因为有的农户利用闲置的宅基地发展养殖业，有的农户则利用自己的住宅发展旅游业，兴办家庭旅馆，搞农家乐，如果一概禁止，则必然与城乡一体化的大趋势背道而驰。因此，尽管物权法不明确规定宅基地使用权的收益权能是有种种考虑的，但这毕竟是以权力管理法而不是以权利法作为立法宗旨的，只考虑到对宅基地管理的方便，而没有对这种土地上的民事权利进行规范，既与现实中宅基地的法律运作不相符合，又导致了宅基地使用权的效率低下，这都与设计这种物权时对其收益权能的缺失相关。

目前，我国农村宅基地使用权的效率状况令人担忧，具体表现如下。

（一）宅基地闲置与超标并存

有关统计数据显示，在全国 2.4 亿亩村庄建设用地中有 10%—15% 的土地被闲置。城镇化大潮中，“空心村”、宅基地荒废现象越来越严重，这种没有止境的闲置与浪费，导致了农村宅基地使用权效率低的状况。在城市里，空间都可以成为物权的客体，建筑物区分所有权、空间地上权和区分地役权被物权法所承认，这体现了物权的效率。宅基地权利人的收益权丧失是造成闲置与浪费的重要原因之一。由于宅基地使用权中收益权和处分权的缺失，所以宅基地不能按照市场的要求进行资源的配置，造成土地资源的浪费，与此同时，我国人均宅基地面积严重超标。尽管土地管理法明确规定：“农村村民一户只能拥有一处宅基地，其宅基地的面积不得超过省、自治区、直辖市规定的标准。”但由于长期以来农村建设缺乏系统规划，基层政府对农民建房缺乏有力的引导和管理，再加上采用的是无偿、无期限的使用制度，农民超标准占用宅基地，未经批准任意在承包地上建房，建新房同时占有老宅基地等问题在农村有很大的普遍性。据统计，2003 年底浙江省嘉兴市人均宅基地达到 166 平方米，超过省级标准 66 平方米[①]。这主要是由于农村宅基地使用制度的“无偿、无期限和无流动性”特点和“地随房走”的原则，在符合法定条件下，村集体组织可以无偿将集体土地划拨给新增符合条件的村民作为宅基地，但是如果村民不愿意主动放弃多占有的宅基地，村集体组织很难将其收回进行处置。宅基地使用制度中缺乏宅基地退出机制，其必然结果是农村宅基地面积只增加不能减少。

① 张建华. 农村宅基地使用权流转模式探讨 [J]. 中国土地，2005（3）.

（二）宅基地不能自由流转

自由流转是效率的生命。城镇居民的建设用地使用权能够自由流转，充分发挥用益物权的经济效能，增加了城镇居民的财产性收入，促进了城镇经济发展。相比，涉及宅基地的法律里，明确规定农村房屋不能被城镇居民购买。宅基地使用权能否流转，流转行为是不是有效，这两个问题土地管理法、物权法都没有明确禁止或允许。流转产生的经济效能被扼杀在萌芽里，“三农”问题解决方法之一也被埋没。农村宅基地作为用益物权，通过流转获得收益，既是物权人的权利，又是物权的效率体现，但国家立法虽未明确宅基地的收益权能，但却明确禁止宅基地的使用权人向城镇居民转让，理由是确保农民不致在无房时成为流民。但如果农民在自己的宅基地上建立了多层住宅，则农户拥有建筑物区分所有权，农户能否在自己居住其中部分建筑的前提下将其他多余部分出租或转让，有关法律政策尚未涉及。在这种政策制度设计下，农村住宅建成以后，住宅、宅基地和房屋所有者之间就形成了无期限、无流动、无价格的固定占有和使用关系。如果房屋所有者进城购房后不想再占有旧宅基地，其合法的选择是只能将宅基地无偿交回村集体，无法通过合法转让获得经济收益。在市场经济条件下，让农户作出无偿放弃宅基地的选择显然是不符合经济规律的。因此，通常是农户低效率地占用土地，等待未来可能出现的新的合法选择，或者违法地进行地下宅基地交易。

（三）宅基地不能抵押

理论界有观点认为，宅基地使用权的无偿性和保障性，不能完全具备用益物权的所有权能，尤其不能进行抵押，然而，宅基地使用权不能抵押已成为制约“三农”发展的瓶颈。农村金融要想发展，必须解决农民担保物的匮乏问题。土地承包权不能抵押，宅基地也不能抵押，农民的金融活动大大受限，绝大多数的农民的财产主要是承包地和宅基地，但这两种“地”恰恰被法律禁止作为担保物。这两种“地”的交换价值得不到实现，虽说是为了保障农民的基本生存，但一概禁止并不妥当，若农民有一处以上宅基地，则多余的宅基地是否可以抵押？现实表明，随着市场经济的繁荣和农民发家致富的要求，农民和农村对资金的需求日益增大，无法抵押已经成为制约非农业收入占农民收入比例继续增长的瓶颈问题。

（四）农村建房缺乏规划且房屋容积率低

农村居民点布局不合理，村落较散乱，缺乏规划。村民建房划批宅基地并无标准与位置要求，而是见缝插针似的想在哪里建就在哪里建，毫无章法可循，导致村内道路七拐八弯，阻碍村庄的交通发展，影响村容村貌。由于缺乏统一规划和管理，村民节约集约土地意识淡薄，造成土地利用率低下，占地面积大，房屋容积率低，土地利用粗放。与目前很多地方正在新建的农村中心村的建设用地相比，土地的利用效率很低。以北京市为例，农村住宅建设的容积率仅在 0.15—0.30，部分村庄存有较多的闲置地和空置的住宅①。而且由于农村年轻人外出打工较多，其房屋实际利用率更低，多数时间处于空置状态。从中国城市化发展趋势看，今后 20 年全国每年有 1200 多万农村人口要转移到城镇地区。以目前中国农村居民点人均用地为 153 平方米计算，今后 20 年每年将约有 18.36 亿平方米的农村宅基地闲置不用②。如果没有相应的政策制度以规范和促进农村宅基地的流转，城市化进程的加快将意味着农村宅基地的配置效率和集约利用程度进一步下降。

（五）宅基地隐形交易带来的交易成本过高

物权法和土地管理法并未明文禁止宅基地的交易，但国务院和国土资源部规定城乡居民之间的宅基地交易是非法和无效的。即使如此，由于种种原因和市场的需求，城乡居民之间的农房及宅基地的黑市交易却十分盛行。这导致了房地产市场的混乱无序，也使国家的税收和集体经济组织的应得收益被当事人规避。值得注意的是，一旦这种交易发生纠纷，人民法院则往往会

---

① 黄庆杰，王新．农村集体建设用地流转的现状、问题与对策——以北京市为例 [J]. 中国农村经济，2007（1）.

② 刘庆，张军连，张凤荣．经济发达区集体非农建设用地流转初探——以农村宅基地为例 [J]. 农村经济，2004（2）.

以宅基地买卖违法为由宣告合同无效（事实上这类交易是否违反了法律和行政法规还存在商榷的余地），而这是无效率的，2006 年北京宋庄画家村诉案就是一典型案例。之所以说它是无效率的（甚至是负效率），是因为宣告合同无效就是消灭了一项交易，这将导致不必要的财产损失和浪费，比如双方在合同无效后要互相返还已经履行的财产并恢复原状，还可能要赔偿损失，不但缔约的目的达不到，还得增加上述费用和诉讼费、律师费等。如果该农房和宅基地已经转手给第三人，则合同的无效还会影响到第三人的利益，引起更大的连锁反应。市场经济的本质是鼓励交易，这样才有效率，才会增加社会财富，而宅基地的隐形交易在现行政策下是无效率的，因为其交易成本过于高昂。

从现行有关规定来看，我国实行的是一种有中国特色的农村宅基地福利性分配制度，并且有关农村宅基地的划拨、使用的行为都是在一个较封闭的圈子类进行的，即以农村集体经济组织为限。这种“一户一宅”的具有中国特色的农村宅基地福利性分配制度，在商品经济意识不浓、生活水平不高的改革开放前期的计划经济年代，和改革开放初期的农村实行还比较好。但随着改革开放的深入，农村经济的发展，农民生活水平的不断提高，城市化和工业化进程的逐步加快，农村“空心村”和“闲置户”在不断增加，农村大量宅基地长期闲置，这与我国人多地少、土地资源紧缺、耕地面积较少的国情是相违背的。

但是在宅基地的实际执行中，又陷入宅基地不能流转与“非法交易”相并存的局面。农村宅基地大量买卖和流转的隐形市场存在是城市化发展引起人口多向流动的结果，农村人口大量迁徙是城市化进程中不可阻挡的必然趋势。尤其是在城市高房价的压力下，很多城市居民纷纷在城市周边购买集体土地所开发的“小产权房”。虽然政府严禁“小产权房”的交易合法化，虽然“小产权房”的买卖不受法律保护，但是相对于城市商品房高昂的价格，“小产权房”的低价无疑受到了很多城市低收入者的青睐。对农村住房产生的巨大需求，是城市高房价和宅基地禁止流转共同作用的结果。

三、农村宅基地流转的制度局限

（一）法律制度理念落后现实需求

农村宅基地是中国特有制度，基于历史原因和减轻农民负担的政策考虑，宅基地制度是为保障农民居有定所，只要是集体经济组织成员就可拥有宅基地，所以设立之初的理念就是无偿性。在特定历史条件下发挥过巨大作用的理念里，宅基地禁止流转，宅基地使用权也没产生。我国已经由计划经济转为市场经济，现如今宅基地制度理念坚守原则没有跟上国情发展，其原有的禁止转换和物权属性不明朗已经与市场经济背道而驰。宅基地使用权隐形流转在我国遍地开花，证明当前宅基地使用权流转制度已严重落后现实需求。城市化不断加快进程中，宅基地使用权流转将持续存在并有增多趋势，如果制度理念滞后，便会产生理论认知制约实践发展，造成社会发展不和谐。

（二）立法不完善，存在空白和漏洞

首先是法律规定少，立法级别低。基本法律两部，其他多为国务院和国土资源部发布的以通知形式的政令。其次是立法内容少，且简单抽象。有关农村宅基地立法内容的仅有土地管理法中的两条（第六十二条和第六十三条）和物权法中的四条（第一百五十二条至第一百五十五条），现有法律法规中条数较少，相关内容占本法总体内容比例低，且仅物权法首次明确规定宅基地使用权。最后是立法空白滞后。目前，我国物权法明确规定了宅基地使用权怎样转让及能否转让。学界对于宅基地使用权能否流转仍有较大分歧，这就为基本法律完善宅基地使用权流转相关内容再次埋下了伏笔[①]。因此，宅基地使用权转让并没有被基本法清楚规定。

① 全国人民代表大会常务委员会民法室. 物权法立法背景与观点全集 [M]. 北京：法律出版社，2007.

（三）权利登记混乱，制度管理落后

一是登记工作停滞未开展。宅基地使用权的物权性质长期模糊，导致农村几乎无法开展房屋登记工作，不登记造成的农村宅基地纠纷不断涌现，严重影响新农村建设和社会和谐。二是宅基地审批制度与管理制度脱节。负责审批的乡镇政府、县级政府没有与村级集体经济组织的宅基地管理组织建立起有机的工作衔接机制，各管一块工作，出现只见批准不见管理的局面。三是农民无登记意识。目前农村还存在只有土地建设使用证，没有准建证，农民就开始建房的情况，政府不督促农民办理相关宅基地权属手续及房屋登记工作，农民就更没有登记农村房屋和宅基地使用权的意识和习惯。

（四）执行中监督不够，法律责任制度落后

土地管理法规定，审批的责任人和机关不但没有相关利益关系，而且也无相应的制度监督约束。因此，宅基地审批过程中，村及乡镇干部以权谋私、越权审批的现象非常突出。宅基地免费取得，加上农民“天上掉馅饼”的心理，宅基地占地面积不断扩大，乱占乱建、多占多建现象非常严重[①]。据北京某乡镇统计数据显示，“超批多占户”占 57%，“私搭乱建户”占 8.3%，“新建不拆户”占 3.5%，各项违规累计所占面积达宅基地总面积的 59%。这种权责不统一的审批制度，缺少有效监督，法律责任无法落实。

四、提高农村宅基地市场配置效率的路径

在尽快形成城乡一体化新格局的今天，我们应当对旧的立法理念进行反思，果断摒弃宅基地立法上的以管理法作为指导思想的做法，以还权赋能作为宅基地立法的指导思想，以物权效率为核心，赋予农户宅基地使用权的收益和处分权能，按照“同地、同权、同价”的原则，允许农户宅基地使用权流转，建立宅基地等城乡统一的建设用地市场，妥善处理宅基地流转的收益分配关系，保障宅基地所有权人和使用权人的合法权益。为此，我们需要对

---

① 刘俊. 土地权利沉思录 [M]. 北京：法律出版社，2009.

传统的宅基地制度进行重新审视，并进行制度创新，以有利于形成宅基地市场配置效率的机制。

（一）关于农民集中居住

很多地方在城乡统筹发展中在农村大拆大建，其基本出发点是集中资金和公共产品在农村重点建设中心城镇和中心村，然后以“宅基地换住房”“建设用地换股权”等优惠政策吸引农民向中心村集中。对此，李昌平教授认为，在农村实行集中居住有利于保护耕地，因为农民进城之后，农民的宅基地等仍然闲置，这样难以守住18亿亩耕地的红线，在各地的农民集中居住中至少可以节约一半左右的土地，如果将其复垦为耕地，全国可以增加上亿亩耕地。节约集约使用宅基地，其实就是物权的效率问题。因为节约出来的宅基地其物权应当仍然是建设用地，建设用地的使用效率大大地提高了，虽然还未达到最大，但集中居住是走向物权效率的重要一步，它对解决“三农”问题、加快城市化步伐具有重大意义：其一，宅基地的物权效率得到了提高。土地集约利用和节约利用，节约出来的土地，其所有权仍然属于农民集体，节约出来的土地首先是建设用地，其次才考虑复耕为耕地。对处于相对贫困中的农民来说，建设用地的效率和价值是耕地无法比拟的，如果我们能使农民获得节约出来的建设用地的所有权，即还权赋能，而不是将其置换到城市中去，由政府进行土地经营。其二，农民集中居住，有利于城乡公共服务的均等化，并节约对农村的投资，从而提高城乡一体化进程的效率。其三，农民集中居住，是农民改善居住生活条件和环境的又一次革命，政府和农户都需要大量的资金投入，这有利于刺激内需，拉动农村的消费市场。

（二）关于宅基地的原始取得

有人认为宅基地不能流转的重要理由之一是宅基地属于无偿取得，究其根源，是国家为了使农民能够安身立命而设置的社会保障性制度安排。因此，如果允许农民转让其宅基地，将损害宅基地所有权人即集体经济组织的权益，也势必埋下农民“流离失所”的隐患。宅基地使用权的设立是其能否进行市场配置的逻辑前提和起点，如何对此进行制度安排和创新才有效率，笔者认为：其一，宅基地的原始取得即用益物权的设立，源于我国农村宅基地的无偿取得制度，这也是一种无效率的制度安排。正由于宅基地的取得是无偿的，所以农民会想方设法多申请、多占宅基地，村干部更是借机多占宅基地或从中捞取好处，这不但造成宅基地分配的不公，更是造成了土地的闲置和浪费。有学者批评道，能从宅基地使用权流转中受益的大多是有能力多占宅基地的乡村干部。与城市居民住房是通过市场化的有偿获得不同，农户宅基地的无偿划拨既不能控制宅基地的多占乱占，又使宅基地使用权的流转利益分配不公。但从物权法理上讲，宅基地使用权是用益物权，它是通过土地的所有权人即农民集体和使用权人即其成员为当事人达成的物权合同。到底是有偿还是无偿，应当由合同的双方当事人来协商解决。从物权效率的角度出发，设立原则上应为有偿，例外时可以无偿。但如何确定宅基地使用权的对价，城市的房地产采取的是招、拍、挂，农户取得宅基地是否可以借鉴采取市场配置的定价或评估作价的方式呢？法律地位不明的抽象的“集体”通过怎样的程序来决定其拥有所有权的宅基地的出让价格？这些都对将来宅基地的市场配置产生重要影响，宜由法律作出原则性规定。其二，宅基地原始取得的主体是否应当限于农民集体的成员，应该慎重。抛开宅基地继受取得是否可由城市居民享有不论，在原始取得上，目前是否具备放开由城市居民也可向农民集体经济组织申请取得宅基地的条件，值得考虑。现行政策的初衷是为了解决农民的基本居住问题而采取的宅基地取得的无偿性和身份性，体现的是国家对农民的基本生存权的保障。如果突破这一界限，则相当于城市居民既享受城市居民的社保，又享受针对农民的社保优惠政策，显然不合理，故笔者主张在目前尚不宜放开宅基地原始取得的主体的身份性。况且在目前“小产权房”愈演愈烈、国家尚未解决的情况下贸然放开宅基地的原始取得的身份条件，将会使问题积重难返。其三，宅基地的行政审批制的存废值得商榷。宅基地使用权的设立是由土地的所有权人和使用权人通过物权合同设立的用益物权，从效率上讲，物权的设立如果是不动产的，一般采用法律行为 + 登记的方式，我国现行法律采用的既不是法律行为制，也非登记制，而是行政审批制。有学者认为，既然用益物权是所有权人和农户的物权合同，则其设立属于所有权人行使所有权的民事行为，应当由双方当事人协商确定，国家机关进行审批，既非所有权人的审批，又非行政许可的法定事项，由其审批，必然使所有权人的主体地位被架空，其利益受到侵害，等于否定了集体土地的所有权。但是，应当看到，由于宅基地的取得是无偿的，而集体的抽象地位又使集体的干部容易借机多占宅基地，所有权人本身的制度缺陷导致宅基地分配不公，更可能导致耕地的大量流失，将使宅基地的运作背离国家设立制度的初衷，因此，在此过分强调宅基地设立的私法性质目前还不现实。特别是宅基地的面积、费用、期限等，若任由乡村自治，各地必然自行其是，所以目前由国家审批是有必要的，但同时如何防止审批出现异化，并保障集体土地的所有权，是修改法律时应当考虑的问题。笔者认为，为防止宅基地的审批出现异化，行政权的干预应重点放在村镇的宅基地进行规划和对乡村干部划拨宅基地进行监督上。其四，宅基地使用权的登记、发证制度应当创新。宅基地属于不动产，其市场配置应采取法律行为 + 登记的公示形式，从节约成本的角度出发，我国现阶段并未采取登记要件主义的公示方法，而是采取了登记对抗主义，这是有效率的，但一旦进行流转和市场配置，不进行登记发证又会带来一系列问题，有必要采取登记要件主义，因此现阶段要加快宅基地的确权、登记和发证工作。

（三）关于宅基地使用权的期限

宅基地进行市场配置，必然要解决宅基地使用权的无期性。现行土地管理法并未规定宅基地的使用期限，宅基地是以户为单位申请的，当其中一名家庭成员死亡或迁出时，村集体自然不能收回宅基地。而当该户全部成员死亡或迁出时，其继承人可以继承住房及宅基地。从法律上讲，作为用益物权应当是有期限的，不能永久存续，否则与自物权（即所有权）无异，使所有权成为空壳。而宅基地的市场配置要求界定其使用期限，就像城市房地产中的土地使用权有 70 年的使用期一样，虽然到期可以自动延长，但本身是有期限的。有学者认为，宅基地的无期性是为了保护农民的基本生存问题，如果规定了期限，将不利于农民的生存保障和农村的社会稳定，且宅基地具有社会福利的性质，也不应当设定期限。笔者认为，有无期限与生存和福利并无必然的联系。城市居民住房中的土地使用权有 70 年的期限，城市居民在购房时，都知道这个 70 年的“大限”，但并未引起恐慌或社会稳定问题，况且我们还可以采用到期自动延期的做法。还有的学者认为，宅基地使用有无期限，期限多长，应由所有权人和使用权人协商解决。从民法上讲这是有道理的，但在当前农村村民自治尚无法摆脱乡村干部自治的情况下，法律直接进行规范也是可行的，就像土地承包的年限，国家并未授权农地的所有权人和农户直接约定土地承包期限，而是由法律规定，而现实中，很多乡村并未按照国家法律规定的期限来执行，而是自己搞一套，这从民法的意思自治原则讲是合理的，但却与国家法律相悖。因此，本着“同地、同权”原则，笔者建议土地管理法在修改时应与城镇一样，将农村宅基地的使用期限规定为 70 年，到期可以自动续期。至于是否有偿，由所有权人自己决定。如果宅基地的买受人是城市居民或其他村集体的成员，其宅基地的使用期限要从 70 年中减去原宅基地使用权人已经使用的期限。且已经转让给非本集体成员的宅基地到期的，虽可续期，但集体经济组织可以决定宅基地续期的使用费。

（四）关于宅基地的去身份化

宅基地进行市场配置目前最大的障碍在于宅基地的身份性。去身份化是大势所趋，但这是一个渐进的过程。笔者认为，首先，在宅基地的原始取得上我们应坚持身份性，非集体经济组织的成员一般不能原始取得宅基地，如果允许本集体经济组织以外的居民可以申请或者统一按照市场方式对社会全体成员公开有偿出让，则即使赋予本集体成员优先购买权，也难以抗衡资金实力雄厚的城市居民庞大的投机或投资性购房需求，最后农民的利益还是会受到损害。其次，农村集体经济组织的成员权（即身份权）要逐步和直接占有利用集体土地相脱钩，要使之体现在获取集体财产的收益上。然后最终割断集体成员与集体土地的直接联系，使土地使用权社会化，使宅基地实现完全的市场配置。

（五）关于农户宅基地的退出机制

由于宅基地取得的无偿性，导致了农村宅基地“只进不出”现象严重，更是缺乏“农户宅基地退出机制”，严重降低了宅基地的使用效率。因此，对于农村村民转为城市居民、迁移户籍入城经商务工以及不在原籍居住的，政府应采取切实有效措施，在法律允许的范围内，鼓励农民自愿、有偿退出空闲宅基地和住宅，并通过土地整理、旧村改造等形式逐步加以盘活利用。其一，迁出。我国农地承包法规定，承包期内，农户举家迁入城镇的，转为非农业户口的，应当交回承包地。依照之，农户既然要交回承包地，也完全可以交回宅基地，但宅基地上有建筑的，应当予以补偿。现在各地在户籍制度改革时多采取宅基地换房的政策，而且有的地方如重庆还给予农户一定时间的犹豫期。作为对农户的退出机制，还可以进行探索。其二，流转。允许宅基地使用权进行流转是宅基地按照市场配置的主要特征，也是实现农户宅基地退出机制正常化的主要表现形式，这也是宅基地制度改革的最终目标。其三，所有权人收回。对长期闲置、农户成员全部死亡又无人继承的、超标准占有的宅基地，所有权人有权收回。对一户多宅的，对其中合法的部分，应当在予以合理补偿后收回。农户宅基地的退出还涉及其中的收益分配问题，由于笔者曾经在其他章节中阐述，此处不赘述。

（六）关于宅基地使用权的转换

这里是指宅基地使用权发生物权形态的变更，如被国家征收，转变为国家土地所有权；又如，宅基地复垦为耕地，即转变为土地承包经营权。这其实是一种特殊的流转，也是提高效率的表现，但在转换中容易出现侵农、害农的情况，应当立法控制。其一，宅基地征收。按照物权法，对宅基地征收时，除了另行分配给农户宅基地外，还应当对农户的房产等地上附着物进行市场补偿，但是，对宅基地的补偿不能与耕地相同。征收也是一种有效率的转换方式，但由于土地的所有权人和使用权人同时丧失了物权，而且补偿可能较低，这很可能造成对国家有效率而对农户无效益的情况。其二，宅基地复垦。党的十七届三中全会决定指出，农村宅基地和村庄整理所节约的土地，要首先复垦为耕地，调剂为建设用地的，应当优先满足集体建设用地。但这个政策在现实执行中出现了偏差，一些地方政府将节约的土地自己进行经营，将其置换为城市建设用地，侵害了农民的利益。其三，宅基地转为集体建设用地。宅基地是建设用地，宅基地使用权是建设用地使用权，因此，农户集中居住节约的宅基地，从性质上说，是建设用地而不是耕地；从所有权上说，它属于农民集体的而非政府的；从使用权上说，它属于农民而不是国家所有。农村集体土地所有权如果只是农民对集体土地仅有耕作的权利（其实更像是农民为保障国家粮食安全而耕种的义务），而建设用地只能由政府征收耕地，则农民永远是被剥夺的对象。因此，从保护农民利益，使农民分享城市化的成果这个角度来讲，国家不能强行将节约的宅基地转为耕地，因为耕地和建设用地对农民而言其效率绝对不同。今后工业化和城市化使用土地应该尽量从宅基地整治节约出来的土地中安排（可以通过城乡统一的建设用地市场），不足的再征用耕地，这样，宅基地转为建设用地，既有效率，又保护了农民的利益。现在的问题是，物权法只承认了宅基地使用权的名义上的物权属性（其实仅仅是居住的权利），并未认可集体建设用地的物权性质，这非常不利于保护农民的合法权益。因为集体使用建设用地使用权不被物权认可，不能光明正大地合法流转，只能隐形交易，效率较低，不利于农民利益保护。

第六章　农村宅基地的抵押流转

我国现行法律制度对“农村宅基地使用权流转”的限制非常严格，已经成为城乡一体化进程的严重羁绊，尤其是物权法颁布实施之后，“开禁”之争更是日趋激烈。基于此，农村宅基地使用权制度改革势在必行。目前，对于宅基地使用权在集体组织成员内部之间流转，专家、学者意见较为一致，而争议的焦点主要集中在能否向社会成员流转。这主要有两种观点：一是以孟勤国教授、王利明教授等为代表，他们认为禁止宅基地使用权主要是为了禁止向集体组织成员之外的一般社会成员流转；二是以韩世远教授、高富平教授为代表，他们指出应该允许宅基地使用权向集体经济组织成员之外的任何人自由流转。笔者认为，随着工业化、城市化进程的加快，为了推进农村土地制度改革，充分发挥宅基地这一稀缺资源作为生产要素的重要作用，应当积极进行“宅基地使用权抵押流转”的试点，探索出一条不以牺牲农村土地为代价的产权制度改革之路。

一、农村宅基地抵押流转相关文献回顾

宅基地抵押研究属于农村集体建设用地流转体系的一个子范畴。物权法明晰了宅基地使用权之于农民的一种福利保障权的性质，但没有突破土地管理法和担保法关于农村土地的法律框架，农村宅基地仍旧不能用于流转。从已有的研究来看，由于法律、政策、制度环境的制约，专题研究宅基地抵押的文献并不多见。

首先，国内一些学者从完善农村产权制度、赋予农村宅基地充分的处置权的角度，主张宅基地抵押。叶剑平（2000）认为宅基地产权制度应适应农

村城市化的趋势，应当允许宅基地使用权以出租、转让、抵押等形式进行流转，以促进农村土地的有效利用[①]。高富平（2005）则主张在保留集体土地所有权前提下，允许宅基地使用权抵押，但实现抵押权时，要求受让人交纳一定“出让金”。同时必须建立相应的农村房地产产权登记制度、监管措施等，防止农村土地过度利用，有效保护耕地和农业生产的发展[②]。刘云生（2006）从研究农村现行地权立法与政治需求的关系出发，认为残缺的宅基地权利是政治理想的产物，应允许农村土地使用权自行设定抵押，以增进土地效益，发挥土地融资、劳动力转化、规模化经营等复合功能[③]。而高圣平、刘守英（2007）则竭力主张农民宅基地物权各项权能的完整化，呼吁尽快结束现行法律限定农民宅基地“一户一宅”、转让限于本村的半商品化状况，赋予农民宅基地及其房屋所有人以完整占有、使用、收益和处分的权利[④]。

其次，国内一些学者从农村土地资源与金融资本“两极”结合的角度，主张农地抵押，建立农村土地资本化运行机制，提高农民财产性收入。周诚（2003）认为，农村土地使用权抵押将是建立当代中国土地金融体系的核心[⑤]。陈家泽（2008）主要研究了土地金融的二级市场。他主张以农村土地使用权抵押为担保进行金融创新，即以农民土地合作社为单位，发行土地债券，然后以此为质押，向金融机构申请贷款；同时，主张建立区域性的“农村土地银行”，即把某一区域的农民的土地承包权、农村建设用地使用权以及“拆村并院”后的宅基地使用权分类整合，形成资产池，“零存整贷”，加快农地流转，加速农业产业化和规模化[⑥]。洪增林、薛惠锋（2007）则提出了宅基地的抵押流转设计模式。他们分析了宅基地抵押流转系统中的各主体的行为和关系以及宅基地抵押流转的操作过程[⑦]。

---

① 叶剑平．中国农村土地产权制度研究 [M]. 北京：中国农业出版社，2000.

② 高富平．物权法的十个基本问题——物权法草案修改意见 [J]. 法学，2005（8）.

③ 刘云生．农村土地使用权抵押制度刍论 [J]. 经济体制改革，2006（1）.

④ 高圣平，刘守英．集体建设用地进入市场：现实与法律困境 [J]. 管理世界，2007（3）.

⑤ 周诚．土地经济学原理 [M]. 北京：商务印书馆，2003.

⑥ 陈家泽．土地资本化的制度障碍与改革路径 [J]. 财经科学，2008（3）.

⑦ 洪增林，薛惠锋．宅基地抵押流转的系统设计 [J]. 西安建筑科技大学学报，2007（12）.

二、农村宅基地抵押流转的实践考察

（一）农村宅基地使用权抵押的探索历程

在现行法律不支持农村房屋抵押融资的情景下，全国仍有一些地方进行了探索。自 2001 年浙江省湖州市开始试点房屋抵押后，目前，已有浙江省温州市、台州市、湖州市、丽水市，安徽省淮南市，湖南省浏阳市，山东省莱芜市，广东省，以及重庆市、四川省成都市等都陆续开展了农村房屋抵押试点。从启动该项改革的地方来看，农房抵押融资市场十分活跃和成熟，为当地农村经济发展作出了积极贡献。在政策实践中遇到的问题是因缺乏上位法的支撑，行政部门及金融机构担心若进入司法程序后，抵押的合法性及抵押权人的利益难以保障。农村房屋抵押始于浙江，逐步完善于成都、重庆等地。在个体经济发达的沿海地区，农户迫切希望获得更多的资金支持，来帮助他们创业。而农民本身融资渠道缺乏，缺少抵押品，抵押贷款困难。2001 年浙江省湖州市率先在全国开展探索，并出台了《湖州市区农村农民房屋抵押登记办法》。但此办法原则且简单，因种种原因，最后不得不停止。此后浙江省内的温州市、嘉兴市等地也进行了农村房屋抵押试点，但也只是在湖州经验的基础上进行的，突破不大。成都市和重庆市是国家统筹改革配套实验区，在总结其他地区经验的基础上，两城市出台的农村房屋抵押文件无论条款、内容都较其他地区的探索有了不少进步，重庆市在全市范围内推行农村房屋抵押试点，并推出了配套措施。为配合《成都市农村产权抵押融资总体方案及相关管理办法的通知》，开展农村房屋抵押，成都市还专门配套了《成都市农村房屋抵押融资管理办法（施行）》《成都市农村产权抵押融资风险基金筹集和使用管理暂行办法》等，做法更翔实，也更具有针对性。从公开信息看，成都市是国内首次就农村产权抵押贷款的贷款主体、贷款流程、债权实现以及相应的配套措施作出明确规定的城市，这有利于银行等金融机构开展相关业务。

（二）全国各地农村房屋抵押融资实践的特点

各地陆续进行的试点实验，以宅基地使用权流转为核心，探索解决城镇化中涌现的各种新困境。细数各地众多农村宅基地使用权流转的制度改革模式，可大致分为两种类型：一种是转权模式。政府依法遵守现行征收土地制度，以公共利益需要为名义强制征收宅基地，将集体所有的宅基地转变为国家所有的城市用地，农村宅基地使用权消失的模式，例如上海市的宅基地置换工程、重庆市的城乡住房互换等。另一种为保全模式。政府比照国家土地使用权的流转形式，在确保宅基地为集体所有的前提下，以买卖、出租、入股、抵押、共建等方式，将宅基地使用权转让于他人的模式，例如都江堰市的联合建房、湖州市的宅基地抵押贷款等①。

尽管国家政策和法律明确规定农村宅基地不得抵押，可是由于种种原因，各地纷纷变通处理，农村宅基地最终抵押流转的现象越来越普遍。现大致梳理如下。

1. 在农村房屋上设定抵押，实现房屋抵押权时连同宅基地使用权一并变卖

现在很多地方在宅基地使用权抵押管理的规范性文件中规定，允许农户以房屋作为抵押物向金融机构申请贷款，如果抵押人到期不能偿还债务时，可就房屋连同宅基地使用权一起进行折价、变卖或者拍卖（这实际上就是“地随房走”）②。比如《湖州市农村住房抵押借款暂行办法》《天台县农村住房抵押贷款暂行办法》等都是这样处理的。允许农房抵押根据“地随房走”原则是不是宅基地也可以一起拥有抵押，作出如此规定是否违背了宅基地不得抵押的规定，地方规则的制定者自然有他们的理由。他们认为，根据我国现行的法律法规，“地随房走”，房地一体化主要适用于国有土地使用权和它上面的房屋所有权，农村房屋和其下面的宅基地并不适用此一原则。1995 年制定的《中华人民共和国城市房地产管理法》第三十一条和随后制定的《城镇

① 高民庆. 对成都市重灾区灾后住房重建的调查究 [J]. 四川改革，2008（10）.

② 陈霄，鲍家伟. 农村宅基地抵押问题调查研究 [J]. 经济纵横，2010（8）.

国有土地使用权出让和转让暂行条例》都明确指出了房地可以同时抵押，但都是针对国有土地使用权和城市房屋而言。尽管《中华人民共和国物权法》第一百八十二条规定了建筑物与该建筑物占用范围内的建设用地使用权一并抵押，与此同时，全国人大法工委对该条文作了专门解释，进一步限定了“建筑物”的具体范畴，规定它仅指“国有土地上的建筑物和乡（镇）、村企业的厂房等建筑物”，进而把农村房屋排除在外。由此可以看出，现行立法只是明确了宅基地使用权不得抵押，并未禁止宅基地之上的房屋的抵押权限，更没有规定农村房屋抵押“地随房走”的原则。有些学者还找出了“地不随房走”“房地分离”的国外法律渊源。例如德国、瑞士等国认为房屋只是土地的附着物，不能单独成为所有权的客体。正是因为他们不认可房屋的自身独立性，所以往往允许房子和土地同时抵押；与之相反的是，日本认为房屋与土地是相互独立的，往往采取房屋和土地分别抵押的原则，即两者可分别进入市场交易①。所以我国各地文件规定的农房抵押并不必然包括宅基地抵押，这既然不违背国际通行做法，在我国也应该是合法的。虽然湖州市、天台县等地在规范性文件中允许农房抵押，但在具体实践中，该类地区却突破了农村宅基地不得抵押的规定，农户往往在转让农村房屋的同时还转让了宅基地。

2. 变更农村宅基地属性，使其成为法律允许的抵押物品

从全国各地的情况来看，大都是将农村宅基地变更为农村集体建设用地使用权之后，再对其设定抵押。以成都市为例，该市人民政府办公厅于2009年11月颁布的《关于成都市农村产权抵押融资总体方案及相关管理办法的通知》（以下简称《通知》）对这类现象作了较为详细的规定：首先，抵押人应当将该房屋所占用的宅基地使用权变更为集体建设用地使用权，并在国土资源管理部门办理集体建设用地使用权登记手续；然后，抵押人应当申请办理集体建设用地使用权出让的手续，并作出今后不再申请新的农村宅基地使用权的承诺。《通知》指出，办理集体建设用地使用权出让的价款，由

---

①《德国民法典》第94条规定：“定着于土地和地面的物特别是建筑物，以及与地面连在一起的土地出产物，属于土地的重要成分。”

集体经济组织按照集体建设用地使用权基准地价的合适比例确定。借款期满后，如果借款人难以及时偿还金融机构贷款，金融机构可与抵押人协商并约定以抵押房屋拍卖或变卖所得的价款受偿；一旦协商不成，抵押当事人可根据合同约定，也可以选择申请仲裁或者向人民法院提起诉讼的方式保障权益。当然，在处置用于抵押的农村房屋时，在同等条件下，本区域内的经济组织及成员有优先购买权。通观其宅基地使用权抵押的规定，实质内容就是要求抵押人补交一定的土地出让价款，这无疑会加重农民负担①。

3. 商业银行与担保公司共同进行宅基地使用权抵押

这种做法与一般的信用贷款担保的要求基本上是一致的。例如，广东省东莞市农村商业银行就是先期实践者，从运行情况来看，目前资产质量整体健康稳健。他们的具体做法是：当农民以宅基地使用权为抵押物向银行申请贷款时，如果申请由担保公司为其提供担保，那么，担保公司与贷款人共同负有连带责任。一旦无法偿还贷款，应当由担保公司先行向银行垫付清偿贷款，之后，担保公司再向农户就宅基地使用权进行拍卖处理，抵扣自己的款项。从实践看，这本质上并未改变宅基地使用权抵押的法律关系，可是在担保公司介入之后，银行降低了贷款风险，其接受宅基地使用权为抵押物而发放贷款的积极性也大大提高。笔者认为，这种方式的结果即使最后宅基地能够避免转让，可是宅基地毕竟还是被设定了抵押，已经进入了前期程序，还是与目前相关规定相左的。

三、农民宅基地抵押意愿调查

近年来，笔者先后多次采用多阶段随机抽样和重点抽样相结合的方法深入基层开展有关农村宅基地使用权问题调查，获得了比较翔实的数据。现以河南省新乡市②5 个乡镇 32 个村庄 190 个农户宅基地使用权的调查资料为样

---

① 何博. 从政法传统看中国的地方变通——以宅基地流转试验为切入点 [J]. 政法论坛，2012（3）.

② 河南省新乡市于 2012 年被国务院授予“全国农村改革试验区”。国务院要求其力争在 3 年至 5 年内，在重点领域和关键环节取得突破，并建立形成一套规范化制度。这次改革试验主要包括四个方面内容：一是探索城镇化与新农村建设协调发展的有效途径；二是探索粮食安全、耕地保护与土地集约节约利用有效途径；三是探索推进农村产权制度改革；四是探索建立城乡一体的社会管理体制。选择新乡地区作为调查对象，有助于了解农民将宅基地资源转化为宅基地资产的动机、需求等问题，具有一定的代表性。

本，就农户抵押意愿、抵押对象、抵押处分意愿以及农民对放开宅基地抵押政策的态度等一些问题进行分析。

（一）关于农村宅基地抵押意愿

现实生活中，农民维持正常家庭生活和生产的主要资金来源是自有资金、朋友借贷和银行贷款等。农民自有资金有限，筹措渠道也比较窄狭，如果宅基地使用权能够用于抵押融资，对于扩大农民的融资渠道、拉动农民消费、促进经济发展具有重要意义。调查他们什么是"抵押"时，还有不少人不理解抵押的意思。

当问及是否愿意把自己家宅基地和房屋作为抵押担保物，向银行或他人进行借贷时，50% 以上的农户表示"愿意"，也有部分农民表示"不愿意"或"无所谓"。在问及农户自家的宅基地值多少钱，或是具有多少抵押价值时，多数农民表示"不知道"，自己估计不准，认为"宅基地不及承包土地的抵押价值大"，或者认为"宅基地比承包土地的抵押价值大"也不在少数。总体分析，农户多数表示了"通过抵押自家宅基地和房屋筹集生活及生产所需资金"的愿望；但与此同时，农民对自己的宅基地是否具备市场价值、具有怎样的抵押价值模糊不清。

表 6-1　农村宅基地抵押意愿

态度	愿意	不愿意	无所谓
农户	178	7	5
比例	93.6	3.6	2.6

（二）关于农村宅基地抵押对象

在银行、熟人、他人三者之间选择抵押对象时，大多数被调查农户首要选择的是银行。统计结果显示，有 65.7% 的农户愿意将宅基地（房产）向银行抵押，39.4% 的农户愿意向亲朋好友抵押。对于"您是否愿意接受别人的宅基地（房产）作为抵押担保"的问题，被调查农户分歧较大，其分歧的焦点在于如果抵押权实现，难以处理。

表 6–2 农村宅基地抵押对象

抵押对象	银行	熟人	都行
农户	125	75	19
比例	65.7	39.4	10

（三）关于农村宅基地抵押权实现

当问及“您是否愿意接受房子被处分的事实”时，超过一半的农民愿意接受房屋被处分，用于清偿债务。被调查的大多数农户认为，“欠债还钱，天经地义，房产抵债，理所应当”；但也有少数农户不愿意以房地抵债，认为房屋失去之后，就会无家可归；也有人认为如果有别的处理渠道更好，尽量不要用房产抵债。

表 6–3 农民宅基地抵押处分意愿

态度	接受抵押意愿			抵押处分意愿		
	愿意	不愿意	视情况	愿意	不愿意	别的方式
农户	61	75	54	102	40	48
比例	31.8	39.4	28.4	53.6	21.0	25.2

（四）关于农户对国家放开宅基地抵押政策的态度

被调查农户多数希望能够以宅基地（房产）作为担保物进行融资，以满足家庭生活和生产的需求。但是，依据我国当前的法律法规规定，农户的宅基地是不允许进行抵押流转的，农民以房屋等不动产作为抵押融资受到很大的制约。调查发现，农户对于国家放开宅基地抵押流转的政策呼声很高，约占调查样本的 90% 以上；但是也有少数农户由于种种原因不希望国家放开宅基地 (房屋) 抵押的政策限制，当然也有个别农户持无所谓态度。

表 6–4 农户对放开宅基地抵押政策的态度

态度	希望	不希望	无所谓
农户	171	7	12
比例	90.0	3.6	6.3

（五）关于农村宅基地流转形式

对于农村宅基地的买卖、出租、转让抵押，虽然国家政策三令五申加以限制，但收效甚微，农村宅基地私下流转的现象普遍存在。调查发现，虽然农民是将住宅主要用于自家使用，但是农户还是将剩余的房屋用于出租、出售、转让、担保贷款等，其中房屋出租是普遍形式，其次还有转让、担保贷款等形式。

表 6–5 农村宅基地流转形式

流转形式	无流转	出租	出售	抵押
农户	89	48	33	20
比例	46.8	25.2	17.3	10.5

（六）简短结论

通过调研数据分析，可以得出简短结论：国家限制农村宅基地抵押流转的政策与农户宅基地抵押流转的强烈意愿是矛盾的；大部分农户认同国家对宅基地的严格管理，同时希望国家给予农户更多的宅基地权利。

四、农村宅基地抵押流转的经济与政法分析

从现行立法与司法实践来看，我国农村宅基地使用权流转制度面临着一系列问题。例如，“私下流转”“灰色交易”屡禁不止，愈演愈烈。因此，实现宅基地抵押流转势在必行，依据各地司法实践不难看出，允许宅基地抵押流转有其经济上、政治上与法律上的必然性。

（一）宅基地抵押流转的经济分析

笔者将从允许宅基地抵押的经济意义和禁止宅基地抵押的弊端两个方面来加以说明。

第一，允许宅基地流转有着积极的经济意义。毋庸置疑，宅基地在农民财产中的地位不容忽视。由于我国的社会保障体系不完善，为避免农民流离失所和社会动荡的发生，加上农村宅基地特有的社会属性，我国现行法律制

度明确禁止宅基地使用权抵押流转。正是由于宅基地使用权难以正常流转，才使得附着于宅基地上的农村房屋在正常流转过程中也遇到不少阻碍，最终导致房屋产权无法在农村金融系统中发挥其应有的作用，实现党中央提出的“增加城乡居民财产性收入”就成了无源之水。从这一意义上说，允许农村宅基地流转对农村经济有着积极的影响。

资金一直是“三农”问题发展的瓶颈问题。如果允许农村宅基地抵押，就更易于盘活农民资产，进而有利于解决农村资金问题。据有关调研可知，宅基地已是农民最重要的财产之一。农民要增长收入，就要发展多种经营，发展多种经营，面临的首要难题就是资金筹集问题。数据显示，农民解决资金难题的重要渠道就是信贷，而当前农民有 70% 的贷款要求得不到满足，农民贷款难的局面在相当长的时间内还很难得到有效缓解。究其原因，就是缺少符合要求的信贷抵押物。若农民宅基地及其房屋能够进入抵押担保，就能够使农民的这一“沉睡的资产”转变为有效资本，拓宽融资渠道。实现农村宅基地及其房屋抵押贷款的突破，将会实现农村房屋资产的物权效率，增加“三农”经济发展的物质基础，增强农民开展创业创新的信心。同时，农村宅基地、房屋抵押贷款还可作为农村小额信贷的有益补充，解决农村地区多层次、多类型的资金供需的结构性矛盾。

农村资源的优化配置的必要途径是允许农村宅基地抵押流动或转让。从某种意义上讲，农村宅基地抵押就是可能的宅基地流转，如果抵押借款人能够及时还款，宅基地就不能被变卖、拍卖，它还在抵押人的手中，它并未产生流动。所以，最直接、有效的资源流动就是资源的转让（买卖）。当然，可能的流动会产生并推动现实的流动，因为事情本身就是逐步发展的。通过宅基地抵押贷款，能够撬动宅基地转让式流转，进一步促进资源向有效利用的主体进行流动，最终实现资源的有效配置。

允许农村宅基地抵押流转有利于我国城镇化战略的顺利实施。随着城市化战略的逐步实施，尤其是在经济比较发达的地区，城镇与农村在政治、经济、文化等各方面渐趋统一，农村的基础设施也已比较完备，城镇与农村已无明显界限，允许农村宅基地和城镇土地使用权一样可以抵押、买卖，会进一步促使城乡一体化的最终完成。如若相反，会将已基本完成城乡一体化的城镇结合体，人为割裂成城镇和农村，城乡可能永远难以弥合。

第二，禁止宅基地抵押流转存在着种种弊端。不允许宅基地抵押实质上是害怕开宅基地流转之禁，并有可能带来社会动荡的严重后果，最终由国家和社会买单；而禁止宅基地抵押、流转会导致宅基地利用低效并产生严重不公平问题。

由于我国禁止农村宅基地的有效流转，那么，当农户住宅建成之后，农户对其所建房屋与房屋所附着的宅基地同时产生了无期限的占有与使用关系。如果房屋所有者定居城市，或者移居他乡之后，不愿再占有和使用家乡旧的宅基地，按照现行法律政策，只能无偿地交回村集体，不能通过合法的抵押、转让等获得经济收益。舒尔茨曾说：“传统小农作为理性的‘经济人’，比之任何资本主义企业家都不逊色。”很显然，让农户将宅基地无偿放弃是不符合经济效益最大化规律的做法。因此，农户通常的做法只能是低效率地占用宅基地（现在拥有两处甚至多处宅基地的农户越来越多，甚至废弃宅基地现象也越来越严重，造成了土地资源的浪费），等待未来可能出现的新的合法选择；或者，一些农户为了个人私利，不惜违反法律制度进行廉价的地下交易。

禁止宅基地抵押、流转容易引起严重的不公平，这主要表现在：一是有违物权平等的原则。作为都属于建设用地的城镇住宅用地和农村宅基地，其目的和效应是相同的，主要区别在于，由于两者的主体经济成分不同，因此分别属于国有土地使用权和集体土地使用权。按照物权法所规定的“物权平等”原则，它们应该具有相同的法律地位，并受法律的平等保护①。然而，在具体实践中，由于国家相关法律政策的原因，导致在抵押权或转让权方面对国有土地使用权和集体所有土地使用权有所区别。二是进一步加剧了城乡差距。如果说前者主要体现为起点不公平，那么后者则表现为结果的不公平。国家正是基于城乡居民的收入差距过大的原因，才实施城乡统筹发展的大战略。而在这一背景下，为了最大限度实现城市居民的房屋价值，进而增加其财产性收入，我国允许城市居民的房屋及其土地使用权流转；与之形成反差

① 高圣平，刘守英. 集体建设用地进入市场：现实与法律困境 [J]. 管理世界，2007（3）.

的是，对农村宅基地禁止流转，甚至不允许作抵押，导致土地资产价值根本无法体现，实现其增值更是不可能，这是对农民土地处分权的限制和剥夺。城市居民可以实现其重要资产的价值，而农民却不能实现其应有的价值，最终，城乡居民收入差距必然会被进一步拉大。

另外，因为害怕极少数农民不理性地出售宅基地而无家可归就采取禁止宅基地交易是杞人忧天。因少数农户在宅基地流通方面的不理性，就限制其他多数农户，不允许进行宅基地交易，进而剥夺了他们宅基地财产的应有权利，这显然极不公平。再者，同样的非理性行为也有可能在城镇发生，那么为何不因此也禁止城市居民抵押或出售房屋？目前并未有任何证据表明城镇居民比农村居民房屋流转问题上更有理性；恰恰相反，从对风险的态度而言，农民可能更趋向于保守（很多学者已研究得出结论），不会轻易地转让住宅而导致自己处于绝境[①]。

（二）宅基地抵押流转的政法分析

从许多规范性文件可以看出，禁止宅基地抵押流转的法律规定正被用各种形式有效突破，使得宅基地在现实中得以抵押流转。这实际上是我国立法、决策中的政法传统的体现。立法的政法传统是指，执政党要将自己的意识形态或者政治意图有效地传达给民众，在国家的权力体系中，作为执政党政治意志体现的法律必须服从于执政党治理社会的最终目的。也就是说，法律必须服从政治的要求，政治也要借助法律的手段，政治与法律之间的这种有机结合就产生了“政法”。我国立法的政法传统主要集中在两个方面：实事求是原则和群众路线原则。

五、农村宅基地抵押流转的路径选择

长期以来，宅基地在我国广大农村地区处于重要地位。要实现宅基地使用权的抵押流转，必须对现行法律制度进行反思，并且要通过制度创新予以

① 徐勇．农民理性的扩张：“中国奇迹”的创造主体分析——对既有理论的挑战及新的分析进路的提出 [J]．中国社会科学，2010（1）．

保障。根据前文理论分析，笔者认为，应当重点做好以下几个方面的工作。

（一）更新宅基地流转的立法理念

创新宅基地流转法律制度，首要的前提也是最重要的因素是更新原有的立法理念。传统的理念是：一是农村宅基地流转导致农民流离失所，进而影响社会的稳定与和谐；二是担心农村宅基地流转可能不利于18亿亩耕地保护。笔者认为，上述观点都经不起太多推敲。农村宅基地对农民的意义重大，作为“经济人”，农民在对宅基地流转之前一定会再三衡量，一般来讲，除非情不得已，否则不会轻易出售自己的宅基地。在《长江三角洲小农家庭与乡村发展》中，笔者黄宗智指出，尽管清代土地流转确实在逐渐增多，但出卖的方式极少极少，即使是在遇到生老病死或坏年成而极度缺钱时也只是可能将土地出典或抵押，这些流转方式因为可在一定期限内回赎土地而被称为活卖，在期限之前他们会尽其所能地筹足欠款使自己的土地安然无恙，只有在契约到期无力赎回土地时才被迫把土地绝卖。

即使在市场经济条件下的今天，中国农民对于土地那种特别深厚的情结依然没有发生实质性变化，甚至越来越浓。很多已在城里定居、不可能再回农村生活的人都会定期将农村祖屋加以修缮也不出卖就充分说明了这个问题。同时，在禁止农村宅基地抵押、流转的状态下，我国耕地数量持续下降，1997—2003年间全国耕地总量从19.51亿亩减少为18.29亿亩，近几年来，尽管国家更加重视对耕地的保护，可耕地每年仍然减少100万亩左右[①]。是否放开农村宅基地流转的二级市场并非保护我国耕地的关键，如何控制一级市场的农业用地转化成非农建设用地数量才是至关重要的。我国物权法明确提出，“保障一切市场主体平等法律地位和发展权利”，不难看出，在房屋使用权方面，无论是城市居民还是农村居民，都应该有平等的法律地位和相同的发展权利。

① 袁铖．城乡一体化进程中农村宅基地使用权流转研究[J]．农业经济问题，2010（11）．

（二）建立健全宅基地使用权登记制度

众所周知，产权清晰是市场交易的前提。而我国农村宅基地权利登记或者残缺，或者混乱，这些现象对宅基地流转产生了不利影响。因此，建议借鉴城市的产权登记制度，对农村现有宅基地进行全面清理，依法明晰宅基地使用权的主体，对于超标准使用宅基地者进行纠正，对于违法使用宅基地者进行罚没。对于手续齐全、合乎法律法规的农户宅基地，应当参照国有土地房地产权属登记办法，发放统一的、具有法律效力的宅基地证书，即《集体土地使用证》《房屋产权证》等。与此同时，还应当赋予其完整的使用权，允许自由流转。应当指出，农村宅基地抵押、流转未经变更登记不能生效。只有如此，才能最终建立起统一的城乡土地使用权权利体系。

国家早在 2008 年就已经出台了《关于进一步加快宅基地使用权登记发证工作的通知》等宅基地确权登记发证的相关政策规定，要求尽快着手和加强宅基地确权登记发证工作，明晰宅基地产权。若发生纠纷或征地方面的补偿问题时，使用权人才有足够的证据获得补偿或者对抗善意第三人。加快农村宅基地土地登记发证工作，各地必须对农村现有宅基地使用情况进行全面清查，对于手续齐备、符合法律规定的则给予登记造册，对那些通过不合法渠道多占、多用的宅基地则不予登记。做到宅基地土地登记发证到户，内容规范清楚，切实维护农民的合法权益。要加强农村宅基地的变更登记工作，变更一宗，登记一宗，充分发挥地籍档案资料在宅基地监督管理上的作用，切实保障“一户一宅”法律制度的有效落实。但笔者的调研情况不尽如人意，还有不少的村庄还没有开始进行这项工作，这就为将来的农村宅基地流转埋下了隐患。

（三）积极稳妥地发展农村宅基地抵押市场

目前，不少地区都在积极地探索农村宅基地抵押融资机制。笔者建议要尽量选择那些商业价值高、人们热衷投资经营、较易变现的农房宅基地办理抵押贷款，比如城乡主干道两侧、城镇沿街、城市规划区内的农房宅基地等。商业银行在发放抵押贷款时首先要检验所有权人具有法律效力的宅基地证书，同时也要严格审查申请贷款农户的信用情况，还可以引入农户联保制度，通过分散法律风险，保证贷款能够按期偿还，进而确保金融安全。政府部门也应当加强对抵押借款农民居住状况的关注，必须防止因抵押贷款而失去住房的现象发生。唯有如此，才更有利于农村社会的稳定。

积极稳妥地发展农村宅基地抵押市场，其关键是建立科学有效的农村宅基地的估价制度，这是农村宅基地流转的客观诉求①。在农村宅基地流转的过程中，价格是一个至关重要的因素，其公平、公正、合理与否关系到流转能否顺利进行；同时，土地价格也是确定土地税费和征地补偿的依据。笔者认为，应当建立科学、合理、完整的宅基地使用权的地价评估体系，并将农村土地价格关系纳入价格法的调控视野。

根据国外成功经验，城乡地价是一个统一体，不仅在法律调整的对象上具有同质性，而且在经济上又相互关联。很显然，面对日益上涨的城镇土地价格，如果农村土地价格规范缺位，农村土地价格远远低于城镇土地价格，城镇用地必然侵蚀农村土地，必然造成城市向农村扩张和耕地面积减少。因此，立法应采取城镇与农村土地价格统一调整的原则，制定土地价格法律规范，使城乡地价连为一体。

农村宅基地的初始配置虽然应实行有偿政策，但仍具有福利分配的色彩，因此其价格显然有别于城市土地价格。在我国，关于城镇土地价格的评估，已经形成一套比较成熟的理论和方法体系，拥有了一系列的国家规程。因此，我们可以在借鉴城镇土地价格评估制度的基础上制定一套有关农村集体所有宅基地价格理论和方法体系。根据评估结果，建立宅基地使用权基准地价体系。在推行宅基地流转时，可参照基准地价进行修正，为集体经济组织实施宅基地的供应与流转提供科学合理的地价依据。为防止集体土地低价流转，导致集体土地资产流失和农民利益的损失，对农村宅基地流转价格应实行最低限价制度。

① 喻文莉．转型期宅基地使用权制度研究 [M]．北京：法律出版社，2011.

（四）科学设计宅基地抵押实现的程序

法律的责任在于制度设计和权力保障。在进行宅基地抵押制度设计时，要明确抵押各方主体的权利义务，规范宅基地使用权抵押的程序，尤其要细化、明确抵押权的实现条件，并要充分保障抵押各方的合法权益（尤其是处于弱势的农户）。我们认为，相关法律和政策应借鉴国外经验设置限制性拍卖清偿程序，以降低丧失抵押物的风险。首先，在对所抵押的宅基地进行拍卖之前，必须先经过法院调解这一前置程序。不难看出，这里的法院调解相当于破产清偿中的债务重组，主要目的是让债务人和债权人通过协商，找到某种可以让债务人东山再起从而避免宅基地被拍卖清偿的途径。其实，作为债权人的银行一般都愿意收回贷款，而不是掌控着在使用上被重重限制的宅基地①。这种调解前置可以有效减少或者避免债务人暂时无力偿还的拍卖，比如因自然灾害或其他意外情况而导致的无力还贷问题。这主要是因为债务人的还贷意愿及还贷能力在抵押贷款合同签订时已由银行确认，只是由于不可抗力或意外事件才让他们暂时失去还贷能力。其次，法律法规还应规定在拍卖清偿程序开始之前，贷款的农民有一段宽限期，以给其一定的时间来解决其无力还贷的问题。如果宽限期届满后，仍然难以清偿贷款，抵押权人——银行可以要求贷款农民所在的村集体经济组织以合理的价格回购所抵押的宅基地。这样既降低了银行的资金风险，又给了农村集体经济组织收回集体土地的机会。

（五）宅基地抵押的具体制度设计

第一，关于农户申请抵押贷款的条件。从现有政策和法律上看，下列农户有权申请宅基地抵押贷款：一是合法拥有两套或两套以上的宅基地使用权的。该类农户可以以其中一套宅基地使用权及其上的房屋进行抵押，由于该贷款导致的农户失去住房及宅基地的风险较小，他们应当优先获得贷款。二是合法地拥有一套住房及宅基地使用权的农户。据调查，该类农户在农村占

① 李平．承包经营权抵押风险有多大 [J]. 中国土地，2009（7）.

大多数。因此，在进行制度设计时，应当充分评估其抵押所致风险，包括农户自身风险和放款者的风险。获得宅基地使用权的手段必须合法。比如，应该符合申请条件，无论是原始取得还是合法继受取得都应当严格遵循审批程序。

第二，关于经营抵押贷款的金融机构。在我国，很难实现宅基地使用权与城市房地产一样同地同权同价地进入市场自由买卖，因而作为营利最大化的商业金融机构对宅基地使用权抵押的积极性不高，其厚城薄乡，根本原因是城乡二元法律体制的约束使它们不得不考虑自身运行的安全。因此，在宅基地使用权的物权公示（登记）制度、流转市场体制等尚不存在的情况下，在多数农户仍然只有一处宅基地的情况下，让各金融机构去农村当慈善机构是强人所难。而农业要实现现代化，没有金融机构的大力支持几乎是不可想象的。因此建议国家成立专门的政策性农地开发银行，由该机构负责宅基地使用权的受理、贷款调查、发放、监督和回收等工作。

第三，关于抵押期限。由于宅基地使用权的社保属性，它本身没有使用期限，但考虑到贷款期限和抵押的属性，在设置抵押期限的时候，应当尽可能考虑到各方的利益，进而便于对进行抵押的宅基地使用权作价评估。

第四，关于贷款利率。考虑到农业的弱势产业属性，以及经营宅基地抵押贷款的金融机构的政策扶持性，贷款时间应当长于一般的工商业贷款时间，贷款利率应当低于同类工商业贷款一般利率。

第五，关于抵押合同。根据《中华人民共和国担保法》，抵押农户和银行双方可以共同约定具体内容并签订书面抵押贷款合同，并向农户所在集体经济组织进行备案。

（六）弱化宅基地抵押的社会风险

放开宅基地抵押，既有好处，又有风险。风险是可能会产生土地兼并，进一步加剧金融风险；好处是土地价值进一步凸显，形成农民土地资本，以提高农业产出和增加农民收入，扩大内需，促进消费等。因此，务必对放开宅基地抵押的成本收益进行谨慎权衡[①]。要对宅基地抵押开展专项研究，系统评估宅基地抵押的社会风险，尤其要设计一套完整、科学的抵押物处置制度和程序，严厉杜绝以投机为目的的“土地兼并”和“土地变相流转”。例如对购买超过一定面积农村宅基地的其他居民的信贷活动进行控制、严格监管；建立多层次的城乡住房体系，尤其要加大城乡公共租赁房、廉租房的建设力度，尽力保证农民的生活和居住质量不因抵押物被处分而降低。

我国现行农村宅基地使用权制度是以保障农民居住权为价值取向的，而这种制度在保障农民生存权的同时却降低了农村宅基地的使用效率。构建符合我国现实社会需要的农村宅基地使用权制度，既要重视其保障功能以实现最基本的社会公平，又必须兼顾宅基地使用权的利用效率。人们对物权效益最大化的追求正是促进社会财富增长的原动力，现代物权制度的确立成为人追求物的最大效用，提高物权效益的有效机制。在这种动力驱动下，政府和农户千方百计去追求宅基地市场的有效配置，以获得宅基地效用的最大化已成为必然。当然，我国农村宅基地的市场配置是一个循序渐进的过程，是一个正在探索中的新事物，因此，在和谐社会建设背景下，政府要把控制和防范宅基地市场配置风险放在重要位置。基本思路是：其一，要防范宅基地抵押中的风险；其二，要防范耕地流失的风险；其三，要防范农民利益受损的风险；其四，要防止农民因宅基地流转失误，影响社会稳定的风险；其五，防止农村宅基地自由交易后可能破坏乡村伦理的风险。具体内容将在其他章节作详细研究，不再赘述。

---

① 叶剑平，丰雷，蒋妍，罗伊·普罗斯特曼，朱可亮. 2008 年中国农村土地使用权调查研究——17 省调查结果及政策建议 [J]. 管理世界，2010（1）.

第七章　农村宅基地使用权流转的风险防范

农村宅基地使用权作为农民一项重要的财产权利，是广大农民实现“居者有其屋”的生存保障支点，其确立是基于对我国农村社会具体情况的考量，以保障农民居住权为价值取向，有其一定的合理性。考察我国农村宅基地制度的变迁史不难发现，农村宅基地由最初的农民私有转变为集体所有、农民使用，由自由交易转变为限制流转，农民的财产权能逐步被限制，宅基地的管理逐渐严格，宅基地的福利保障功能也逐渐被强化。随着我国经济社会的发展，社会结构发生了前所未有的变迁，在工业化、城市化进程不断推进的过程中，人口不断向经济较发达的地区聚集，农民也大规模进城，致使农村宅基地大量闲置，“空心村”不断增多，形成宝贵土地资源的严重浪费。因此，破农村宅基地使用权限制流转之冰，实现农村宅基地的市场配置，以及防范市场配置过程中的风险，是学界和实务界关注的重大社会问题。

一、农村宅基地隐形流转市场状况

国家三令五申禁止农村宅基地使用权的流转，在实践中，限于国家法规政策的约束，不存在公开流转现象，但租赁、抵押、买卖等形式的流转普遍存在，隐形交易市场日益活跃。据北京市国土资源局和北京市农村经济研究中心的调查，在北京 12421 个样本中，已有 953 个庭院发生了不同程度的流转，以各种形式进入流转的比例达到了 7.7%，流转形式包括短期出租、长期“出租”和买卖等。例如发生在北京市的“画家村事件”。宅基地隐性流转市场有其存在的根源，首先是土地资源需求激增。我国未来城市化的远景是，从“十二五”时期开始起步，用 20 年的时间解决中国“半城市化”问题，也就是说，平均每年将有 2000 万人落户城市，不可避免造成了土地资源的稀缺。正如学者所言，城镇化进程中土地扮演着极其重要的角色，无论是产业结构的调整，还是人口的聚集，基础设施的建设，都必须通过同时承载着资产和资源属性功能的土地重新配置来实现。伴随着农民市民化，农村“空心化”程度越来越高，大量闲置的农村宅基地迎合了城市发展的土地需求。其次是经济利益的驱动。城市化发展带动城市房价不断高涨，这使得作为农民生存保障的宅基地的商品属性和市场价值得以逐渐显现，虽然国家政策禁止宅基地的流转，但经过经济市场的洗礼，农民资产意识逐渐增强，助推了宅基地流转市场的形成。

宅基地隐形市场的活跃是农民基于理性与现实的选择，从侧面反映出农村土地制度中存在的问题，但这种游离于法律政策规定之外，自发形成的市场，其负面效应不容忽视。首先，缺乏法律保障。宅基地抵押、“小产权房”等宅基地流转形式不在法律允许范围之内，所以隐形市场的交易缺乏流转应有的审批、登记、公示等法定程序，这种无法律保障，仅依赖个人信用的市场交易安全性得不到保证。一旦交易发生纠纷，因缺乏相应的法律依据，致使许多正当利益得不到有效维护，一定程度上影响社会稳定。其次，缺乏价格形成机制。交易价格无事前评估，亦无相应的监督，完全取决于双方当事人协商，而多数当事人缺乏科学的价格评估标准知识，致使交易价格或高或低。再次，在现有城市承载能力有限，农村社会保障体制不完善的现状下，宅基地仍是农村社会保障农民基本生存权的载体之一。而宅基地隐形流转市场的存在，在为土地资源进行优化配置的同时，一些农户因非自愿因素也被迫违规出售自己的住宅，在“一户一宅”宅基地制度下失去了基本的居住权利。最后，脱离法律监管的无序流转市场，在一些地区的城乡接合部掀起了一股占地浪潮，有的甚至占用耕地，不仅危害农业生产和粮食安全问题，而且破坏土地利用规划和城乡一体化发展布局，影响社会的可持续发展。

二、农村宅基地流转的理论纷争

法规政策不允许农村宅基地进入市场流转，与现实中农村普遍存在的宅基地流转现象形成强烈反差，研究探讨宅基地使用权的市场配置问题，即宅基地的自由流转问题，学界亦存在不同的观点。

一种观点是自由流转论。从物权角度看，我国物权法规定农民宅基地所有权是用益物权，而用益物权包括占有、使用和收益的权利，虽然物权法规定宅基地使用权人依法对集体所有的土地享有占有和使用的权利，没有明确收益权，但一些学者认为，既然承认农民对宅基地的用益物权，就应该承认农民对宅基地的收益权。允许宅基地自由流转，土地的所有权性质不发生改变，农民获取流转收益，不仅充实了宅基地用益物权的内容，而且有利于农民享受市场发展的成果。从效率角度看，大量农村剩余劳动力进城进行非农产业，不少农民定居城市，加之城市化进程的加快，将有更多农民流入城市，随之将产生大量闲置的宅基地。据国务院发展研究中心农村经济研究部的调查发现，在调查的 2749 个村庄中，有 45% 的村反映村里有废弃的旧房及宅基地。允许宅基地自由流转，有利于提高宅基地的利用效率，提高农村土地的集约利用，同时缓解城乡建设用地不足问题。从公平角度看，房屋是农民的主要资产，禁止宅基地流转，是对农民财产权的漠视。城市房产可以自由进入市场交易，为什么农民的房产交易要受到限制，这是一个公民的权利平等问题。

另一种观点是禁止流转论。有学者从农村住宅所承担的生存功能出发，主张禁止农村宅基地流转。他们认为，宅基地是集体所有，宅基地使用权不能算是一种财产性权利，农民没有支配权。农村宅基地使用权属于不得或限制转移的土地使用权，因此宅基地上的房屋所有权也不得限制转移，否则一定会发生名为转移地上物所用权实为转移土地使用权的法律规避行为。禁止宅基地交易一是为了使农民居者有其屋，二是为了保证农民不要成为流入城市的无业游民，造成两极分化[①]。同时，宅基地自由交易后，可能在微观层面给村庄带来问题，即破坏村庄伦理，加剧村庄内部的不平等[②]。

第三种观点是有限制流转论。他们认为，宅基地使用权流转要受到一定的限制，或只能在本集体经济组织内部流转，或设定交易条件后可对本集

① 韩俊. 中国农村土地问题调查 [M]. 上海：上海远东出版社，2009.

② 孟勤国. 物权法开禁农村宅基地交易之辩 [J]. 法学评论，2005（4）.

体外成员出售。在我国现有的土地制度下，宅基地是一项农民的社会保障福利，其权利获取具有一定的身份性质，如果完全放开市场进行流转，有悖于宅基地的固有属性，政府与各种资本主体的参与，很容易造成对农民权益的侵害。同时，在我国农村社会保障制度尚未完善的情况下，限制宅基地流转以保障农民基本的生活条件是必要的。所以，在认可将来放开农村宅基地使用权市场是一种发展趋势的情况下，目前宜谨慎从事，分步骤而行。

笔者认为，宅基地使用权是农民的用益物权，收益权是权利之一。在城市化进程的浪潮中，集约利用农村土地，缓解城乡建设用地困难，允许宅基地流转是必要的。但目前我国社会保障制度尚处于探索发展阶段，宅基地之于农民的生存保障权意义仍在，有条件允许宅基地流转既重视其保障功能，实现最基本的社会公平，又兼顾宅基地使用权的利用效率。结合各地宅基地流转实践，不难发现，宅基地的市场配置是一个循序渐进的过程，是一个处于探索中的新事物，因此，在相关制度尚未健全之际，应将如何控制和防范宅基地市场配置风险放在重要位置。

农村宅基地使用权流转在近年引起学者的广泛关注。不少学者认为，应突破农村住宅流转的集体成员资格限制，允许宅基地使用权一起转让，实现完善的农村住房登记制度，以实现农村宅基地使用市场效率的最大化。笔者是支持农村宅基地“有限流转”观点的，在构建和谐社会的大背景下，作为农村土地制度改革的重要内容，政府要把控制和防范宅基地流转的风险放在重要位置。

三、防范农村宅基地使用权抵押中的风险

凡是交易必然存在风险，宅基地使用权流转必然带来风险。物权的效率原则追求物尽其用，追求效率的最大化，宅基地使用权人充分自由行使权利追求最大经济利益，提高物权效能，提高宅基地使用权效率无可厚非，但是，一项制度的改革创新，必然存在制度的不完善，改革环境的不可测，因此，建立农村宅基地流转风险预警防范机制符合和谐社会建设的宗旨。

尽快将农村宅基地的抵押权归还给农民，这是农村宅基地流转法律制度创新的重要内容。农民对宅基地使用权不能抵押就等同于禁止房屋进行抵

押，因为银行不大可能愿意接受没有土地作为抵押物的农村住房进行抵押。此外，对普通农户来讲，建房也许是其最大的投资。不能通过住房抵押来获得贷款将会削弱农民改善其生活条件的能力。所以，农村宅基地的抵押权对于待转移农村劳动力和留在农业内部的劳动力来讲相当重要，在农村宅基地处分权中居于十分重要地位，农村经济发展客观上要求将这种权利归还给农民。这里关键是要引导农民慎重抵押，在农村不完善的社会保障体系下，一旦使用权人无法清偿债务时，就会丧失该宅基地使用权及地上房屋，就会流离失所，不利于社会的稳定，社会成本过于高昂；再者，当金融机构抵押权实现后处分该抵押物时，由于缺少公正的中介机构的价值评估，对农民而言是新的不公。

由于农村宅基地缺乏立法的支撑，因此必须对现行法律法规进行修改，为农村宅基地抵押贷款扫清制度障碍。我国现行的担保法、土地管理法及物权法均没有为农村宅基地使用权抵押提供法律依据。我国担保法第三十七条、物权法第一百八十四条第二款均规定：耕地、宅基地、自留地和自留山等集体所有的土地使用权不得抵押。这就使得当前在全国的试点的农村宅基地抵押贷款缺少法律支持，抑制了其进一步发展和推广，甚至有可能遇阻而被迫停止。我国物权法对物权的种类和内容采取法定主义，未明确规定即禁止。今后，在全国试点农村宅基地抵押贷款得到较大发展后，现行法律要作出相应的更改，为农村宅基地抵押贷款提供法律支持和政策保障。

由于农村的土地价值还无法得到有效的评估，农民利益无法得到保障，因此必须建立有效的土地评估机构平台。由于农村土地长期归集体所有，没有进行有效的流转和买卖，土地价值没有得到很好体现，对土地价值的评估还缺少检验和评判标准，因此，当前农村并没有形成像城市那样成熟的土地评估制度，农村的土地还无法得到有效的评估。如果盲目地进行农村宅基地抵押贷款，必将对农民的土地利益造成不利影响，危害农民的切身利益和基本生活保障。因此，有必要根据农村和农民的实际情况制定出农村土地评估制度，为农村宅基地抵押贷款的进一步发展做好必要准备。

由于农村土地市场交易平台发展受限，抵押变现较为困难，因此必须建立有效的土地交易平台。农村宅基地抵押是实现农村资金融通的手段，是利用土地的价值作为信用担保进行信贷。一旦农民违约而无法偿还贷款时，银行要收回农民的宅基地。但如果农村宅基地无法变卖成现金时，则银行业将蒙受巨大损失。因此，土地无法交易或交易较难也将约束银行对农村宅基地抵押信贷业务。虽然我国目前已在一些发展较好的城市开展了土地市场交易业务，但其广度和深度还远远不够，今后还需要进一步完善和推广。

由于农村宅基地抵押流转的市场风险较大，需要相关制度的完善和政府的扶持，建立风险补偿机制。农村宅基地的特殊性加大了信贷的风险，为此，有必要在推行农村宅基地抵押贷款的同时建立风险防范机制。这不仅需要市场主体的参与，也需要政府的支持。目前，重庆市建立的“三权”抵押贷款风险补偿基金可以为全国“三权”抵押的风险机制建设提供有益的借鉴。重庆市最近率先在全国建立了“三权”抵押贷款的风险补偿基金，当农民还贷出现坏账时，予以政府补偿，即银行承担 65%，市、区县财政承担 35%，其中市级财政承担 20%，区县财政承担 15%。同时，重庆市还配套建立农村“三权”抵押融资担保机制，将通过完善权益评估、风险补偿、资产流转等配套政策，引导商业银行、村镇银行等金融机构开办“三权”抵押业务，计划到 2015 年，实现全市农村“三权”抵押融资 1000 亿元以上。再如成都市“两权一房”抵押融资模式（两权一房包括土地承包经营权、集体建设用地使用权、农村房屋。农村房屋抵押融资的前提条件是借款人要保证设定抵押的房屋依法偿债后有适当的居住场所，且须征得所在农村集体经济组织的同意）、天津宅基地换房模式［宅基地换房指在国家现行政策的框架内，坚持承包责任制不变、可耕土地不减、尊重农民自愿的原则，高水平规划、设计和建造适合于产业聚集和生态宜居的新型小城镇。天津宅基地换房项目的资金来源是先以土地出让收益权质押方式由银行贷款解决，而置换出的经营性用地以招标拍卖挂牌有偿出让，政府收益部分（财政税收）返还于小城镇建设。房屋建好后，农民按相应的标准以宅基地置换城镇住房］等，这些地区所进行的农村宅基地使用权抵押流转的探索，在一定程度上盘活了宅基地，体现了宅基地的物权价值，也解决了部分农民融资贷款困难的问题，甚至参与宅基地抵押流转的农民的生活水平得到了提高，促进了城镇化的进程。但宅基地使用权抵押流转依然存在宅基地抵押实现无保障、抵押合同无法律保障等问题没有合理解决途径。

四、防范农村宅基地使用权流转中农民利益受损的风险

在城市化进程的推进下，农村宅基地的潜在价值得以体现。因闲置宅基地而形成的“空心村”现象应该整治，农村土地应集约化利用，但应该在充分尊重农民意愿、保障农民用益物权的前提下流转。警惕政府和企业利用行政手段达到目的，严格规范宅基地流转行为，价格是至关重要的因素。城市建设用地需求激增，必然向农村土地扩张，在现有农村土地价格机制不完善的情况下，可以参照城镇土地价格评估制度，建立一套指导全国农村宅基地分等、定级及价格的评估体系，为宅基地流转提供科学合理的定价依据。同时，为防止公权力和各种资本主体侵蚀农民利益，对宅基地流转价格应实行最低限价制度。同时，要妥善处理好宅基地溢价的合理分配问题，要让农民也分享到经济社会发展的成果。

由于利益集团的土地兼并，侵害了农民的土地权利。宅基地流转对象分为集体内和集体外，宅基地在集体内流转，能够实现耕地资源的规模化经营，在集体外流转，能够实现宅基地的财产价值。但是，如果宅基地流转被政府与房地产开发商所操纵，极易导致大规模的土地兼并，掀起新一轮的“圈地运动”，在农民、政府与开发商的博弈过程中，农民处于绝对弱势地位，农民权利受到严重侵蚀，最终沦为圈地的牺牲品。正如孟勤国教授所说：农村宅基地交易开禁之日，即中国社会最后一次大规模剥夺农民之潮兴起之时。由此可见，宅基地流转应该限制在特定的范围内，如果任由宅基地自由流转，政府对宅基地交易不进行规范与限制，其结果必然是利益集团侵蚀广大农民的权利。笔者认为宅基地流转的范围不能包括以房地产开发为目的的特殊用途，必须在法律法规上明确禁止，并且严格规范政府征地的范围与界限，从而保护广大农民的土地权利。

由于宅基地流转使得农民失去基本生活保障，侵害了农民的社会保障权。宅基地是农民生存最后的保障，宅基地使用权是农民基于其身份所享有的社会福利性权利，保障功能是宅基地的首要功能。在农村社会保障制度尚未健全的情况下，土地保障仍然是农民社会保障权的直接体现。因此，宅基

地流转必须充分考虑农民的社会保障权与发展权。如果在农民缺乏社会保障的条件下盲目推行宅基地流转，结果必然是造成大量失宅农民，失宅农民由于失去了农业生产的固定住所，其承包的土地也就失去了意义，导致失宅农民进一步转化为失地农民，这些大量的失地农民住无居，耕无地，游离于城乡之间，不利于社会的稳定。而对进城务工农民而言，其相对于城市市民是弱者，如果失业返乡却无宅可住的话，进城农民将无法回归农业生产，失去了农业这一最后的就业渠道，失宅又失业的农民不利于社会的稳定，必须有一个最后的保障机制来保障他们的利益。总之，农村社会保障制度的建立是宅基地流转的前提，有利于宅基地流转的顺利进行，是农民进行宅基地流转的最后防线。

由于农村宅基地流转的隐性化，侵害了农民的公平交易权。随着城市化的发展，在经济发达的城市近郊，城乡居民大量混居，产生了巨大的农村住房需求，作为农民财产重要组成部分的宅基地必然大幅增值，在巨大的经济利益面前，农民将宅基地进行买卖、出租、抵押等形式的流转已大量存在，形成了以自发流转为特征的宅基地隐性市场。然而在不允许宅基地及其房屋向非农流转的制度下，流转双方的权利义务关系得不到任何法律的约束和保障，给流转双方维护自身权利带来了极大隐患。宅基地入市隐性化，导致交易双方产权纠纷不断，不但侵害了双方的公平交易权，还丧失了相应的法律保障，不利于农民权利的保护。“小产权房”交易是宅基地入市隐性化的主要表现。“小产权房”交易不被现行法律所允许在现实中愈演愈烈，极易引发经济纠纷，而且一旦发生纠纷，由于没有相关的法律条款进行调解，还会酿成重大社会案件，影响农村社会的稳定。

由于现行法律政策没有赋予农村宅基地完整的物权，侵害了农民的收益权。根据现有的宅基地产权制度，农民的使用权弱于集体的所有权，集体的所有权又弱于国家的终极所有权。在宅基地收益划分中也正是基于这一排序来确定的，即政府得到收益的最大部分，集体次之，农民所得最少。很显然，如果赋予农民完整的宅基地收益权，则农民在行使宅基地处置权时，就能获得由这些权能产生的全部收益，而在把宅基地卖给他人（包括国家）时也能获得公平的交换价值，而不仅仅是补偿价值。因此，在规范宅基地流转过程中的收益分配中，要合理划分政府、集体和农民三者之间的利益关系，切实保护农民的各项权利。宅基地流转过程中获得的收益分为房屋收益和宅基地收益，前者全部归农民所有，后者应当在政府、集体与农民之间进行合理分配，大部分留给农民，国家与集体的部分则纳入农村社会保障专项基金。房屋乃农民私有财产，其收益理应全部归农民所有。

为防止宅基地流转过程中农民利益受损，立法时应当注意建立农民利益保护机制。既然国家在各类文件中强调要尊重农民的主体地位，为什么在农村建设用地和宅基地这个事关农民核心权利的问题上不能由农民当家作主呢！假设对节约的宅基地，可以由农民自己建立宅基地合作社，由农户将自己合法的宅基地入股到合作社，由合作社对外进行招商引资，或向金融机构进行抵押贷款，这样既盘活了原有多余的宅基地，又可以防止地方政府借村庄整治和城乡建设用地指标置换占用节约出来的土地，进而最大限度地保障农民的权益。

五、防范农村宅基地使用权流转中耕地流失的风险

宅基地及地上房屋流转可以获益，从而放大农村宅基地的需求，农村建房或买房人数激增，在眼前利益的驱动下，占用耕地建房的情况会越来越多，或是在地方权力与资本结盟的强势介入下，使本来无利可图的农业经营者“自愿”交出土地。对此，必须要设定严格的宅基地流转条件。首先，宅基地应优先流转于本集体组织成员内部，在本集体成员有意愿转入宅基地的情况下，不得转给集体外成员。其次，对于转出方，不得再申请新的宅基地。转入方如果是本集体成员，不得在转入前已有宅基地，如果是集体外成员，在同一地区只能转入一处宅基地，同时限定转入宅基地的用途，不得进行囤积、炒作或用于“小产权房”建设等。

农村宅基地交易尤其是在发达地区城郊宅基地交易会给农民带来较大的经济利益，可能会诱使集体经济组织和农民将大量的农用地尤其是耕地转为宅基地建房，违反国家的土地用途管制制度，从而对耕地保护带来影响。

土地用途管制制度是我国最严格土地管理制度的核心。按照土地管理法等法律法规的规定，任何需要将农用地和未利用地转为建设用地的，都必须

依法经过批准。村民建住宅需要使用本集体经济组织农民集体所有土地的必须符合乡镇土地利用总体规划和乡镇规划、村庄规划，纳入土地利用年度计划，并依法办理规划建设许可及农民地转用和建设项目用地审批手续。

在我国农村，可试行不动产保护税和资源税，这可以有效调节农户占有的宅基地面积，促使现有宅基地的有效利用；耕地占用税也可以在一定程度上控制农村村民占用耕地建房。对于农民集体和农民的违法占地建房，并可能有随后的房屋交易，现有法律规定是退还土地、拆除房屋，法律规定极其严格也就难以实施，不能有效防范和处理农民集体和农民的违法占地建房。法律的强势规定，在实践中演化为罚款、补办手续，毕竟房屋是农民的主要财产，稳定在地方政府及其部门眼中比“一刀切”的法律规定更为重要。对于农民集体和农民的违法占地建房，笔者建议采用经济手段为主、法律手段为辅，以约束农民集体和农民违法占地建房。

对于农村村民违法占地建房的要及早发现、及时制止。对于村民违法建成的住宅的处理原则是，控制“一户多宅”，控制超面积占地建房，保障耕地的拥有量。对于建成的住宅要视情况采取不同的方法解决。同样，对于农村集体经济组织违法占地建设住宅房包括商品房的，也要及早发现、及时制止。对于农村集体经济组织违法建设的住宅的处理原则是，促进规划的相对实施，保障耕地的拥有量。对于建成的住宅要视情况采取不同的方法解决。

为切实防范农村宅基地使用权流转中耕地流失的风险，首先要建立完善分级严审制度，确保项目方案符合用地标准。在项目预审时，需人民政府或有批准权的人民政府发展和改革等部门审批的建设项目，由该级人民政府的国土资源管理部门预审。需核准和备案的建设项目，由与核准、备案机关同级的国土资源管理部门预审。其申请预审的报告内需提供拟建项目的基本情况、拟选址占地情况、拟用地面积确定的依据和适用建设用地指标情况、补充耕地初步方案、征地补偿费用和土地复垦资金的拟安排情况等，单独选址建设项目拟选址位于地质灾害防治规划确定的地质灾害易发区内的，需提交地质灾害危险性评估报告。所提供资料中其中一项不符合建设用地要求，不予报批。其次要建立完善严格转用审批制度，禁止擅自将农用地转为建设用地。农用地转为建设用地的，必须符合土地利用总体规划、城市总体规划、村庄和集镇规划，纳入年度土地利用计划，并依法办理农用地转用审批手续。禁止通过“以租代征”等方式使用农民集体所有农用地进行非农业建设，擅自扩大建设用地规模。农民集体所有建设用地使用权流转，必须符合规划并严格限定在依法取得的建设用地范围内。审查补充耕地方案和资金落实情况，要做到“先补后占”，把补充耕地作为批准农用地转用的前提。要实行建设占用耕地与补充耕地的项目挂钩制度，把耕地开垦费列入建设项目总投资，确保补充耕地资金的落实。建立涉及占用基本农田的建设用地严格审查制度。不批准对基本农田耕作层造成永久性破坏的工程临时用地。再次要建立工业用地出让最低价标准统一公布制度，根据国家土地等级、区域土地利用政策等，统一制定并公布各地工业用地出让最低价标准。工业用地出让最低价标准不得低于土地取得成本、土地前期开发成本和按规定收取的相关费用之和。工业用地必须采用招标拍卖挂牌方式出让，其出让价格不得低于公布的最低价标准。低于最低价标准出让土地，或以各种形式给予补贴或返还的，属非法低价出让国有土地使用权的行为，要依法追究有关人员的法律责任。最后要完善土地违法案件的查处协调机制，加大对土地违法违规行为的查处力度。国家机关工作人员非法批准征收、占用土地，或者非法低价出让国有土地使用权，触犯刑律的，依法追究刑事责任。对不执行国家土地调控政策、超计划批地用地、未按期缴纳新增建设用地土地有偿使用费、未按期足额支付征地补偿安置费而征占土地，以及通过调整土地利用总体规划擅自改变基本农田位置，以规避建设占用基本农田应依法上报国务院审批的，要追究有关人员的行政责任。重大土地违法违规案件要公开处理，涉嫌犯罪的，移送司法机关依法追究刑事责任。

六、防止因农村宅基地流转失误而影响社会稳定的风险

目前社会保障制度并不完善，宅基地承担农民基本生活条件，实现“居者有其屋”的意义仍在，防止农民因宅基地流转失误，加强宅基地流转服务工作，以构建和谐稳定的社会环境。因为农民宅基地流转一旦失误，就丧失了在农村生存的根基，而在城市又不能完全立足，最终结果可能是城市贫民化与农村社会冲突的同步加剧。因此，为防止农民因宅基地流转无家可归，

须严格设定转出方的条件，只有一处宅基地的农户不得流转房地，转出方须有两处以上农村或城镇房产，老年农民随子女生活也可转出宅基地。同时，地方政府应加强宅基地流转服务工作，规范流转信息的收集和发布工作，完善备案，规范社会中介服务，加强对流转双方的风险防范教育，引导其合理流转宅基地。

笔者认为，学者对农村宅基地流转的担忧实属多余。宅基地乃农民的安身立命之本，是否流转，流转形式如何，农民可结合自身情况自由考量，立法无须过多干预。农村宅基地的隐形市场存在充分表达了农民的利益需求和理性选择，部分地区宅基地流转制度的改革创新昭示了农村宅基地使用权制度改革的走向①。作为政府，为了防止农民因流转宅基地使用权失误而影响社会稳定，首要的责任就是要规范宅基地使用权流转，建立统一有序的宅基地流转市场②。

针对目前宅基地流转已经大量存在的现实，简单地限制或禁止显然无助于问题的解决。正如大多数学者的观点，宅基地流转现象已经普遍存在，与其禁而不绝，不如合理疏导。现阶段首先应修改限制宅基地流转的法律和政策，设计出符合我国农村现实的宅基地使用权流转法律制度；合理的宅基地使用权流转制度包括宅基地使用权流转形式、程序及登记、管理措施等的具体规定，要明确宅基地合法流转范围，给予宅基地使用权更多的流通性，合理界定宅基地流转的对象和方式。笔者认为宅基地流转对象必须是符合城乡土地利用规划的城乡接合部与城市近郊存量农村住宅用地，流转方式要以城镇住宅用地流转方式为依据，可采取转让、抵押、租赁、作价出资等多种形式。值得注意的是，允许宅基地自由交易不是说可以毫无限制，应保证流转既要盘活宅基地资源，又要防止私人大庄园或以房地产开发为名义的土地兼并现象的出现，必须在法律上严格禁止此种流转方式。

要规范宅基地使用权流转制度，核心在于建立统一有序的宅基地流转市场。随着社会主义市场经济体制的建立，初步形成了土地市场体系的框架，

① 喻文莉．转型期宅基地使用权制度创新 [M]. 北京：法律出版社，2011.

② 赵鑫．宅基地流转中的农民权利保护研究——基于产权经济学的视角 [D]. 广州：暨南大学，2011.

但是农村宅基地市场方面却还是一片空白，在当今人地矛盾日益加剧的形势下，要协调大量潜在宅基地供需，合理利用宅基地，就必须改变宅基地流转的混乱局面，建立起规范有序的宅基地流转市场。首先要建立并规范宅基地一级市场，实行宅基地的有偿使用。一级市场为宅基地所有权到宅基地使用权的让渡，由集体垄断。集体作为所有权人向宅基地使用权人收取土地年金，用于改善农村基础设施条件等，国家则可向宅基地使用权人征税，并将其作为一种转移支付，在城乡接合部、近郊农村和远郊农村之间合理分配。其次要适度放开宅基地二级市场，规范宅基地隐性流转市场。二级市场为宅基地使用权到他物权的让渡，主体可包括所有集体组织成员和城镇居民，转让宅基地的权利人直接对集体负责，由集体保障农民的各项权利。

对于农村村民违法占地建房的要及早发现、及时制止。对于村民违法建成的住宅的处理原则是，控制“一户多宅”，控制超面积占地建房，保障耕地的拥有量。对于建成的住宅要视情况采取不同的方法解决。同样，对于农村集体经济组织违法占地建设住宅房包括商品房的，也要及早发现、及时制止。对于农村集体经济组织违法建设的住宅的处理原则是，促进规划的相对实施，保障耕地的拥有量。对于建成的住宅要视情况采取不同的方法解决。

七、防止农村宅基地流转后可能破坏乡村伦理的风险

中国传统乡村社会以自给自足的生产方式和相对封闭的生活方式为基本特征，在此基础上产生了具有自身特色的乡村伦理关系和道德生活样式[①]。中国传统乡村社会是一个建立在“血缘和地缘”基础上的“熟人”社会，以“人情”为纽带，以“互信”为基础，成为乡村社会交往的伦理。农村宅基地使用权自由交易之后，城镇居民不可避免地会逐渐渗透其中，传统的“血缘”“地缘”和“熟人”关系将会被打破，几千年来形成的传统的家庭观、生活观、道德伦理观等也将受到挑战。再者，村庄是中国乡村社会的基本单位，承载着一些基本的功能，一些公共服务产品也要靠集体经济组织来提供，例如村庄道路、供水、环境卫生等。宅基地实现自由交易后，传统意义

① 王露璐．从乡土伦理到新乡土伦理 [N]. 光明日报，2011-01-18.

上的“村民”将逐渐多元化，集体经济组织也因此减少了投资村庄公共服务的动力，导致村庄的公共性衰退，原本作为伦理性与功能性一体的村庄也将难以维系，最终农民将逐渐失去最后的生存希望和家园①。

学者研究表明，国家对农村宅基地开禁是大势所趋，迟早要发生。与之相伴随的是大批非集体经济组织成员也将涌入农村，城乡居民混居，共同在一个比较小的社区内生活。农户增加了新的融资渠道，农民“沉睡的资产”将被唤醒，城市居民将为农村注入新思想、新思维等，其经济意义、社会意义这里不再赘述。但有一个问题我们必须要警惕，那就是世代积淀的乡村伦理将有被破坏、被异化的风险。在笔者看来，构成农村伦理危机的因素主要有：第一，城市居民的泛商品化导致农村“拜金主义”流行。以前农村以邻里互助为美德，城乡居民混住后，城市居民在有困难需要帮助时，往往想到的是用金钱去寻求帮助，他们信奉“金钱万能”，人家帮助了你，你给人家报酬是“劳动所得”。在这种货币逻辑的支配下，农民对财富的欲望被充分激发出来，“拜金主义”大行其道②。第二，城乡贫富差距扩大导致农民心态失衡。有数据表明，目前我国城乡居民的收入差距超过了3倍，与之相对应的是城乡居民的生活消费水平也相差10多年。城乡居民混住后，农民面对发生在自己眼前的巨大贫富差距，容易产生严重心理失衡，传统勤劳致富的观念将被颠覆，取而代之的是求富之路上不择手段，相对主义思想盛行③。第三，城市居民的现代思潮导致农村“东施效颦”。城乡居民混住后，生活的“摩登”，特别是性解放，让农民看到了现实版的“言情剧”。农村世代相传的价值观、亲情观、爱情观等遭受到了全面挑战，眼前的纷乱复杂让他们眼花缭乱，无所适从。

不少学者开始关注农村伦理危机的问题，并提出各自的建议。至于防止农村宅基地自由交易后可能破坏乡村伦理的风险，笔者认为目前应重点做好

① 陈柏峰. 农村宅基地限制交易的正当性 [J]. 中国土地科学，2007（4）.

② 欧阳静. 电视进村、国家退出与农村伦理变迁 [J]. 江西师范大学学报（哲学社会科学版），2008（2）.

③ 王小刚. “后税费时代”农村伦理危机初探——关于加强社会主义新农村文化建设的一点思考 [J]. 人民论坛，2012（8）.

下面几方面的工作。

一要大力发展农村经济。“仓廪实而知礼节”。经济是农村伦理建设雄厚的物质基础，伦理道德是建立在经济基础之上的上层建筑。农村经济的相对落后，城乡居民收入差距拉大正是导致农民心态失衡、拜金主义滋生、传统乡村伦理被冲击的根源所在。农村经济的发展对于正确处理家庭关系、人际关系，重塑人们的价值观具有重要意义。因此，农村伦理建设必须以发展农村经济为切入点，这样才能为农村伦理建设创造雄厚的物质基础①。

二要唤回系于血缘维度的亲情伦理。“血浓于水”。家庭是维系社会和谐的最基本的社会细胞，血缘、亲情是家庭凝聚力的强力元素。城乡居民的混住将冲淡传统的“血缘”和“亲情”，乡村社会的凝聚力也将逐渐松散。农村其实还存在着悠久的儒家宗族文化，所以现阶段应在农村加强传统优秀文化，特别是儒家文化的传播，呼唤乡里乡情，重新凝聚人心，改善社会风气。

三要完善系于地缘维度的乡村自治。传统中国“许多事情乡村皆有办法，许多问题乡村皆自能解决”，这就是梁漱溟先生所说的乡村自治。笔者认为，系于地缘维度的乡村自治是形成稳定的、有活力的、又有自我修复能力的基层秩序的关键。所以，一定要结合乡村自治组织方法，吸收城乡混住的城市居民积极参加乡村自治，重构现代农村社区自治体制，特别是通过发展民主政治来解决农村道德危机，而不是重新唤回国家权力的干预，希望国家只需扮演好仲裁者的角色，制定优良的法律以重塑道德。

四要加强乡村伦理回归的法制建设。法律和伦理存在天然联系，法律是道德建设的权力支柱，对道德建设起着非常重要的作用。法律对道德具有监督—保障作用，道德的生成和发展离不开良好的法律环境，法律既能扬善，又能惩恶，能够通过监督保障机制保护文明道德行为，禁止直至惩罚不文明不道德行为；法律对道德还具有识别—批判作用，法律对道德的作用，不仅

① 覃杏花. 农村伦理——构建农村和谐社会的内在维度 [J]. 广西师范大学学报（哲学社会科学版），2008（1）.

表现为对新道德的强化与保障，而且还表现为对旧道德的抵制与批判。[①]通过制度建设（例如乡规民约），把乡村伦理矫正到社会主义核心价值观的轨道，把个人私欲关进制度的樊笼。

① 郑鹏飞，薛凤伟. 社会转型背景下的农村伦理道德现状及其原因探析 [J]. 中共郑州市委党校学报，2009（2）.

第八章　稳步推进农村集体建设用地的物权化进程

集体建设用地是现实存在的与国有建设用地相对的一种土地，它是指农村中用于兴办乡镇企业、乡村公益设施等的用地。在我国法律上，集体建设用地的地位与国有建设用地相去甚远，国有建设用地享有完整的物权，建设用地使用权是我国物权法所承认的用益物权之一；集体建设用地使用权却未被物权法明确为用益物权。集体建设用地和国有建设用地在性质上并无本质差别，但法律基于城乡二元体制硬性将两者作截然不同的规定，这种城乡二元的土地法律体制被学者广为诟病。集体土地只有与国有土地拥有同样的权利即完整的所有权和使用权，并在法律上予以确认，农地的流转才有保证，农民的权利才能得到维护。但是，由于集体建设用地在物权法上尚未取得“出生证”和“通行证”，加上城乡二元体制的存在，那么实现集体建设用地物权化将是一个艰难的过程。

一、目前农村土地管理制度存在的问题

（一）农村土地权利类型贫乏，土地权能不完整

由于我国的物权法和土地管理法等法律只赋予农地以所有权和土地承包经营权，所以农地产权和国有土地的物权类型相比，不但权利类型少，更为关键的是，农地的权能严重不足，集体土地的所有权在占有、使用、收益和处分等方面都受到法律的种种限制。比如，农地被用途管制制度严格控制在农业用途上，不能用于工商业和房地产业，收益权受到抑制，农民难以实现其财产性收入。而农民也不能将土地用于抵押获得贷款，他们要想扩大生

产实现规模经营，只有靠漫长的自我积累，而农村金融支持新农村建设的力度相当有限。在 2011 年 12 月的中央农村工作会议上，国务院总理温家宝提出，不能再靠牺牲农民土地财产权利降低工业化、城镇化成本。要大幅度提高农民在土地增值收益中的分配比例，并且要求在 2012 年出台相应的法规。

（二）农地流转受到限制，农地市场残缺不全

由于农村建设用地的物权地位没有得到法律认可，同地难以享有同权，同价自然更是奢望，所以农地的流转受到极大的限制，农地进入市场交易的法律障碍困难重重，城乡土地市场被人为割裂，农地只能进入隐形的土地市场进行地下交易，造成农地资源浪费或配置效率低下。一旦发生纠纷，该交易由于违法，供地者和用地者的利益都难以得到保护。正如学者指出的，“农村集体建设用地的市场化流转却长期受到限制，直接导致城市郊区和城乡接合部地区农村集体建设用地大量隐形交易、集体土地资产性收益分配不公、土地市场秩序混乱、土地投机猖獗等社会问题。”

（三）土地利用规划滞后，土地大多粗放利用

我国各地的土地利用规划各自为政，并长期沿袭城乡分割的土地利用规划，妨碍了城乡土地资源的统一利用、合理配置和流动，影响了城乡一体化的进程，使农民难以享受城市化和工业化的成果。一方面城市化和工业化需要土地，另一方面农地不能进入土地市场直接向需地者提供土地，中间必须经过政府的征收土地的行为，使用地者的成本大大高于供需直接见面的成本。由于规划落后，很多农村的规划只是停留在图纸上，根本无法指导实际，更不用说村庄规划的随意修改了，所以农村土地利用较为混乱，特别是宅基地占用面积过大，乡镇企业和村办企业星罗棋布，村村点火，户户冒烟，土地的粗放式利用使得土地利用效率极低。

二、推进集体建设用地物权化的现实意义

赋予农村集体建设用地使用权以物权待遇是指集体土地所有权产生的一种用益物权，即在集体土地上用以非农用途的他物权类型。赋予农村集体建

设用地以物权地位，是城乡一体化的重要法律措施，具有重要的现实意义。

（一）有助于缓解城市化进程中的建设用地供需矛盾

城乡一体化进程中，城市化的发展需要大量的建设用地，但由于耕地保护的压力，建设用地供需明显失衡，各地的建设用地指标捉襟见肘，导致很多项目因无法获得土地而搁浅。与此同时，占建设用地数量巨大的乡镇企业用地、农村宅基地等浪费惊人，建设用地的严重短缺和农地的抛荒同时并存。据河南省国土资源厅调查统计，该省农村宅基地浪费严重，其中仅“空心村”就浪费土地 150 万亩。如果将这些宅基地复垦，可新增可观的耕地面积，如果进行城乡建设用地指标置换，不仅可以解决全省 5 年内建设用地指标，还可节省耕地开垦费、有偿使用费 150 亿元。另外，征地遇到的阻力越来越大，中央也提出了要加快征地制度改革，要严格区分公益性用地和经营性用地，逐步缩小征地范围。在这样的大趋势下，破解土地利用矛盾的必然选择就是集体建设用地的物权化，即实现集体建设用地使用权流转的前提就是要依法赋予集体建设用地的物权地位。

（二）有利于农民分享城市化和工业化的成果

改革开放以来，我国的城市化和工业化突飞猛进，农村的土地特别是城市郊区的农地日益升值，农民本应能够分享土地增值的利益，但由于我国实行城乡二元的土地制度，任何单位和个人从事工商业活动需要土地，原则上必须申请使用国有土地，而国有土地的存量是有限的，这就必然需要源源不断地从农民手里征收土地并将之转为国有土地，从而补充国有土地的不足。但我国现行的土地管理法对征收农民土地采用的是“涨价归公”原则，对土地的补偿是按照土地的原来用途标准进行，而这种标准显然是最低的，所以导致失地农民无法分享土地增值的收益，以致他们沦为“种地无田、就业无岗、社保无份”的困难群体。集体建设用地使用权获得物权地位后的依法流转，是不用改变农民集体土地所有权性质的，流转到期后土地仍归村集体所有，保留其长久利益，可避免一次性征地补偿后再无收益的状况。

经济学理论认为，产权安排决定收益归属。农民成为土地转用利益分配的最末端，一方面是现行的征地政策不合理，另一方面是集体土地的产权制度安排不合理。城乡二元体制造成了集体土地所有权的假象，表面上法律赋予了农民土地的产权，但由于该种产权实质是农民种地的权利（毋宁说是种地的义务），而无土地转用的权利，等于剥夺了农民对土地级差收益的权利。农民集体对此意见很大，低价征地越来越不得人心，农民的权利意识也越来越强，维权抗争的方式已从聚众上访发展到了自行其是，即自行将集体土地转用，从而产生集体土地的隐性市场和“小产权房”现象。政府三令五申禁止建设“小产权房”，但收效甚微。与其治标，不如治本，所谓治本即改革城乡二元的土地制度，既要改革现行的征地制度，又要改革土地的产权制度，这才是政府的职责所在。农地产权制度的改革实质是“还权赋能”，即将农地的完整产权返还给农民，并让农民和集体真正享受到产权的各项权能。而在这其中，集体建设用地的物权化是至关重要的一环。

（三）有利于推进新农村和小城镇建设进程

首先，可以减少城镇建设的一次性投入。随着城市和小城镇的不断扩展，建设用地供求矛盾进一步加剧，征地成本越来越高。如果对一些经营性用地采用租赁、联营、入股等方式提供土地，可以大大降低建设用地成本。其次，有利于推进城镇基础设施建设。租用集体建设用地进行道路、绿化带、广场以及配套公共设施的建设，可避免征地带来的沉重经济压力，有效减少基础设施建设的前期投入成本，保障后期的建设资金。最后，有利于推进项目建设。企业不用一次性投资巨额的征地费用，可降低企业前期投入成本，有效缓解建设用地和资金紧缺造成的项目建设难题。

（四）有利于消解土地财政和实现经济发展方式的转变

中国经济增长的模式是投资拉动和出口依赖。投资拉动的效应是资源浪费、能源短缺、通货膨胀，过度的投资与积累必然导致消费和需求的不足。分税制的实行又加剧了地方政府对土地财政的追求，而产权模糊的农地成为地方政府竞相掠夺的对象。“低价征用农地—土地廉价出让—招商引资—增加产值—谋求政绩与财政收入”，成为很多地方官员的执政逻辑。要促进地方官员走上科学发展之路，必须将其逻辑起点阻断，即废除低价征收农地的政策。只有真正赋予农民集体土地所有权，才能使农民获得财产性收入，进而启动农村内需市场，最终迫使地方政府改变经济发展方式。对于土地财政的危害学者早有论述，因为卖地财政总有土地卖完的那一天，比如深圳难以为继的土地财政已经清晰地告诉我们这个道理。

三、全国各地集体建设用地流转的实践及借鉴

早在 20 世纪 90 年代，广东、上海、浙江、江苏等沿海发达省市就对集体建设用地使用权流转进行尝试。此后，各地也逐步开始这方面的探索和实践。国土资源部也在全国集体土地流转较多的地方搞了一些试点，比如广东、芜湖、安阳、苏州、湖州等地，而这些地方政府陆续出台了一些地方性规定，如广东省、湖北省、河南省分别以政府令的形式发布了集体建设用地使用权流转的地方性规章，其中《河南省农民集体所有建设用地使用权流转管理若干意见》于 2003 年 8 月发布实施。许多城市也先后发布了集体建设用地使用权流转管理规定。各地对集体建设用地使用权流转的规定，最主要的突破有两点：一是通过地方立法的方式承认了集体建设用地使用权流转的合法性；二是将集体建设用地使用权的主体扩大为集体经济组织以外的权利人。但由于各地情况各异，具体做法也各异，并形成了各种模式。

（一）苏州模式

苏州市《集体建设用地使用权流转管理暂行办法》主要规定经过合法程序设立的农村集体建设用地使用权，可以在不改变所有权的前提下进行转让、出租和作价入股，但流转的集体建设用地不得举办大型娱乐和高档房地产开发项目。办法还对集体建设用地的产权代表、流转程序、审批权限和方式、流转收益的分配等作了详细规定。依照此办法，下辖的 6 个县级市均已建立了较为规范的集体土地市场。

（二）南海模式

广东省人民政府 2005 年发布的《集体建设用地使用权流转管理办法》

是在广东南海模式的基础上制定的，该模式的特点是，首先由集体将农民的土地承包经营权以股权方式换回，将全部的土地集中起来。然后将集体财产和农民的承包经营权折价入股，并按照一定的标准对农民实施配股，以进行将来的收益分配。同时，集体的土地仅用来经营土地和厂房，不经营企业，集体经济组织采用土地出租或建成厂房和铺面进行租赁，这降低了经营的风险，使集体的收益相对稳定。为了保护农田，农村要进行三区规划，将土地划分为农田保护区、经济发展区和工商业区。广东模式的特点在于它首次承认了集体建设用地和国有土地同地同权同价的基本原则，这是我国改革开放后土地立法上第一次承认城乡平等一体的土地权利。但由于它仅仅是一个地方政府的规章，与国家土地管理法、担保法等的相关规定相矛盾，故在运作过程中出现了困难和问题，比如由于担保法的规定，使集体土地很难得到银行的抵押贷款，因为银行不接受以集体土地作为标的的抵押，这就极大地限制了集体建设用地的融资功能，因此很多大中型企业都会选择国有土地以规避融资风险。

（三）芜湖模式

安徽省芜湖市是国土资源部在全国第一个农地流转试点的城市，芜湖市首先确立“占一补一”制度，要求集体非农建设经过批准占用耕地的，按照“占多少，垦多少”的原则，补充与所占耕地数量和质量相当的耕地。另一个特点是，参与流转的集体土地所有权不变，不会因为流转的方式不同而不同。但由于其市场化改革的局限，一次性向农民支付补偿款，对农民的利益保护不足。

（四）湖州模式

浙江省湖州市一些新兴中心城镇，由于城市建成区内的大部分土地所有权仍为集体所有，但集体已不能自行决定其土地使用权的流转，而必须在土地部门的统一安排下流转。他们采用准国有化模式，对这部分土地按国家征地方式向集体和农民进行了补偿，并根据小城镇发展需要和工业进园要求，集体建设用地逐步向中心城镇集中，该地已建立了较为规范的集体土地市场。

（五）重庆模式

重庆市成为城乡发展综合实验区以后，于2008年出台了《重庆市土地交易所管理办法》，正式开始了地票交易。所谓地票，其实是农村建设用地如宅基地、农村公益建设用地、公共设施用地、乡镇企业用地等引发的指标交易。其主要内容有：交易品种有实物交易和指标交易，前者是指集体土地使用权和土地承包经营权的交易，后者是指建设用地使用权交易。交易方式是出让、转让、出租、入股和联营等。办法明确了宅基地的申购方须为本集体经济组织的成员或符合国家政策的高山移民，而不能是城镇居民。办法还明确了集体建设用地的交易年限要参照国有土地使用权的规定。其操作过程是，首先将农村的乡镇企业用地、宅基地、公益设施用地或公共设施用地复垦，经过土地管理部门验收合格以后，将该笔土地中的建设用地指标按照城乡建设用地增减挂钩的规定在城市郊区进行征地，这就是地票交易。地票交易并不是什么根本性的创新，只是对现行政策的运用，其主要优点是平衡了远郊和城市近郊的农民的利益。

从以上各地的集体建设用地流转中我们可以看出，各地对集体建设用地能否流转、如何流转、流转范围和程序、流转收益如何分配等进行了探索。总的来说，各地出台的相应政策有以下特点。

第一，在适用范围上，允许依法取得的集体建设用地使用权进行流转，但一般都限制宅基地使用权的流转。主要原因在于宅基地的流转直接与“小产权房”有关，在当前对“小产权房”进行治理的大环境下显然不会放开宅基地的流转。

第二，在流转方式上，主要有出让、转让、出租、转租、抵押等方式。如出租或出让用于商业、旅游、娱乐等经营性活动的，则需要通过土地交易市场以招标拍卖挂牌等方式进行公开交易。这有利于使集体土地的价值得到真正的体现，有利于保护土地所有权人的利益。

第三，在流转的分类上，主要是把流转市场分为首次流转和再次流转。首次流转是指集体建设用地所有者的创设行为，即集体所有权人通过在一定年限内出让、出租或者以集体建设用地使用权出资入股、联营取得股利或收益；再次流转是指依法有偿取得集体建设用地使用权的单位或个人，在土地使用年限内，将土地使用权再行转让、出租、抵押。

第四，在流转条件上，都要求必须符合土地规划和相关的建设规划，并经村民大会或相关农民集体的表决程序，同时建设用地利益各方要遵循合理利用土地，保护耕地，有利于生产、生活和保护生态环境的土地使用原则。

第五，在主体范围上，大都允许可使用集体建设用地的主体范围很广泛：如各类工商企业，包括国有、集体、私营企业，个体工商户，外资投资企业，股份制企业，联营企业等。

第六，在流转市场管理上，各地一般遵循国有土地和集体土地两种产权市场统一管理的原则，由土地行政主管部门负责对流转进行管理和监督检查，但在实践中还存在很多衔接问题。

第七，坚持把农民的利益放在首位，特别是强调农民社保利益的保护。广东省规定，集体建设用地使用权流转收益要按照不低于30%的比例提取，用于安排农民的社会保障；广州市规定，出让、出租集体建设用地使用权所取得收益中的50%以上应当存入规定的银行专户，专项用于本集体经济组织成员的社会保障支出，不得挪作他用；江苏省昆山市为农民建立了养老保险、医疗保险和教育基金等，还确定了最低保障线。

四、实现集体土地物权化的指导思想

土地是人类生存最为基本的物质条件，而土地制度是农村社会的根本制度之一。当前，我国农村土地政策存在着诸多问题，例如农村土地权利类型单一，土地权能不完整；农地流转受到限制，农地市场残缺不全；土地利用规划滞后，土地大多粗放利用；现有土地政策棚架，严格的土地管理和耕地保护制度缺乏；等等。研究表明，实现集体土地物权化是缓解这些问题的关键。

（一）由土地管理权为主导转向以保护土地的产权为主导

长期以来，我国对农村土地的基本政策是以土地的行政管理为主，而有意无意忽视了农村土地的财产权性质，这在计划经济时期尚有一定的合理性。但在实行市场经济的今天，在城乡二元格局越来越受到人们的诟病时，以行政管理权作为工作的核心已经不适应城乡一体化的新格局了，必须转变观念，适时将工作重心转移到保护农民的土地产权上来。而要保护农民的土地产权，势必需要首先对农地进行确权、发证和登记，这是农地产权的基础，因为产权只有明晰、排他，才能进入市场进行交易。所以当前土地管理机关的主要任务是以确权作为保护农地产权的基础工作。

目前土地管理中存在的问题主要有多头管理、管理权限界限不清、登记混乱等，要改变这种局面，需要转变观念，改革现行的农村土地管理制度，从过去的土地管理权转向为农地产权保驾护航。

（二）公平与效率应当有机结合

公平与效率是农村土地产权制度改革必须遵循的两大基本原则。公平原则要求土地的产权应当一视同仁，不因土地的性质是国有还是集体所有而区别对待，这正是目前农村土地制度面临的主要问题，即农地的权能被严格限制在农业用途上，即只有种粮食的权利，其实是种粮食的义务。只有兴办乡镇企业和公益事业才能使用农地，这种对农地所有权的歧视是违背公平原则的。

遗憾的是，2007 年的物权法并未规定农村集体建设用地使用权是物权，根据学界通说的物权法定原则，集体建设用地使用权未取得进入物权法的“通行证”和“出生证”。这是不公平的，因为按照同地同权的原则，同样是建设用地，国有土地和集体土地显然是一样土地、两样对待，违背了市场经济的平等原则。另外，由于集体土地没有“通行证”，无法光明地进入建设用地市场，导致农村土地的隐形市场交易盛行，这使交易双方的利益很难得到保护，因此效率低下。在农地物权化进程中，我们一定要既重视公平赋予农地以平等的物权，又要充分通过制度安排，将农地建设用地设计成高效的制度安排。

（三）坚持集约、节约用地原则，实现土地资源的可持续发展

胡锦涛同志曾经指出，坚持节约集约用地，是贯彻科学发展观的题中之义，要以加快转变经济发展方式为主线，十分珍惜和合理利用每一寸土地。由于现行的征地政策不区分公益和非公益用地，而且补偿标准较低，再加上土地财政的激励机制，所以很容易造成政府征收的冲动，征地所造成的浪费在所难免。

统计表明，2001—2005 年，我国城市投入产出效率总体呈下降趋势，说明我国的城市化进程是粗放式的。据调查，我国绝大多数城市的土地利用效率严重偏低，多数城市未能形成产业集聚效应，充分表明城市空间的过度膨胀和对农地的过度挤压。专家认为，即使像上海市这样土地利用率很高的城市，其土地利用仍有提升空间。学界已达成共识，那就是集约用地既能保证城市化沿着健康的轨道发展，又能兼顾农地的保护。集体建设用地的流转一定要保证集约和节约用地，否则，由于集体建设用地的成本低于国有土地使用权的取得成本，很有可能导致土地的低效利用，这是我们必须在集体建设用地物权化时要着力防止的。

五、推进农地物权化的基本思路

城乡一体化发展中，要求破除城乡二元制的土地制度，实现城乡土地的同地同权，并赋予城乡土地权利的平等保护。这就要求我们对集体土地的产权进行改革，还权赋能，最终实现集体建设用地的物权化。这也是实现党的十八大报告中所强调“改革征地制度，提高农民在土地增值收益中的分配比例”的重要举措。

（一）建立集约、节约用地的长效机制

改革开放以来，由于乡镇企业和村民住宅用地的需求较大，耕地被大量转为建设用地，以致现在要力保 18 亿亩红线。中央提出建设城乡一体化的政策后，城市化和工业化必然要占用大量耕地，因此，建立集约、节约利用的长效机制是国土部门的重要任务。国务院于 2008 年 1 月 3 日下发《国务

院关于促进节约集约用地的通知》，第十六条规定：“高度重视农村集体建设用地的规划管理。要按照统筹城乡发展、节约集约用地的原则，指导、督促编制好乡（镇）土地利用总体规划和镇规划、乡规划、村庄规划，划定村镇发展和撤并复垦范围。利用农民集体所有土地进行非农建设，必须符合规划，纳入年度计划，并依法审批。严格禁止擅自将农用地转为建设用地，严格禁止‘以租代征’将农用地转为非农业用地。”第十七条指出：“鼓励提高农村建设用地的利用效率。要在坚持尊重农民意愿、保障农民权益的原则下，依法盘活利用农村集体建设用地。按规划稳妥开展农村集体建设用地整理，改善农民生产生活条件。农民住宅建设要符合镇规划、乡规划和村庄规划，住宅建设用地要先行安排利用村内空闲地、闲置宅基地。对村民自愿腾退宅基地或符合宅基地申请条件购买空闲住宅的，当地政府可给予奖励或补助。”目前农地存在的问题，主要是乡村集体组织擅自占用农用地，建设“标准厂房”和配套设施然后租赁给企业和个人；或者以村级组织与外来投资者合作经营的名义占用农用地，提供建设用地；更有甚者，一些靠近城市的农村村民违法利用农用地开发、销售商品住宅等方面。对于这些问题，如果不认真加以解决，势必积重难返，最后形成法不责众的局面，这也正是目前“小产权房”清理中遇到的最大难题。

宅基地是农村占地面积最大的一类建设用地。土地管理法第六十二条规定：“农村村民一户只能拥有一处宅基地，其宅基地的面积不得超过省、自治区、直辖市规定的标准。农村村民建住宅，应当符合乡（镇）土地利用总体规划，并尽量使用原有的宅基地和村内空闲地。农村村民住宅用地，经乡（镇）人民政府审核，由县级人民政府批准；其中，涉及占用农用地的，依照本法第四十四条的规定办理审批手续。农村村民出卖、出租住房后，再申请宅基地的，不予批准。”土地部门应当采取措施逐步清理空心村现象和一户多宅问题，坚决防止产生超面积占用宅基地和新的一户多宅现象。建议在空置率高的村庄，不再新增宅基地，申请宅基地的农户只能在本村购置他人闲置的宅基地，否则就与老人同户居住。要合理安排住宅建设用地，禁止别墅类房地产开发项目的开发，供应住宅用地要充分考虑最低容积率限制、单位土地面积的住房建设套数和住宅建设套型等。

要通过价格形成机制制约和约束土地的粗放利用。由于集体土地价格相比国有土地要低，因此，粗放经营在所难免，这种状况必须改革。物权法第一百三十七条第二款规定："工业、商业、旅游、娱乐和商品住宅等经营性用地以及同一土地有两个以上意向用地者的，应当采取招标、拍卖等公开竞价的方式出让。"《国务院关于加强土地调控有关问题的通知》规定，工业用地必须采用招标拍卖挂牌方式出让，其出让价格不得低于公布的最低价标准。对于国有土地上的低效问题，在设计集体建设用地时应当引以为戒，不要再走国有土地的旧路。

（二）树立登记理念，建立城乡统一、高效的土地登记制度

集体建设用地物权化的一个重要特点是物权公示制度必须建立健全，没有完善的物权公示制度，农地的物权化就难以真正实现。而土地公示的主要方式是登记。但是目前农村的登记工作不尽如人意，存在土地登记的覆盖面较窄，登记不规范等缺陷。物权法考虑到农村的实际情况，在第一百二十九条规定："土地承包经营权人将土地承包经营权互换、转让，当事人要求登记的，应当向县级以上地方人民政府申请土地承包经营权变更登记；未经登记，不得对抗善意第三人。"第一百五十五条规定："已经登记的宅基地使用权转让或者消灭的，应当及时办理变更登记或者注销登记。"造成这种情况的主要原因是，其一，长期以来农地权利和农民对土地的权利没有被视为真正的权利。有学者将集体所有权称为空权利，即是此意。集体土地的所有权人不明，所有权权能不明，也使登记困难重重，而农民对土地的权利除了土地承包权以外，还有什么权利，也是非常模糊的，在这样的大环境下，农民权利意识也相当淡漠。其二，农村土地的市场化程度很低。土地作为一种重要的生产要素，在市场经济条件下，本应可以自由流转，但是由于国家的工业发展战略，要让农业和农民作出牺牲，所以，土地的剪刀差被当成是推进城市改革的基础，国家垄断一级土地市场，集体土地只能在征收变成国有土地后，才能从事非农产业。有学者估算，改革开放中农民因土地剪刀差而付出的代价约有 2 万亿元。农地一旦允许自由流转，则国家的垄断自然难以为继。其三，农地登记成本较大。由于土地承包的平均分配，土地的细碎化严重，单位面积的土地确权登记成本高昂。

虽然存在着上述的缺陷，但登记无疑是农地实现物权化和市场化的最佳选择和必然路径。其理由在于，其一，保护农民的利益。国家逐步减少征地后，乡村干部将成为土地流转中的代表，如果不对其加以限制，则有可能出现乡村干部借机牟取私利，损害农民和集体的利益。对此的解决方法一是加强村民对干部的监督权，二是加强登记。因为登记具有公信力，它是物权变动特别是不动产变动的有效要件。为了保护农民的利益，杜绝乡村干部中饱私囊的现象发生，可以要求集体建设用地的使用权人将土地收益存入专门的农民社会保障账户中，否则不予办理登记，以此来保障农民的社保利益。其二，保护交易各方的利益。不动产登记起着保障权利的重要作用，不动产的设立、变更、转让和终止，只有依法登记，始生效力。国家对登记的内容确保其公信力。这样，交易主体可以依据登记簿取得相应的权利，即使登记有误，交易相对人如果出于善意，也可取得物权。

目前农村的土地登记工作还存在很多有待改进的地方，比如，土地登记的效力、登记的程序、登记机关的统一等。建议土地部门和相关登记机关能够以大局为重，妥善处理登记职能的统一问题，使农村土地权利得到很好的维护。当然，农地登记面临着重重困难，但这项工作如果知难而退，后果是很严重的。为了促进土地市场的发展，加强登记是不可或缺的。还有学者指出，如果登记工作进展顺利，将会促进土地的流转，所以付出一些成本是值得的。建议制定城乡统一的土地登记条例，规定土地总登记、常规登记、变更登记、注销登记和其他登记，规定农地登记的机关、登记的程序、登记的效力、登记机关的法律责任，等等。

（三）搞好宅基地复垦，用好城乡建设用地增减挂钩政策

目前全国各地农村的空心村较多，如何解决宅基地的复垦问题，实现土地的集约利用，大有文章可做。当然还有地处偏僻的农村的建设用地，也可以通过复垦，使耕地总量不减少。关键是，获得城乡建设用地增减挂钩试点的地方可以通过土地整治或村庄合并增加耕地来取得建设用地的指标，这对很多地方建设用地指标捉襟见肘无疑是一大利好。至于如何操作，笔者借

在重庆进修的机会对重庆的地票制度进行了研究，发现它具有一定的借鉴意义。

重庆的地票制度主要是利用了城乡建设用地增减挂钩政策而发展起来的，当然，它又有所改革。其不同于城乡建设用地增减挂钩之处在于，第一，拆旧指标和建新指标可以跨区域置换，这在城乡建设用地增减挂钩试点的其他地方是不行的。由于实现了跨区域土地资源的配置，经济上更有效率。但也存在问题，即由于指标有限，转出指标的地方如果今后要发展经济，需要土地的话，将可能出现没有指标的窘境。第二，重庆市的地票制度采用“先复垦后上市”的做法，不同于其他地方的“先占后补”模式。这有利于保证耕地的质量，因为土地复垦后要经过验收合格后方可进行交易。

从学者的研究来看，地票的确有重要的意义。其一，它有助于宅基地的流转。按照现行法律，宅基地的使用权是不能自由流转的，故其虽为物权，但属于限制流通物权的范畴，这不符合市场经济的要求，但是由于宅基地的社会保障属性，农民一旦将宅基地出卖，将面临无家可归的风险，这是大家不愿看到的。所以宅基地使用权虽然被写进物权法，但它并非真正意义上的物权。但立法机构应该看到，现在的农村宅基地空置的很多，“空心村”也有很多，解决这个问题的唯一出路就是宅基地实现流转。地票交易无疑是对此进行的有益探索。其二，有利于城市近郊和远郊的农民利益的平衡。集体建设用地入市对城市近郊的农民是有好处的，但对偏远地区的农民来说意义不大。如何平衡其收益的畸轻畸重，是需要一定的政策配套的，在这方面，重庆的地票交易制度给了我们一个启示。由于偏远地区的农地卖不出好价钱，所以将其复垦，而将指标出卖，可以获得较高的回报。其三，有利于供地农民和用地人的双赢。从供地农民来讲，由于将闲置的宅基地出卖，将死物变成了活钱，实现了资源的充分利用，取得了进城和投资的资本，既可以务工经商，也可以增加农业投入，获得增产增收，也实现了劳动力的转移。就用地人来讲，由于增加了取得土地使用权的渠道，不再单纯依赖政府垄断的土地市场，选择余地增大，相应地，拿地成本会有所下降，投资的成本将会降低，竞争力将更强。其四，有利于户籍制度改革。重庆市推行的户籍制度改革是以土地换户籍，因为有的农民早已在城镇安家落户，但又不愿退出农村的承包地、宅基地和林地，导致资源的极大浪费。关键是农民有地在手，以后不愁。如果我们解决了农民的后顾之忧，为农民提供和城市市民同样的教育、医疗、养老等保障，农民才可能彻底退出土地。这是值得我们在进行户籍改革时思考的，即如何建立农民的土地退出机制，才能既保护农民的利益，又使政府有动力推动户改。其五，有利于耕地保护。因为是增减挂钩，而且是先补后占，而非先占后补，所以只存在新增耕地的质量问题，而不会从根本上威胁 18 亿亩耕地的红线。

如上所述，地票制度不但使农民增收，而且解决了城市建设用地的紧张局面，是一举多得的制度安排。当然，地票对农民的支持力度是有限的，因为它毕竟是旧制度改良的产物，并未实现真正意义上的农地流转。比如，复垦成本的高昂使普通农民望而却步，因为据测算，一亩地的复垦成本为 4 万—5 万元，这是一般农民无法承受的。而河南省的一些地区搞农民集中居住，然后再将旧村复垦为耕地，较为划算，但村庄整体搬迁周期较长。

（四）适时修改土地管理法和物权法，制定适用于全国的集体建设用地流转条例

河南省早在 2003 年即出台政策允许集体建设用地依法流转。但综观全国性的立法如土地法、物权法等尚不支持集体土地全面流转，因此，集体土地的流转受到诸如银行贷款等的影响，使集体土地的价值并未真正体现出来。这就要求国家大法进行修改，以使集体建设用地使用权最终获得上位法的支持。现行的土地管理法、担保法、物权法，对集体建设用地的态度是不一样的，物权法留下集体建设用地物权化的空间，它授权土地管理法对此问题进行规定，所以最终要落脚到土地管理法的修改。但由于土地管理法是一部以管理为主要内容的法律，所以从物权的角度看，最终还是需要物权法对此进行规范，因为我国法律奉行物权法定原则，作为一种新型的物权制度，必须在物权法中进行“公示”，方才能为世人所知悉，才能取得其应有的地位。当然，由于种种原因，现在人们对集体建设用地的用益物权属性并无分歧，但对其应当具有何种权能分歧较大，比如，集体建设用地能不能用于房地产开发，各方意见不一，归根结底是利益问题。所以，对此我们建议可以

采取全民征求意见的方式，由人民决定，而不能由少数人说了算。

当然，考虑到物权法的修改并非易事，可以先修改土地管理法，然后再制定一部集体建设用地流转条例，先行规范集体土地的流转。由于我国长期以来奉行试点的做法，所以现在全国各地都有自己的集体土地流转法规和规章、规范性文件，政出多门，必然有很多矛盾和冲突的地方，导致全国土地市场难以健康发展，所以，应当由国务院制定一部《集体建设用地使用权条例》或《集体建设用地流转条例》，对集体建设用地流转的主体、条件和程序等进行规范。主要内容应当包括：① 集体建设用地流转的原则，要确立市场化原则、耕地保护原则、国家调控原则、保护农民利益原则等。② 流转的主体。原则上应当为集体经济组织，集体经济组织不存在的，由相应的村民自治组织代表集体进行流转。集体土地流转应当经村民大会或村民代表会议的三分之二以上通过。③ 政府的审批和对城乡统一的土地市场化建设的管理。④ 集体建设用地使用权的出让、出租、转让、转租和抵押、流转的期限、双方当事人的权利义务。⑤ 集体建设用地流转的登记。⑥ 收益分配办法。⑦ 法律责任。

（五）建立公平有序的城乡统一建设用地市场，逐步废除政府经营土地的制度

同地同权的实现有赖于物权法的规定，而同地同价则是有赖于土地市场的运作。第一，明晰土地产权，使集体建设用地入市的归属明确。第二，制定集体建设用地的税收政策和相关条例，使国家取得相应的流转税收利益。第三，借鉴先进国家土地市场运作机制，建立科学的土地价格评估机制，确保集体收益，维护各方利益。第四，要建立农村集体土地流转机构，初步形成系统的土地流转服务机构，建立并完善土地流转相关的农村中介服务机构。第五，规范市场交易行为，建立集体建设用地交易监管平台，土地市场动态监测与监管系统建设，建立统一畅通的信息获取渠道；建立以合同网上填报为基础的数据采集系统，从根本上解决数据源问题；推进土地市场动态监测工作由单纯的监测分析向监测、预警和监管转变；在全面运行重点示范的基础上，加强对重点区域的监测与监管；建立信息互通机制，推进土地管

理共同责任机制的建立。改革征地制度，但在政府经营土地的制度下，地方政府必然要走增量扩张的路子，不可能有别的行为模式。所以，单改征地制度还不行，还要改革政府经营土地的制度。否则，征地制度改革也很难彻底，即使改了，落实起来更会阻力重重。

（六）完善村级组织的运转机制，建立公平的土地收益分配制度

要贯彻落实新村民委员会组织法，完善“4+2”工作法，使村民能切实当家作主。加强基层组织建设，是保护农民土地收益的组织保障。如果没有这个组织保障，即使土地收益再高，农民也会意见纷纷，甚至上访。我们在调研中就发现了这类问题，所以，政府要下力气加强农村基层组织建设，将隐患消灭在萌芽状态。为了防范集体领导人利用土地所有权的代表身份以权谋私，可以考虑将土地收益实行村财乡镇管。

对于土地流转中的收益分配问题，是一个必须协调各方利益的大事，特别是农民、集体和政府三方的利益平衡，事关农民切身利益。首先要确定政府的分配比例，原则上不能超过20%。因为集体土地变成建设用地不是因为农民自身劳动的结果，而是政府为集体土地入市创造了条件，所以政府应当拿走一部分，用于土地市场建设。从长远看，这部分收益应当以土地增值税的形式取得。其次是农民和农民集体的分配比例和分配方式，这是重点和难点。据新闻报道，国家将起草《集体土地征收补偿条例》，这是继《国有土地上房屋征收与补偿条例》之后，又一部征收法规。该法将大幅度提高农民在农地非农化过程中的收益分配比例。我们认为，从产权或物权理论上讲，产权安排决定收益分配，由于产权不明，导致长期以来农民收益偏低，引发诸多社会矛盾。今后，随着国家对农村土地的清产核资工作的完成，产权不明将成为历史。这样，在征收中大幅度提高农民分配比例，在集体建设用地流转中大幅度提高农民的分配比例，就成了使农民分享工业化和城市化成果的重要内容。

（七）完善村镇规划和土地利用总体规划

从某种程度上说，规划决定了集体建设用地的物权性，因为只有规划为

建设用地，才能使农地变身为建设用地，农用地和建设用地的价值不可同日而语，所以规划的重要性不言而喻。但目前我国规划法制建设上还存在很多问题需要解决。首先，要保障土地利用规划的民主性和科学性，要保证农民在涉及村镇规划时参与的广度和深度。这应该形成一种制度常态。目前我国的规划编制实行的是自上而下的管理体制，虽然有效率，但不能保证其科学性、民主性。随着民众对规划中涉及自身利益的重要性的逐步认识，民众参与规划编制的欲望将越来越强烈。一方面，规划编制部门要通过广播、电视、网络、报纸等媒体广泛宣传发动民众参与规划的编制和修订；另一方面，要对涉及农村的规划进行论证和听证，考虑到农民对规划的认识不足，可以考虑先由相关村民代表会议对涉及农村的规划进行征求意见和建议，有重大疑难时可以召开专家听证会。吸引民众参与规划，既可以提高民众的规划法制意识，又可以为将来落实规划奠定群众基础。其次，要严格规划法制意识，禁止随意修改规划，保证规划的严肃性和法制性。在美国，规划一旦颁布实施，就很难改变，即使想改，也只能修改 5 英亩以下的规划，我国长期以来是行政主导的规划，随意性很大，往往是需要修改时，下级机关报上级批准即可。虽然法律规定了要想修改规划土地的用途、规模和重大布局的，需要经过原批准机关批准，但执行的情况不容乐观。

（八）限制宅基地的申请面积，尽量防止新的一户多宅现象产生

国家耕地 18 亿亩红线岌岌可危，而其中农村宅基地占地面积过大是重要原因，课题组考虑到保护耕地的重要性，认为应当限制缩小新批宅基地的面积，这需要省级有关规定的修改。建议国土部门制订一个切实可行的新的宅基地审批方案，限缩现有的宅基地面积。另外，要评估“空心村”的宅基地闲置状况，制订方案防止出现新的一户多宅现象。具体可以考虑大幅度缩小新批宅基地面积，如果需要大的宅基地，可以在本村内部解决，即本村空闲的宅基地可以流转给本村农民。提倡修建多层住宅，提倡多户共居。

更为重要的是，要建立科学合理的宅基地退出机制。在工业化和城市化进程中，农民逐渐变成市民是大势所趋。农民大量进入城市，必然使城市土地捉襟见肘，而农民的宅基地却在农村闲置，这又迫使城市到农村征地，形

成土地资源的极大浪费。在我国这样一个人多地少的国家中，这是不可容忍的。如果能将进城农民的宅基地在农村复垦为耕地，然后再将建设用地的指标拿到城市中来，弥补城市建设用地的不足，必须要考虑制定一个合理的宅基地退出机制。如果可以市场化，则宅基地的市场配置是最有效的，然而我国法律禁止宅基地的市场配置，所以，宅基地的退出机制就只有华山一条路：即可以考虑在法定条件下的有偿收回。

六、农地物权化进程中的政府职责

农地物权化中政府必须实现角色转换。在集体建设用地物权化的过程中，如何破解土地财政，政府的管理职能和服务职能创新是关键。政府的管理职能既是权力，又是责任，还是服务，而农地用益物权是私权，公权是私权的保障。私权特别是集体建设用地物权的产生、变更、救济等离不开公权的保障。但私权是目的、主体，公权是手段、辅助，是为私权服务的。农地还权赋能过程中，政府在农地物权的确认、变更和城乡统一的建设用地市场建设中是不可或缺的。

政府在农地物权化中的职责主要有哪些？第一位的是立法，即立法上要赋予集体建设用地以物权属性（须是具有可流转性的用益物权，而宅基地使用权虽然法律明文规定其为物权，但不能流转），当然，这主要是立法机关的事情，狭义上的政府没有这个职责。笔者认为狭义上的政府至少有以下几方面的职责。

（一）制订规划

它指政府有权对城乡建设用地、产业集聚区、农民宅基地等进行规划。规划的目的主要是粮食安全和环境保护，农地上承担着重要的粮食安全的使命，也是保护环境的基础，但由于种粮和环保的比较效益要远远低于工商业和住宅用地，所以，如果对此不加以限制，集体土地势必一窝蜂地转业，这势必危及粮食安全，国家 18 亿亩耕地的红线也难保。20 世纪 80 年代乡镇企业的发展就是很好的例子。现在我们都清楚，集体建设用地入市并非是村村点火、户户冒烟，我们必须走新型的工业化道路。这就要求政府在农地物权化中认真做好规划，在保证粮食安全和生态安全的基础上允许集体建设用地入市。在规划中政府要保证规划的科学性、公众（特别是农民和农村干部）参与性和法律的严肃性。

（二）加强指导

政府有义务对农地物权主体的运作进行帮助和指导，防止乡村干部在其中任意操纵，以保护广大农民的利益。我国的集体所有权是集体物权，一般应当由全体村民共同行使物权（由于其产权残缺，政府也对农地有各种各样的权利），但事实上，由于集体行动的成本过高，集体行使所有权的难度相当大，所以由村干部代行所有权在很多地方人们都习以为常。这就很容易给村干部创造腐败机会，并有可能使农民利益受损，从而引发上访等影响社会稳定的现象。河南省以前搞的“4+2”工作法，就是想解决类似的问题。修改后的村民委员会组织法对此也作了具有可操作性的规定，但由于农民的素质参差不齐，落实该法就成了各级政府的重要责任。

（三）强化监督

政府有权对建设用地流转中产生的收益分配进行监督，保护集体财产不流失。集体建设用地上市流转，只是从理论上具备了农民获益的可能，而要真正变成农民的实际利益，则还要经过种种环节，任何一个环节出了问题，农民的土地利益就难以实现。笔者在处理一些信访案件时就深切地体会到，即使集体收益再多，如果没有法规约束，没有强有力的监督，农民也得不到任何好处，这是我国村民自治制度的重大缺陷。当这个自治体已不能有效运作，出现僵局时，政府必须出面进行干预。监督分为事前监督、事中监督和事后监督，进行全方位的监督将大大减少农民利益受损的概率。很多地方搞组（村民小组）财村管、村财乡（镇）管，它在一定程度上解决了集体收益的流失问题，但也有人批评这一政策侵犯了村集体的财产权，这就需要我们认真调查研究，在不侵犯村集体的财产权的基础上，寻找到一个解决村集体财产的监管之法。财务公开和审计监督都是值得深入探索的好方法。另外，在建立城乡统一的建设用地市场的过程中，政府有权对统一的城乡建设用地市场进行监督和管理。

（四）土地确权

它是指政府有权对农村建设用地进行确权、登记和发证。有的地方对确权很重视，他们响亮地提出，确权是基础，流转是核心，配套是保障。由于长期以来立法者对农村土地的权利界定的模糊性，导致集体建设用地物权化的基础——确权工作困难重重，确权成本高，确权难度大，这就需要政府在确权中不但要有充足的预算，还要有高超的智慧，才能完成这一课题。确权之后还有一个重要的问题即登记，土地作为不动产，其物权得丧变更的公示方式是登记，但由于我国的国情所限，我们一直没有建立完整的农地登记制度，这在以前还可以，但在集体建设用地入市的新形势下，建立农地登记制度是非常必要的，它至少有以下几方面的作用：一是公示不动产物权，保护市场交易安全，维护交易各方的合法权益。二是随着集体土地入市的增加，集体的代表——乡村干部的权力越来越大，有可能从事损害村民利益的活动，建立公示登记制度可以在一定程度上预防乡村干部的违法活动。

（五）建立许可

政府有权对农村建设用地的设立、出让等进行审批，保障粮食安全和耕地不流失，保障农民利益不受侵害。其一，集体土地物权化以后，集体享有的是民事权利，但在该权利是否应当由政府审批上存在意见分歧，有的反对，也有的赞成，个人认为民事权利可以通过审批取得，这虽然违背了意思自治原则，但是考虑到土地特别是耕地的稀缺性，如果农地一窝蜂转业，势必危及粮食安全。其二，为了提高土地的利用效率，应当由政府进行审批（指新增建设用地），以保证新增集体建设用地和存量集体建设用地的均衡，也就是说，优先利用存量土地，仍有不足的再审批新的集体建设用地。因为统计表明，我国工商业土地利用效率很低，提升空间相当大，即使像上海市，其土地利用仍有提升的余地。

（六）建章立制

政府有权对城乡统一的建设用地市场建章立制，为全国统一的土地市场提供配套服务。从土地市场的定价、评估，土地市场的交易规则，到土地收益的公平分配等都需要政府机关对土地市场进行引导、监督和管理。比如对土地流转中的收益的分配问题，应当建立公平合理的分配机制。由于集体土地转为建设用地产生的增值并非是集体自身努力的结果，而是城市化的推进，其级差收益不能由土地所有权人独享，而应由政府、土地所有权人、使用权人之间进行合理的分配。政府还有责任建立各种风险预警机制和风险防范机制。

（七）执法

政府有权依法对集体建设用地使用权的设立、流转等进行行政执法。

（八）救济

政府有义务对农地流转中产生的纠纷进行调解、仲裁和处理，对当事人不服的具体行政行为进行复议、裁决。

第九章　物权制度下农民土地权益的保护

作为一部调整财产权益的重要法律，物权法以法典的形式确立了国家、集体、私人的财产和权利受法律的平等保护，对民生问题有着重大影响，对于当今中国社会一个庞大群体的农民来说，其耕地、宅基地、山林等财物都是物权法的调整对象。物权法分5编19章247条。据专家统计，在247个条文中，专门针对农民利益设置的条文就有21条，与农民利益密切相关的条文有22条。在整部物权法中与农民利益直接相关的条文占全部条文数的17%。有专家称，物权法在整体制度设计上对于农业的进步、农村的发展和农民的利益进行了充分的考虑，从而体现出浓厚的中国特色，是一部给农民带来福音的法律。但是，物权法在制度创新、保护农民利益的同时，也面临着一些深层次的矛盾，影响了物权法功效的发挥，因此，对保护农民利益的物权制度进行反思与重构，是学界必须关注的事情。

一、物权制度的创新有利于保护农民利益

物权法从主体的角度分别规范了不同主体的财产归属和权利，实现了国家、集体、个人一体保护的原则，体现了宪法对私有财产的尊重和保护，使抽象性的宪政性权力具体化和明晰化。物权法就私有财产的类型、保护及其继承等问题进行了规范，对农民权利保护进行了制度创新。

（一）明确赋予农民的土地承包经营权以物权效力

物权法颁布之前，学术界就农地承包经营权到底是物权还是债权展开了争论，为了保护农民的利益，2002年我国出台了农村土地承包法，赋予农民

类似物权的权利，但由于我国当时并无物权法，因此，农民土地承包经营权只能是一种准物权。现实生活中发包人随意撕毁承包合同、损害承包人利益的事例很多，使农地承包法陷入尴尬的境地。2007年出台的物权法在用益物权一章规定了农地承包经营权，赋予农民长期而有保障的物权。而保持农村土地承包关系的长期稳定，是将承包经营权物权化的指导思想。有恒产者有恒心，农民亦然。

（二）明确规定了对农民物权实施公权力的界限

对物权的侵害在中国现阶段的表现很突出，由于农民的维权意识越来越强，公权和私权的冲突和对抗越来越激烈。如果不能合理界定公权和私权的界限，物权法就失去了其定分止争的价值。从根本上说，对物权侵害最严重的是公权力，限制和约束公权力是制定物权法的根本宗旨。国家动用公权力进行征收将导致集体或个人所有权的丧失，当然会对所有权人造成损害。因此，征收虽然是被许可的行为，但通常都附有严格的法定条件的限制。在现实生活中，存在征收土地的补偿标准过低、补偿不到位的问题，侵害了群众利益，群众反映较大。对此，该法第四十二条第二款、第三款就补偿原则和补偿内容作了明确规定。针对现实生活中补偿不到位和侵占补偿费用的行为，该法明确强调，任何单位和个人不得贪污、截留、拖欠征收补偿费等费用。物权法对征收征用的条件有了严格的限制。征收必须是为了公共利益才能进行，物权法对于征收的补偿标准作了新规定。在进行集体土地征收时，物权法强调应当支付被征地农民的社会保障费用，并要保障被征收人的居住条件。

（三）引进浮动抵押制度

由于农村抵押物缺乏，农民融资难一直是影响农村经济发展的一个重要因素，我国现行法律法规禁止承包地和宅基地进入市场流转，农民不能将土地用作担保物获得融资，使“三农”问题的解决雪上加霜。物权法借鉴国外先进国家的法律制度，规定了动产浮动抵押制度，农民要想获得融资，可以依靠自己企业的机器设备、产品、原材料等动产以及应收账款进行抵押融资，使农民和中小企业可以在不影响生产经营的情况下能够获得融资，这对于缓解农村融资矛盾，扩大融资途径，减少民间融资，稳定农村金融市场秩序，都有重要意义。

（四）宅基地使用权物权化

农村宅基地过去一直作为满足农民基本生存条件而存在，并没有作为物权来对待。物权法的出台，给农民吃了一颗定心丸。宅基地使用权作为一种带有社会福利性质的权利，新中国成立后第一次在法律上得到界定，物权法关于宅基地的条文虽然只有 4 条，但对于农民利益的保护却是至关重要的。这 4 条规定确立了宅基地使用权制度的基本规则，首先是关于宅基地使用权的权利内容，物权法第一百五十二条规定："宅基地使用权人依法对集体所有的土地享有占有和使用的权利，有权依法利用该土地建造住宅及其附属设施。"依照该条规定，宅基地使用权在性质上属于用益物权，农民享有占有和使用的排他性的权利。其次是关于宅基地使用权的取得、行使和转让，物权法第一百五十三条规定："宅基地使用权的取得、行使和转让，适用土地管理法等法律和国家有关规定。"从全国范围看，目前放开宅基地使用权流转的条件尚不成熟，农民一户只有一处宅基地，农民一旦失去住房及其宅基地，将会丧失基本生存条件，影响社会稳定。为了维护现行法律和现阶段国家有关农村土地从严控制的政策，也为今后修改有关法律或者调整有关政策留有余地，物权法作了与土地管理法等法律相一致的规定。宅基地使用权是我国物权制度的一个创新，是具有中国特色的一种物权，有利于保护农民利益，维护农村社会的和谐发展。

二、现行物权制度存在的缺陷

目前我国已经初步建立起了具有中国特色的物权法律制度，是社会主义市场经济规律、社会主义初级阶段基本经济制度的客观反映，对稳定财产关系，特别是保护农民利益，缓解"三农"难题具有积极的意义。但是也应看到，我国现行的物权制度还很不完善，在内容、形式和体系等方面都还存在严重的缺陷。

（一）物权法上的平等保护原则与物权平等原则的矛盾

物权法是我国人民群众财产权保护的基本法，当然也应该是8亿农民的财产保护神。物权法第四条明确规定了物权平等保护原则，王利明教授认为这是我国物权法的首要原则，同时它也是物权立法的重要指导思想。这意味着，所有不同类型主体所享受的物权都可排除他人的非法侵害，同时也都受到法律的同等保护。从西方舶来的民法和物权法理论基本不涉及物权平等保护理论，因为民法调整对象是平等主体间的民事关系，而物权法是民法的组成部分，物权不平等予以保护倒是奇谈怪论了。但在中国，由于存在三种所有制和所有权（国家、集体和个人），就有必要明确对三种所有权是一视同仁，还是区别对待了。物权法确立了平等保护原则，意义重大，但在城乡一体化的今天，我们应当进一步承认物权平等原则，因为这是物权平等保护原则的前提。所谓物权平等是指同一种类的、相同性质的物权，其权利内容应当是相同或平等的。应当说物权平等原则是物权法的基础，但在我国物权法上，却出现了违背此原则的立法。比如，依照我国土地管理法、物权法等的规定，我国的土地所有权分为国家土地所有权和集体所有权，既然同为所有权，当然应当是平等的。但是法律规定的两者的权利内容是不平等的：集体土地所有权的权能只包括占有、使用和收益，至于所有权的标志——处分权，农地的所有权主体是不享有的。又如，宅基地使用权和城市居民房屋的土地使用权同为用益物权，权能本应相同，但农村居民对其宅基地使用权只享有占有、使用和继承的权利，而不能转让和抵押，我国的原则是“房随地走”，故农村居民的房屋不能随便转让，更不能抵押；这与市民的房屋能自由流通形成鲜明的对比。实行家庭联产承包责任制这一新的制度以后，由于确认了农民对土地有一定的财产权和经营权，农业获得连年丰收，农民脱贫致富。但改革重心转入城市之后，地方政府通过实行“土地剪刀差”的政策，由政府享有和垄断土地一级市场的供应权，通过低价从农民手中征收集体土地，然后高价出让给需地者，从中获取高额利润。德国联邦法院曾经在判决中指出：“所有权是一种根本性的基本权。将所有权作为法之建制，有助于确保此项基本权。个人的基本权系以所有权法律制度作为前提。若立法者以名不副实的所有权取代私有财产时，则个人基本权将无法获得有效的保障。”近年来，党中央一直在强调要破除城乡二元体制，其中承认物权平等原则就是重要的一环。

（二）农地物权与农地发展权的矛盾

学界普遍认为，物权法的最大亮点就是确立了物权平等保护原则。物权法第三条规定：国家保障一切市场主体的平等法律地位和发展权利。因此，是否赋予农地以发展权，是一个值得探讨的重要问题。所谓土地发展权，就是土地用途变更权，即将土地变更为其他使用性质的权利，比如将农用地转化为建设用地的权利。农地发展权实质是农地主体是否有权将农业用地变更为建设用地，以及该土地能否直接进入土地一级市场的权利。农地是否拥有发展权，我国应当采用什么样的立法政策，对此学术界并未形成统一的意见。一种观点主张，农地的发展权应当归国家所有。其理由是，国家拥有土地的终极所有权，农民只拥有土地的初级所有权；如果盲目赋予农民土地发展权，势必导致农民集体任意变更农地的用途，从而导致耕地锐减，土地的规划难以实施，国家的粮食安全难以保障；国家对土地进行了大量的投资，使得土地获得了增值，因此应当由国家享有农地的发展权。目前我国的土地管理法采用此种观点。另一种观点主张，土地的所有权应当归土地的所有权人，农地的发展权归农民所有。如果国家拥有土地的发展权，则农民的土地所有权将会有名无实，随着城市化、工业化的发展，建设用地的需求越来越旺盛，国家需要征收越来越多的农地，政府与农民的矛盾将会越来越激化。我们认为，农地是否享有发展权的实质是农民是否应当分享工业化和城市化的发展成果。打破城乡二元结构，赋予农民土地发展权，可以更好地解决“三农”问题，使农民能够分享改革开放的成果。但这并不否认国家在符合公共利益条件下可以对农地实施征收。

（三）农民的物权意识与农地物权化的矛盾

新中国成立以后农村土地制度的多次变更使农民对土地产权认知很模糊，政府公权力介入过深使土地上的私权岌岌可危。改革开放以来，国家通过民法通则、土地管理法、农村土地承包法、物权法等法律逐步确立了农民对农地的物权，但农村普法不力使农民对物权还很陌生，农地执法活动也不太规范，这一切使农村物权观念普遍淡薄。这对农村土地的物权化趋势很不利。据学者调查，农民对物权的认知是错位的，虽然我国物权法规定，农村的土地的所有权归农民集体所有，但大部分农民误认为土地归国家所有，只有少部分农民认为农地归农民集体所有。但在农地产权登记发证工作较好的农村，农民对农地物权认知较符合现行法律。这说明，农村的物权执法和普法状况不尽如人意，土地的确权、登记发证工作亟待加强。农民物权意识存在的另外一个问题是，农民包括农村基层干部对体现农地物权的国家制定的“增人不增地、减人不减地”政策并不认同，反而，三年一小调、五年一大调。造成这种情况的主要原因是国家对农民的社会保障工作还有很多问题，使农地的社会保障功能在相当多的农村还十分重要。

（四）农地集体所有权与农村集体成员权的矛盾

为了解决农地所有权的缺陷，切实保障农民的物权，学者提出了很多建设性意见。一种意见认为，应当强化农民土地承包经营权，弱化集体土地所有权；另一种意见认为必须强化集体所有权，只有集体强大了，农民的物权才有保障。目前的集体所有权由于存在法律架构上的缺陷和混乱（比如法律先后将土地所有权的经营管理赋予农村集体经济组织、村民委员会、村民小组、村内集体经济组织等），导致实践中集体土地为乡村干部所控制，由于缺乏民主监督和有效的制衡机制，集体异化成为独立于农民之外的一个单独的利益主体，由乡村干部掌控了土地的处置权和转让权，集体经济蜕化为被控制的“干部经济”，这是农村土地冲突的根源。解决集体矛盾的根本出路在于，规定并做实农民的成员权。可喜的是，物权法第五十九条规定：“农民集体所有的不动产和动产，属于本集体成员集体所有。”这个规定的意义在于，它明确了特定范围内的成员对集体所有土地的权利，特定范围内的自然人以一定的组织形式行使集体土地所有权，成为该所有权的主体。这是农村集体土地成员权的权利基础。规定农民的成员权意义在于，第一是使虚化的农村集体实化，也就是说，某区域的土地所有权应当由该区域的全体成员共同享有；第二是强化了农户土地承包权的物权属性，避免其他主体对农地的侵蚀。事实证明，完善集体土地所有权的成员权既有利于强化集体所有权又有利于农民个体的权利。

三、农民利益保护的物权制度重构

物权法的制度设计，在很多方面体现了重大理论突破，对我国政治经济的发展以及民生，特别是农民利益的保护将会发生极大的作用。但是，物权法对物权规定还没有做到一步到位，留下了很多空间需要立法和司法予以补充和完善。因此，物权法还需要一系列的下位法即相关配套的法律、法规的支持和丰富，将其较为原则性、概括性的法律规则具体落实。

（一）明确承认物权平等原则，破除城乡二元土地制度

承认物权平等原则，对破除城乡二元结构，保护农民利益有重要的意义：首先，物权平等原则要求承认农村集体建设用地的流转权，这对农民分享工业化、城市化的成果意义重大。其次，承认物权平等原则将有利于农民扩大生产所需的融资，因为物权平等要求承认农民对宅基地和承包地的抵押权，这使农民有更多的担保物。最后，物权平等原则有利于农民的财产性收入。物权平等要求逐步放开农民的宅基地使用权，这样农民的房屋所有权也逐步可以实现自由流转。值得注意的是，2008 年 10 月，党的十七届三中全会通过的《中共中央关于推进农村改革发展若干重大问题的决定》指出，要逐步实现集体土地和国有土地同权、同利，逐步建立城乡统一的建设用地市场，对依法取得的农村集体经营性建设用地，必须通过统一有形的土地市场、以公开规范的方式转让土地使用权，在符合规划的前提下与国有土地享有平等权益，要依法保障农户宅基地用益物权，要扩大农村有效担保物范围。

（二）明确农村集体建设用地用益物权地位和流转权

遵循物权平等原则，必然要求承认农村集体建设用地的合法流转，确立“同地、同权、同价”规则。广东省在这方面走在全国前列，2005 年出台的

《广东省集体建设用地流转办法》，对我国农村集体土地制度改革，尤其是土地市场的发展方面具有重要意义。这部地方规章旨在规范集体建设用地使用权流转，明确集体建设用地的范围。另外，安徽、河南等地也有一些地方进行了农村土地制度改革的试点，我国立法机关在修改法律时应当及时将试点的经验上升为法律，并对存在的问题进行分析，妥善解决农村集体建设用地的法律问题。主要应当解决的关键问题是，第一是农村集体建设用地是否需要政府的审批；第二是农村集体建设用地流转的收益如何分配。

（三）尽快完成农村土地的确权与权属登记工作

农民的土地权属意识淡薄很大程度上是因为我们的农地物权执法的滞后，长期以来，农村的土地一直被认为是公有的，农民种地需要向国家交税，农民也不知道土地的物权属性，国家随时可以征收农民的土地，这一切造成了农民的物权意识淡薄。首先，当前的工作重点是明晰产权，这是土地市场交易的基础，也是保障土地权益的前提；其次，要使农民树立物权观念，必须建立农村土地的登记和公示制度。物权法考虑到农村土地登记工作的高成本和复杂性，并未建立像城市土地的农地公示制度，立法上采用物权登记的对抗主义。随着农村土地制度改革的深入，保障农民的土地权益势必要求逐步建立物权登记的成立要件主义。同时，要逐步建立和完善农村集体土地的代表人制度，积极探索农村土地所有权主体的人格化，实行集体经济组织成员按份共有，以利于维护农村集体土地中农民的利益。

（四）严格界定公共利益范围

物权法规定，国家为了公共利益的需要，可以依照法律规定对土地实行征收。但土地管理法却规定，任何单位和个人进行建设，需要使用土地的，必须依法申请使用国有土地，依法申请使用的国有土地包括国家所有的土地和国家征用的原属于农民集体的土地。从而将征地范围从“公共利益的需要”扩大到包括非公共利益项目。笔者认为，只有从严界定公共利益，才能约束地方政府的征地冲动，才能制止其“占地竞赛”。梁慧星、陈小君教授主张将以下事项作为公共利益：国防、军事设施、交通设施、水利、水电、幼儿园、养老院、公立学校、公立医疗机构等的用地，应当认定属于公共利益。对此类用地，也要从严掌握。在国家征地过程中，要坚持利益比较原则。因为目前国家、农民都非常重视土地，而地方政府和商人也对农民的土地“虎视眈眈”，在这个多方主体的博弈中，农民处于弱势地位，而农业事关国家粮食安全，也是公共利益，征地的公共利益要和粮食安全这个公共利益进行衡量、比较，看孰轻孰重；还要建立人大或法院的第三方裁决机制，在对征地是否符合公共利益的认识不一致时，由高等级的人大、法院对公共利益进行比较和利益衡量，并居中作出裁决；同时还要建立以农民为主体的征地听证制度。

（五）建立以土地为基础的农民利益保护机制

首先，要完善农地集体所有权的农民决策权制度，使之成为保护农民的坚强堡垒。现在的农村集体所有权的制度构建不但不能保护农民的利益，反而成为很多乡村干部以权谋私的工具。物权法虽然规定了农村土地三级“农民集体”所有，但却没有明确规定“农民集体”作为土地所有权主体的构成要素和运行原则，没有明确所有权代表主体和执行主体，没有解决“农民集体”与农民个人的法律关系。如果不改变农村现行的土地制度，就不可能确保农民的土地权益在城市化进程中免受侵害。

四、完善农民利益保护机制体系

为保障农民的决策权和相关权利，我们应当建立相应的权利保护机制，并将之法律化、制度化。以法律和制度保护农民的利益状况的好坏，取决于相关利益机制是否完善，取决于该种制度安排的科学性和系统性，更取决于该制度安排的可操作性。法律在这方面具有其他政策不可替代的作用，它既可以约束政府和职能部门对农民利益的侵害，又可以规范相关利益主体的行为，还可以引导统筹城乡相关利益主体科学设定利益目标，合理选择利益需求，妥善处理主体相互之间的关系，以达到统筹城乡中既保障农民的利益，又使其他相关主体的利益得到兼顾，最终实现和谐社会的目标。因此，需要立法机关缜密设置农民的权利，通盘考虑各利益主体的权责配置，完整制定农民利益保护机制的体系，使之成龙配套。我们认为，统筹城乡中必须建立如下的利益保护机制。

（一）利益表达机制

一个阶层对国家政策制定者的影响力主要取决于该阶层利益表达的程度和有效性，农民也是如此。“三农”问题的症结在于农民权利和利益的丧失，而该权益的缺失又和农民没有合适的利益表达渠道有关。目前在农民利益表达机制上主要存在的问题有：其一，无合适的表达渠道。农民文化素质较低，对高层次的法律诉讼不适应，也打不起官司，遇到利益受损的事情宁肯千里迢迢走上上访之路，也不愿去法院。更有甚者，很多农民选择了激烈的非制度化表达渠道。这就有一个问题，我们的法院怎样才能被农民接受，我们的法院怎样才能为统筹城乡作出自己的贡献，在统筹城乡和城乡一体化中实现自己的价值？我们应当建立什么样的适合农民的表达渠道？其二，不愿表达或不敢表达。有的农民利益被侵后，选择沉默，选择忍气吞声；当然也有农民受传统影响，冤死也不告状。其三，表达失真。有的农民遇到被侵权的事情后，虽然也选择了一定的表达渠道，但由于不擅长表达，所以造成了表达失真的后果，起不到保护自身利益的作用。

建立科学合理的、适合农民特点的利益表达机制是构建和谐社会、建设新农村的重要一环。建立利益表达机制的关键是用法律手段赋予农民多种利益表达方式，而不应对农民的利益表达进行围追堵截。利益表达往往意味着冲突，但我们不能因此禁止农民的利益表达，与此相反，我们应当使农民的利益诉求有多种渠道可以表达。

（二）利益产生机制

随着改革开放的进一步发展，农民的利益本应源源不断地得到发展，但是由于种种原因，农民的利益并没有和城市居民同步发展，究其原因，是城乡二元体制并没有随着改革开放而被取缔，甚至在某些方面又进一步扩大了势力范围，比如通过土地剪刀差和劳动力剪刀差继续剥夺农民。虽然改革开放中农民也曾经得到一些利益，但由于现行的城乡二元体制的束缚，农民的利益产生机制根本无法存在和发展。

农民的权益还有一个问题，那就是农民和市民的平权问题。要说产生新的利益，就得首先将农民应得的利益赋予农民，诸如平等的社会保障权、选举权、土地权、劳动就业权，等等，要逐步实现城乡居民的平等平权。其次，为防止农民利益的流失，应当建立农民利益的维持机制，因为在改革开放中，国家也曾经给予农民一些利益，但由于城乡二元的存在，导致这些零星的利益最终被城乡二元体制吞噬。比如，我国实行农村宅基地无偿使用制度，本来是利于农民的，在城乡一体化中，农民的宅基地本应成为农民财产性收入的重要来源，但由于现行的土地管理法沿用城乡二元体制，规定农民的宅基地不能流转，农民的房子就无法流转，所以农民的宅基地和其上的房产就成了死产。在现行的土地法律制度安排中，农民和土地的关系一直是模糊不清的，著名的经济学家厉以宁教授曾说，农民没有产权。因此在我们考虑农民的利益产生机制时，应当对涉及农民切身利益的制度安排进行统筹考虑，既要考虑国家的耕地和粮食安全，又要考虑农民的利益。特别是对农民的承包地和宅基地，作为中国农民的最重要的财产，如何使其从中产生源源不断的利益，将是未来政策和法律努力的重点，否则农民的利益将从何产生和发展？我们制定和修改法律时应当秉承新思维，即城乡统筹的思路，使农民能真正拥有一定的土地产权。

（三）利益分配（分享）机制

随着改革开放的逐渐深入，改革的难度与敏感度也越来越大，社会利益分化越来越明显，利益多元化格局已经形成，贫富差距逐渐加大，而在城乡统筹中如果不建立科学合理的利益分配机制，农民的利益将难以得到保护，其对改革开放的支持将会减弱。现在各地发生的农民维权抗争事件，大多是由于利益分配机制不健全造成的，其中又以土地利益分配机制为要。就河南省而言，有的地方政府为了获取土地出让金而盲目扩大城市规模，或者加大旧城改造力度；有的地方为招商引资，竞相以低地价甚至以零地价来吸引投资者；有的以低价征收农民土地以发展工商业；更有甚者，由于财政紧张而拖延农民的征地费用。这其中，土地出让金的使用应当关注，因为它的具体使用将涉及农民利益，特别是很多地方将土地收益用于城市建设，而真正用于“三农”的少得可怜。这些都是由于我国尚未建立完善的利益分配机制造成的。在构建利益分配机制中，关键要处理好两个关系：一是城乡关系。胡锦涛同志曾提出两个趋向的判断[①]，我们应该从过去的农村支持城市、农业支持工业的旧格局中解放出来，在利益分配上逐步走向城市支持农村、工业支持农业的新格局，而这有赖于工业反哺农业、城市支持农村的长效机制的建立和完善。二是政府和农民的关系。利益分配关系的构建必须由政府出面依照法律进行分配和再分配，现在的情况是，很多地方的政府为追求政绩，不但不维护农民在分配中的利益，反而反其道而行之，将农民放在分配和再分配链条的最末端考虑。这种状况必须用法律的形式加以规范，农民的利益才能得到保护。在城乡统筹中，要逐步实现城乡公共服务的均等化，就需要在利益分配中建立倾向于农民和农村的财政体制，就需要政府拿出真金白银支持农村。

（四）利益协调机制

与利益分配关系密切的是利益协调关系，因为城乡统筹实质是一场利益重新分配和协调的重大系统性工程。在城乡关系中，农民和其他利益主体的冲突是不可避免的，也是正常的，除此之外，全局利益和局部利益的冲突、眼前利益和长远利益的冲突等都会产生矛盾，问题是我们有没有一个健全的利益协调机制，能不能妥善处理好冲突，避免社会出现动荡。并且这个利益机制应当法制化，避免在利益协调中出现随意性。在利益协调机制构建过程中，首先要注意其指导思想，应当以公平作为处理城乡利益协调机制的根本指导思想。在过去的城乡关系中，我们往往只强调大局和整体利益，忽视了农民的局部利益和群体利益，只强调农民要顾全大局，有时通过牺牲农民的利益，保护其他主体的利益。今天的城乡统筹，要以“多予、少取”为原则，协调农民和其他主体的利益冲突，一多一少，凸显了党中央在新时期对农民的利益保护的价值取向，它体现了公平、公正的指导思想，是今后相当

① 韩俊．“两个趋向”论断的重大创新 [J]．瞭望新闻周刊，2005（13）．

长时期内我们对涉及农民利益格局调控的基本原则。当然，随着我国国力的增强，我们应当逐步实行只予而不取的原则，将许多年来亏欠农民的利益补偿给他们。在城乡公平发展的原则指导下，我们要对城乡两种利益关系进行合理的定位，制止或减少其他主体对农民的利益侵占，以此减少城乡之间的利益冲突和摩擦，以最终达到城乡和谐发展的目标。应当清醒地认识到这样一个道理，维护农民的利益就是维护中国大多数人的利益，而损害农民的利益就是损害中国大多数人的利益。特别是农民承担着保障国家粮食安全的重任，只有农民持续增收，农业逐步实现现代化，国家才会长治久安。

（五）利益保障机制

利益一旦产生，就会要求持续维持这种利益，但是如果没有国家法律的支持，这种利益就难以维持。国家法律通过强制性规范将利益实现的义务主体和权利主体进行利益的配置，使权利得以实现。因此，利益要想维持，必须有完善的利益保障机制。而利益保障机制又必须以法律作为基础，所以利益保障机制必须有健全的法律作后盾。首先，当务之急是制定农民利益保护法，以使农民的利益能得到法律的保护，但现在的情况是农民的利益没有法律作为保障，保护农民的法律需要抓紧时间制定、修改，与此相应的是，维护城乡二元体制的旧法应当修改和废除，比如土地管理法和户籍条例，等等，立法机关和其他有立法权的行政机关应当成为维护农民利益的先行者。其次，利益保障机制应当加强对农民的救济权的保护，我国的立法有一个特点，就是对权利主体的救济非常不重视，导致法律的可操作性差，表现在涉农立法上更是如此，村民委员会组织法就是一例。统筹城乡的立法绝不能再重蹈覆辙，立法时应当为农民提供更为充分的、高效的、方便的、适合农民特点的救济，并且要对侵农害农者给农民造成的损失给予完全的救济。

第十章　城乡互动发展背景下农民土地权利的保护

党的十七届三中全会为了推进城乡一体化而提出了一系列农村土地制度的改革措施，其实质是废除城乡不合理的土地剪刀差，树立新的城乡发展观。农村土地改革的目标是破除城乡二元土地体制，建立符合城乡一体化要求的完整的农村土地物权体系，切实保护好农民的合法土地权益。党的十八大报告指出：解决好农业农村农民问题是全党工作重中之重，城乡发展一体化是解决“三农”问题的根本途径。这是在党的文件中首次明确阐述了城乡发展一体化与破解“三农”问题的内在关系，从而显示了其在全面建成小康社会中的重大战略价值。但是，就像著名“三农”学者韩俊指出的那样：在统筹城乡的名义下，一些地方统农村的土地资源多，筹农村的公共服务少；统城市的建设项目多，筹农村的民生工程少，这从根本上背离了城乡一体发展的宗旨。因此，建立城乡互动发展背景下的农民土地权利保护制度是当前的重要内容。

一、城乡互动发展模式

城乡关系是一个涉及范围很广的概念，通常包括城乡经济、社会、政治、生态、科技、观念形态等关系，其中城乡互动是农村与城市之间的一个多维互动过程，它既包括农村的劳动力、资金与土地等经济资源向城市的流动，也包括城市先进的生产力如技术、科技等要素向农村的扩散、渗透和辐射；既包括城市对农村发展的拉动作用，也包括农村对城市发展的促进作用。城乡互动不仅意味着城市对农村的作用，而且也意味着农村对城市的影响；它不仅是农村的发展，而且也是城市自身的发展。

城乡互动发展是指从区域发展角度出发，通过市场机制，使资本、劳动力、物质、信息等社会经济要素在城乡之间、在不同产业之间进行有序流动和优化配置，进而促使城乡经济持续发展。这一城乡之间的互动与关联发展突破了城乡隔离体制下各类社会经济要素在城乡之间的单向流动格局，更有利于改善城乡结构和功能，协调城乡利益和利益再分配，实现城乡生产要素合理配置和城乡经济的持续协调发展。随着经济要素在全球空间的迅速流转，城乡发展要把工业和农业放在平等的位置，要充分发挥城市对农村的辐射和带动作用，发挥工业对农业的支持和反哺作用，促进城乡良性互动、共同发展；城乡发展要突出“以人为本”的理念，要以提高城乡居民的整体素质为出发点，通过城乡关联互动，不断丰富城乡居民的物质和精神文化生活；城乡发展要和区域城市化结合起来，通过区域城市化，实现城乡人口的双向流动、城乡产业结构的优化升级、城乡文化的交流融合；城乡发展要突出可持续性，要合理调控城乡间的人口流、物质流、能量流和信息流，建立可持续发展的城乡区际联系，实现城乡经济、社会的可持续发展[①]。

（一）以城带乡发展模式

20 世纪 50 年代中期，刘易斯首先提出以城带乡发展模式，这是解释发展中国家经济发展过程的经典模式。它主要强调城市的主导作用，把城乡经济联系看成是以城市为中心的、“自上而下”的一种联系，即强调以城市为中心、资源要素从城市到乡村的流动来带动乡村地区的发展，城市的辐射能力越强，其对乡村推动效应越强。

从城乡联系的角度看，这种模式主张以城市为中心的现代工业为国家经济发展的主体，通过城乡联系，城市中的现代工业部门不断地吸收农业中的显性和隐性失业的劳动力，在工资不变的情况下，资本形成和技术进步的结果，将直接促进国民收入中利润份额的提高，把这部分不断用于再投资，可以使发展过程不断地持续下去，直到农业部门的剩余劳动力全部转移到工业部门中来。这种工业部门的利润—积累—投资—工业部门劳动边际产出提

① 段娟，鲁奇．新型城乡发展观系统解读 [J]．农村经济，2005（10）．

高—吸收农村中剩余劳动力的循环周而复始，直到剩余农业劳动力的全部转移。这样，农业劳动力的边际产出开始提高。当工业吸收农业剩余劳动力达到某一水平时，农业部门劳动者的收入与工业部门劳动者的收入相等，在某一工资水平下的劳动力无限供给也结束，经济发展进入现代化阶段。这种城乡互动发展模式具有明显的城市工业倾向，是一种城市工业导向的模式。主要适用于城市发达、农村落后的区域。

然而，一些学者如利普顿不赞成以大城市为中心的、自上而下的“以城带乡发展模式”，还将这一因政府的过分保护政策而引起的不公平的城乡关系称为“城市偏向”的城乡关系。他们认为，发展中国家城乡关系的实质就在于城市利用自己的政治权力，通过“城市偏向”政策使社会的资源不合理地流入自己的利益所在地区，而资源的这种流向很不利于农村的发展；他们还认为，这种城市偏向不仅使穷人更穷，而且还引起农村地区内部的不平等，农村富农与城市集团串通一气把剩余的资源（例如人力资本等）提供给了城市。

（二）以乡促城发展模式

提出以乡促城发展模式的学者较多，其中，最具代表性的学者为托达罗，他认为自上而下的联系使得城市与农村的发展不平衡，这是不公平的。合理的城乡联系，必须是建立在人们基本要求得到满足的基础上的联系，而自下而上的发展是直接面对贫困问题的。20 世纪 50 年代和 60 年代，发展中国家农业发展相对落后，其主要原因是对农业部门的忽视，片面强调对城市工业部门的投资，而这种片面的认识在这 20 年中充斥了经济发展的理论和战略。除此之外，托达罗还提出了关于发展农村的政策性建议：加强农村的综合发展与综合建设，包括重视农业发展，积极发展农村的非农产业，加强农村基础设施的建设，改善农村人口的生活环境和生存条件；缩小城乡之间就业机会的差别，减轻城乡收入不平衡性。显然，这种模式适用于农业基础条件好、农业较发达的区域。

（三）城乡融合发展模式

1989 年，麦吉教授提出了 Desakota（城乡融合）的概念，这一概念被用来表示在亚洲大城市之间交通走廊地带的农村地区所发生的，以劳动密集型工业、服务业和其他非农产业的迅速增长为特征的，商品和人流相互作用十分强烈的发展过程。其着重点不在于城乡区别，而在于空间经济的相互作用及其对聚居形式和经济行为的影响。Desakota 区域，既与传统意义上的农村不一样，也与通常意义上的城市不一样，既不是农村，也不是城市，但同时具有这两种社会的特征。这种空间形态是城乡两大地理系统相互作用、相互影响而形成的一种新的空间形态，是从城乡联系与城乡要素流动的角度，研究社会与经济变迁对区域发展的影响。

严格来讲，Desakota 是指乡村城镇化过程，这种城乡边缘区 (它不仅包括大城市郊区、交通线路沿线地带，也包括农村地区的乡镇企业聚集区) 的形成，是城市和乡村这两种社会共同作用的结果，但归根结底是社会经济发展的结果。因此，这种模式不同于自上而下的联系模式，也不同于自下而上的联系模式，因为传统意义上的乡村与城市都是相对封闭的空间概念，而在城乡相互作用与相互联系的基础上达到整合状态时所产生的区域——城乡交融系统，却形成了一种独特的城乡联系模式。

这种发展模式适用于大城市的近郊区或城市群的覆盖区，这些区域主要有这样的特征：人口密度很高；居民的经济活动多样化，既经营小规模的耕作农业，也发展各种非农产业，且非农产业增长很快；土地利用方式高度混杂，耕地、工业小区、房地产经营等在此区域内同时存在；人口流动性很大，大量的居民到大城市上班以及从事季节性帮工；基础设施条件好，交通方便。

（四）网络化发展模式

网络化是区域内形成维系城、镇、乡网络系统共生共长的一个空间过程，城乡一体化侧重的是结果，而城乡网络化则更强调过程，是区域性城乡经济联动发展的空间过程。网络一般由域面、节点和轴线三部分构成，在城乡网络系统构成里，域面指均质区的乡村地区，节点指城镇，轴线指能产生各种联系的通道如交通、通信等线路。在一个健全的网络中，没有轴线的联系功能，就不能实现城乡之间的物流、人流、信息流的相互交往。也就不能形成相互间的经济联系。城乡网络化结构要通过各种载体的传递功能，促进要素的合理流动。进而形成复杂的网络结构。另外，要发挥网络的功能。必须提高节点的位势和扩张力，提高域面的承接能力、消化能力和反馈能力，提高农业、工业的生产水平与技术含量。这种模式适合于许多区域的经济发展，因为区域在经济系统中并不是孤立的，而是一个空间发展关系的集合过程。一定区域在经济发展过程中，按照城乡网络化发展模式运作，有利于城乡经济要素的自由流动和资源的有效配置，促使城市作用和农村作用有效结合，使区域经济发展进入良性轨道。

以上是城乡互动发展的几种模式，各种模式强调的侧重点不同，但都有一个共同点，即城市与乡村的联系与互动，在空间上都需要有一个连接点或连接区域，有了这种连接点才能发生城乡之间的联系和互动。城市仍然是城乡关系的重点，只不过乡村会受到远多于目前我们所给予的关注。

二、农民土地权利的主要内容

土地制度是农村的基础制度，而土地权利是土地制度的核心问题。土地权利是存在于土地之中的权利组成的权利束，它包括集体土地所有权、土地承包经营权、宅基地使用权和土地抵押权制度等内容。

（一）集体土地所有权

依照物权法的规定，集体土地所有权是指农村集体经济组织，对依法属于其所有的土地所享有的占有、使用、收益、处分的权利。占有、使用、收益、处分是法律上所有权的权能。占有，是指农村集体对土地的实际控制；使用，是指在法律规定的范围内，农村集体可以按照自己的意志使用其土地；收益，是指农村集体可以通过对土地的使用等获得经济利益；处分权，是所有权的核心，决定着土地的归属，如农村集体在符合法定的条件时，可以通过法定的程序将其所有的土地转让给国家。

集体土地所有权的特征有：

第一，集体土地所有权是一种所有权，享有所有权的各项权能，即占有、使用、收益、处分权。根据物权法第四十条的规定，所有权人可以在自己所有的物上设定用益物权和担保物权。例如，农民个人不是土地的所有权人，但农民依然可以使用集体的土地在农村建造房屋，此处农民享有的就是一种用益物权。

第二，集体土地所有权的主体是农村集体。根据物权法第六十条和土地管理法第十条的规定，农村集体包括三种形式，即村农民集体、村以下农村集体经济组织和乡镇农民集体。除此之外，不存在其他的主体。

第三，集体所有的土地包括宅基地、自留地、自留山。此外，农村和城市郊区的土地，除规定属于国家所有的之外，属于农村集体所有。农村集体所有的土地，可以分为两类：一类是农业用地，包括耕地和其他用于种植业、林业、畜牧业和渔业生产的土地，也包括为农业生产服务的水库等配套设施用地；另一类是非农业用地，包括宅基地、乡镇公共设施用地等。

（二）土地承包经营权

土地承包经营权就是公民集体对集体所有或国家所有由全民所有制或集体所有制单位使用的国有土地的承包经营权。该项权利的权利主体为公民或集体；权利客体为集体所有土地或国家所有由全民所有制单位或集体所有制单位使用的国有土地；权利内容由合同约定。

承包经营权就是承包人（个人或单位）因从事种植业、林业、畜牧业、渔业生产或其他生产经营项目而承包使用、收益集体所有或国家所有的土地或森林、山岭、草原、荒地、滩涂、水面的权利。其特征在于：

第一，承包经营权是存在于集体所有或国家所有的土地或森林、山岭、草原、荒地、滩涂、水面的权利。

第二，承包经营权是承包使用、收益集体所有或国家所有的土地或森林、山岭、草原、荒地、滩涂、水面的权利。

第三，承包经营权是为种植业、林业、畜牧业、渔业生产或其他生产经营项目而承包使用、收益集体所有或国家所有的土地等生产资料的权利。

综上所述，承包经营权虽然产生于承包合同，但不限于承包人与集体组织间的财产关系，而是一种与债权具有不同性质的物权，并且也是传统民法的物权种类所不能包括的新型物权。

（三）宅基地使用权

宅基地使用权指的是农村集体经济组织的成员依法享有的在农民集体所有的土地上建造个人住宅的权利。根据我国物权法的规定，宅基地使用权人依法对集体所有的土地享有占有和使用的权利，有权利用该土地建造住宅及其附属设施。

宅基地使用权具有如下特征：

第一，宅基地使用权的主体只能是农村集体经济组织的成员。城镇居民不得购置宅基地，除非其依法将户口迁入该集体经济组织。

第二，宅基地使用权的用途仅限于村民建造个人住宅。个人住宅包括住房以及与村民居住生活有关的附属设施，如厨房、院墙等。

第三，宅基地使用权实行严格的“一户一宅”制。根据土地管理法的规定，农村村民一户只能拥有一处宅基地，其面积不得超过省、自治区、直辖市规定的标准。

三、我国农村土地权利制度相关问题

（一）宅基地使用权制度存在的问题

1. 相关法律法规不够完善

关于农村宅基地的法律法规文件少，且效力层次低，宅基地的分配、使用在很大程度上依靠规范性文件和地方政策调整，其中关于宅基地使用权流转方面的规范性法规文件则更少。目前，我国尚没有一部调整农村房屋和土地方面的民事法律，而仅仅依靠民法通则、土地管理法中设计的极为有限的规范性规定来进行调整。

其中，1993 年颁布的《村庄和集镇规划建设管理条例》虽规定了建房的程序和审批权限，但对宅基地的流转和纠纷问题的解决尚未作出规定。为加强对农村宅基地的管理，国务院于1990年批转了国家土地管理局《关于加强农村宅基地管理工作的请示》，对宅基地审批管理、规划管理、用地标准管理及开展宅基地有偿使用试点等作出了明确规定，但对宅基地的流转和登记发证并未作出规定。另外，尽管部分地方制定了相关的宅基地管理方法，但由于各地宅基地管理政策内容上的不统一，且有的地方的管理办法不够规范，加上各地管理力度上的差异，宅基地的管理效果差异很大。2004年11月，国土资源部出台了《关于加强农村宅基地管理的意见》，该文件仅仅只是从土地规划、宅基地计划管理、申请报批程序、审批管理办法及农村土地集约利用等方面对全国宅基地管理提出了指导性意见，但对宅基地使用权流转作了限制性规定，并研究城镇居民在农村购置宅基地，严禁为城镇居民在农村购买和违法建造的住宅发放土地使用者。这一禁止性规定不符合中国城市化和经济发展要求，不符合城乡一体化的社会发展规律，且以部门意见的形式出台，法律效力较低。

2. 宅基地流转面临体制性障碍

我国实行国家所有和集体所有的城乡二元土地所有制，在现行城乡分割的二元体制下，农村集体建设用地包括农民宅基地的市场流转面临着体制下制约，宪法、土地管理法均对农民宅基地的流转作出限制性规定。但因经济利益驱动、农民与市民需求互补、农村景观和生态吸引力等原因，宅基地买卖、出租、抵押等形式流转已大量存在，形成了以自发流转为特征的农民宅基地隐形市场。由于宅基地流转长期处于隐蔽状态，交易大多属于暗箱操作，且有关流转的法律法规滞后，对宅基地流转的条件、范围、方式、期限、收益分配及流转后土地产权关系调整等方面缺乏法律法规性的规范和指导。最终，宅基地隐形交易加剧了土地权属的混乱状况和产权纠纷，给土地权属管理造成了很大障碍，增加了土地管理的难度。

在司法实践中，在审理有关农村宅基地使用权流转的案件时，往往存在不同的做法，其中最为常见的有：第一，针对房屋和宅基地一并转让的情况，一律依据《中华人民共和国土地管理法实施条例》第六条“依法改变土地的所有权、使用权的，因依法转让土地上建筑物、构筑物等附着物导致土地使用权流转的，必须向土地所在地的县级以上人民政府土地行政管理部门提出土地变更登记申请……”的规定，判决认定其转让有效。第二，针对单纯买卖宅基地使用权的情况，法院的判决就出现了很大的分歧。部分法院认为法律没有明文规定农村宅基地使用权可以转让买卖，认定转让行为无效；部分法院却认为当前中国法律没有禁止农村宅基地使用权的流转买卖，从而认定该转让行为有效；更有甚者是直接回避这个法律没有明确规定的问题，转而用民事合同法上的合同法律关系来认定转让合同是否有效，从而确定该宅基地使用权的转让是否有效[①]。

（二）集体建设用地使用权制度存在的问题

1. 立法观念存在偏差

由于经济发展水平的局限、既有的法律观念和立法传统的制约、欠缺立法计划的推动等诸多方面的原因，在民法理论和民事立法领域，物权法理论和物权立法一度成为最欠发达、最不完满的部分[②]。为使土地利用的方式制度化、法律化，法学学者们积极地参与改革先行土地承包经营权制度的讨论。部分学者认为，由于土地承包经营权制度在理论上未来得及深入研究，且其法律性质也未予以明确，加之在制度建构方面又欠缺系统的安排，故该制度在实践中表现为“先天发育不足，后天发育不良”。因此，国家在今后一个时期的任务主要是稳定农村土地承包经营关系，其中关键是强化赋予农民长期而有保障的土地使用权及转让权的政策和法律制度。

在农村土地法律制度变革中，应该坚持从“所有”为中心向以“利用”为中心转化。在物权法强调制度建构体现物的“利用”的发展趋势下，即物权法中财产权利的中心逐渐由“所有”向“利用”转变的情况下，也许更加重视对农村土地使用权的关注更有实际意义[③]。从“归属”到“利用”的物权法理论研究观念，虽然为我国农村土地利用权制度的发展提供了理论指导，

① 泛崇敏，孙朴．农村宅基地使用权流转论 [J]. 海南大学学报，2006（2）.

② 刘保玉．物权法体系——中国物权法上的物权类型设计 [M]. 北京：人民法院出版社，2004.

③ 张广荣．我国农村集体土地民事立法研究论纲——从保护农民个体土地权利的视角 [M]. 北京：中国法制出版社，2007.

客观上也促进了农村土地利用权法律规范的完善，但其却在无形中对集体土地所有权制度的建构起到了相当的阻碍作用。集体土地所有权理论研究的缺乏，使其主体制度的建构失去理论支撑，从而不可避免地导致集体土地所有权主体制度的完善驻足不前。

2. 所有权主体内涵模糊

按照我国宪法规定，集体土地所有权的主体是“集体”。“集体”是一个含义宽泛而无精确内涵的概念，其意指许多人合起来的有组织的集体。

法律作为一个专门的知识部门，法律中的术语是一个很重要的问题。法律术语应该最准确地把法律思想表达出来[①]。然而，作为农村土地所有权之主体的“集体”又是一系列政治运动的产物，其创制之初就没有遵循法律的制度逻辑。因此，“集体”不是严格的法律术语。尽管集体土地所有权是一种民事权利，但是作为该权利主体的“农民集体”却难以在我国法律制度中进行准确定位。“农民集体”是何种性质的民事主体在民法学界存在不少争议。通常，民法学者在研究中总是有意无意地将“农民集体”排除在“其他组织”之外。我国包括宪法在内的所有法律都未明确“集体”的法律内涵，“集体”这一概念在现实中找不到对应的载体，在实际运行中也很难充分发挥所有者职能[②]。因此，农地所有权制度本是为了保护农民对土地的利益而设，但由于其在主体构造上存在致命缺陷，即真正的权利主体难以按照自己的意志，在法律规定的范围内自由支配其所有物，行使其所有权，由此带来的是农地所有权制度的整体失效[③]。

（三）土地承包经营权制度存在的问题

1. 继承问题上存在缺陷

依农村土地承包法之规定，耕地的承包经营权是不可以继承的，可以继

① 吴大英，任允正等．比较立法制度 [M]. 北京：群众出版社，1992.

② 邵彦敏．“主体”的虚拟与“权利”的缺失——中国农村集体土地所有权研究 [J]. 吉林大学社会科学学报，2007（4）.

③ 束景凌．试论农村集体土地所有权主体不明确之克服 [J]. 中共中央党校学报，2006（3）.

承的是承包收益，而林地的承包经营权可以在承包期限内“继续承包”。许多学者也都认为法律应当确认土地承包经营权的继承制度。因为“不允许土地承包经营权继承的做法与其独立物权这一财产权利的属性不相符”[①]。

土地承包经营权可以依法流转与不可继承的法律规定之间存在事实上的冲突，“当家庭最后一个成员死亡前，将土地以转让的方式流转给第三人的话，实际结果与允许耕地和草地承包经营权继承没有任何区别。故法律上限制或禁止耕地或草地承包经营权继承不合理或不科学”[②]。随着农村高龄务农人员的离世，农村土地承包经营权的延续已经是我们不得不马上面对的问题。因此必须对农村土地承包经营权的继承制度重新审视，并作出明确的且既有操作性又符合社会现状的规定。

2. 流转程序上存在缺陷

进入 21 世纪的中国农村，农民尤其年青一代在对待土地流转问题的态度也不同于传统意义上的农民。表现在：他们对于土地的依恋之情不像其父辈那样深；他们更愿意通过流转的方式把自己的土地转包和出租出去；他们在流转时也更注重书面合同的签订，而对于流转价款的要求不是太苛刻，但是更追求流转的高效。然而，我国现行法律中流转的相关规定增加了流转的时间和精力成本，因而阻碍了流转的效率。

《中华人民共和国农村土地承包法》以及《农村土地承包经营权流转管理办法》第十一条和第二十五条都规定了农村土地承包经营权流转时，承包人和受让人的备案和申请同意的备案以及转让的申请。《中华人民共和国土地管理法》第十五条中规定了农民集体所有的土地由本集体经济组织以外的单位或者个人承包经营时的民主议事和报乡（镇）人民政府批准的程序。然而从社会现实分析，我们发现法律条文中的民主议事、备案、报告和审批程序只能增加交易成本且不具有操作性。

现如今在广大农村，随着农业从业人员素质的普遍提高，绝大多数民众的法律意识已经在逐渐增强。在笔者调查采访的村镇，几乎所有的土地流转

① 张平华，李云波，张洪波. 土地承包经营权 [M]. 北京：中国法制出版社，2007.

② 潘锋. 农村土地承包经营权的几个问题研究 [D]. 苏州：苏州大学，2008.

（除亲属之间的代耕）都会签订土地流转协议。但是，同时我们也发现，几乎没有哪个村在土地流转时向村集体内部成员进行公示。村集体备案和批准往往也只针对土地转让，尤其是将本集体土地转让给外村村民供其用作建设用地时。出租、转包等基本上都不会经过集体组织同意，也不会有集体组织备案。

3. 纠纷解决机制存在缺陷

物权法对土地权属争议的主管没有明确界定，有学者认为“可以包括行政机关”①。依《土地权属争议处理暂行办法》则完全由行政机关主管，当事人对人民政府的处理决定不服的话只能申请行政复议或者提起行政诉讼。然而，绝大多数的当事人对行政复议和行政诉讼的程序不了解也缺乏信任，且在现实中也很难胜诉和执行。可见，在农村土地承包经营权纠纷解决机制的制度设计之初，就存在过多的行政干预，这种现象现在依然没有改变。虽然行政调解和处理途径有着诉讼途径不可比拟的高效性，但是过多地对行政权力的倚重，一方面在客观上就造成了行政权对司法权的僭越，另一方面在事实上剥夺了权利人对权利维权途径的选择的权利。

此外，现行农村土地承包经营纠纷的解决机制下，法院在受案范围上存在模糊地带，这在一定程度上就为某些法官推脱案件受理找到了借口。于是许多涉及农村土地承包经营权纠纷的案件被挡在了法院大门之外，这无疑限制了权利人的权利救济途径。

（四）土地征收征用制度存在的问题

1. 土地征收的补偿范围过窄

我国土地管理法第四十七条规定：“征收土地的，按照被征收土地的原用途给予补偿。征收耕地的补偿费用包括土地补偿费、安置补助费以及地上附着物和青苗的补偿费。”《土地管理法实施条例》第二十六条对农地征收补偿费的归属作出了明确的界定：“土地补偿费归农民集体经济组织所有；地上附着物及青苗补偿费归地上附着物及青苗的所有者所有。”尽管国家在

① 黄松有.《中华人民共和国物权法》条文理解与适用 [M]. 北京：人民法院出版社，2007.

2004年土地管理法修改后又出台了一系列关于农地征收补偿方面的政策和措施，在对农地补偿费的发放和使用上作出了适当的调整，但是，在农地征收补偿范围的问题上始终没有发生变化。换言之，我国对农地征收进行补偿的项目有土地补偿费、安置补助费、地上附着物和青苗的补偿费。其中，根据《土地管理法实施条例》第二十六条规定："安置补助费支付给农村集体经济组织，由农村集体组织管理和使用；由其他单位安置的，安置补助费支付给安置单位；不需要统一安置的，安置补助费发放给被安置人员个人或者征得安置人员同意后用于支付被安置人员的保险费用。"这样只有当失地农民不需要统一安置时，安置补偿费才归失地农民所有。从上述法律条文上看，我国对于土地征收补偿的主要特征是：以被征收土地带来的直接损失为最大范围的限度，以原用途给予补偿原则为最大限额标准，国家对农地征收补偿费制订强制性的分配方案，以货币补偿为主要补偿手段①。

我国宪法和土地管理法以及物权法，都没有明确地提出和规定土地征收补偿的原则，这直接制约着我国土地征收补偿范围的确定，也是我国长期以来土地征收补偿范围过窄的主要原因所在。

2. 土地征收的补偿标准不合理

土地征收补偿标准问题是农地征收补偿乃至整个农地征收制度中的核心问题。如何确定该土地的价格，确定的补偿数额是否合理，对失地农民来说至关重要。我国现行农地征收补偿标准的法律规定主要集中在土地管理法第四十七条，即征收土地的，按照被征收土地的原有用途给予补偿。其中，征收耕地的土地补偿费，为该耕地被征收前3年平均年产值的3—10倍。征收耕地的安置补助费，按照需要安置的农业人口计算。但是土地补偿费和安置补助费的总和不得超过土地被征收前3年平均年产值的30倍。

我国现行农地征收补偿标准既不是土地价格，也不是土地使用的租金。其核算依据仅仅是农地产值，实现的是农业用途下的收益，并未体现土地的潜在收益和利用价值，没有考虑土地对农民承担的生产资料和社会保障的双

① 宋才发，等. 西部民族地区城市化过程中农民土地权益的法律保障研究 [M]. 北京：人民出版社，2009.

重功能，更没有体现土地市场的供需状况，这是不符合市场经济规律的。另外，失地农民的补偿标准不仅没有合理地体现农地的区位差异以及各地不同的经济发展水平，更没有真正体现土地对农民的生存保障的价值。农地征收后，由于失地农民的农业收入降低，有的甚至为零，这不仅影响失地农民的日常生活消费水平，还影响失地农民家庭教育文化方面的支出，而这部分补偿目前往往不被考虑，这实际上是对农民发展权的一种忽视。

3. 土地征收的补偿程序不完善

尽管我国现行法律法规对农地征收行政行为制定了一系列的规范，但是农地征收及其补偿行为在程序上存在着许多不足，严重限制或者剥夺了失地农民的合法权益。

首先，被征地农民缺乏表达自己意见的机会和有效渠道。在土地征收过程中，自土地部门同意征收机构受理后，与征地的乡镇、村协商土地补偿、劳力安置等有关事宜，签订“征地协议书”，这份协议书是办理土地报批手续的不可或缺的要件之一，只有当征地手续齐全并经政府部门批准之后，征地过程才得以实施。从立项征地伊始到征地行为实施，在众多的参与行为主体当中，唯独没有与征地行为有着切身利益的农民的参与。在实际操作中，村委会作为农民的代言人参与征地程序，农民个体被掩藏于村集体的名义之下而缺乏独立性，村委会的利益和农民个体利益并非完全一致，往往出现“代言人偏差”现象①。

另外，被征地农民没有机会参与征地补偿标准的确定。尽管土地管理法第四十八条规定，在“征地补偿安置方案确定后，有关地方人民政府应当公告，并听取被征地的农村集体经济组织和农民的意见”。但征地补偿标准大都由征地主管部门确定，即便是实行征地听证制度，参与听证的对象也只是政府部门、乡镇及村集体，农民个人的利益诉求很少得到反映。即便农民对农地征收以及补偿有意见，即便这种意见能够在听证会上得以充分的表达，但是由于缺乏实质性的可操作规程，缺乏听证意见采纳、反馈的监督机制，

① 李一君，张友琴. 城市化土地征用过程中农民自主性缺失问题研究 [J]. 中共福建省委党校学报，2004（10）.

农民反映的意见往往也是不了了之或根本就没有下文。

四、城乡互动发展背景下农民土地权利的保护路径

一个国家土地制度的形成与其社会发展的需要密切相关。解决好农民土地问题是建立农村和谐乃至整个社会和谐的基础。土地法律制度并不是一成不变的，应随经济社会发展而不断完善。一个良好的土地制度的实施，必须在遵循市场经济规律的前提下，并以适合本国国情的制度体系作保障。

（一）保护农民土地权利的灵魂是树立新的城乡发展观

城乡一体化和农地新政的主要任务是打破城乡二元结构。在二元结构之下，市民和农民同命不同权（同样生活在中国却有不同的政治、经济、社会权利），同工不同酬，在这种体制下，农业支持工业，农村支持城市，市民享有完全的公民权，而农民的部分权利缺失。党的十六大以来，党中央高度重视“三农”问题，把解决“三农”问题当成全党工作的重中之重，作出我国总体上已进入“以工促农、以城带乡”发展阶段的重要判断，制定和实行了“工业反哺农业、城市支持农村”的政策措施，确立了“多予、少取、放活”的方针。为了彻底打破二元结构，我们应当树立新的城乡发展观：即涉及城乡关系时要首先维护农村的利益，涉及工农关系时要优先保护农业的利益，以彻底扭转农民的弱势地位，尽快形成城乡一体化的新格局。

为什么要树立新的城乡发展观呢？目前我们正在大力推进的城乡统筹在实际运作中是什么状况呢？据调查，在一些地方，所谓的“城乡统筹”“农民变市民”“推进城乡一体化”“农村土地和整治治理”等，往往是万变不离其宗，是当地政府为了便利地控制农村土地，廉价地从农民手里并吞土地①。也就是说，中央的统筹城乡的方针政策，在一些地方走了形、变了样，明明是在打农民的土地的主意，却使用一些听起来颇为诱人的提法，似乎是这样的政策落实以后，农民占了大便宜，受了大恩惠！著名“三农”学者韩俊尖锐地指出：统筹城乡的名义下，一些地方统农村的土地资源多，筹农村的公

---

① 黄钟. 不能让“户改”成了“城吃人”[J]. 改革内参，2010（11）.

共服务少；统城市的建设项目多，筹农村的民生工程少，这从根本上背离了城乡一体发展的宗旨①。

为了避免重蹈土地剪刀差的覆辙，我们要充分检讨在新时期继续采用旧的二元体制对农民造成的伤害，并痛下决心，转变观念，采用新的城乡发展观。这是农地新政的灵魂。只有树立了新的城乡发展观，我们才能更好地落实农地新政，把握其要旨，更好地促进农地新政的实施，使农地改革朝着正确的方向前进。从实际情况看，这主要应把握好 4 个方面的关系。

第一，克服重城轻乡、重工轻农，真正确立“重中之重”理念。受制于传统观念的影响，不少人认为农业和农村只能是一种落后的产业和区域，随着工业化、城镇化进程的加快，它们在经济总量中的比重会越来越小，对发展业绩、工作政绩的影响也较小，所以无足轻重，不值得花大工夫。其实，这种把农业看作是注定的“落后产业”是不正确的。理论研究和实践中的典型都证明，农业效率水平低主要是投入不足所致，如果像发展工业那样地投资农业，农业照样可以达到同工业一样的效率和水平。再从经济社会发展的整体战略上看，农业和农村发展的重要性绝非仅仅是产出高低、经济效益问题。农业作为一种特殊的产业，它始终是工业和第三产业的发展基础。欧美发达国家第一产业比重小是第一产业高度发达，对第二、第三产业支撑能力强化的结果，而并非是农业水平落后的表现。对于今天的中国来说，没有第一产业的真正发达就不会有第二、第三产业的快速发展，没有农村的全面小康也就不会有全社会的真正小康。正因为如此，党中央一再强调全党上下一定要树立“重中之重”的观念。我们切不可把它当成一个空洞的口号，而是要把其真正地落实和渗透到各项实际工作中。

第二，走出城乡分割，切实做到统筹城乡发展。与长期形成的重城轻乡观念相联系，实际中采取城乡分割部署发展、领导工作分工的问题仍较普遍。甚至是口头上高喊要统筹城乡发展，而行动上依然是就农村安排农村、就城市建设城市。大多数地方的领导分工都是管工业的分管城市、管农业的分管农村，城市与农村分别由两个领导分管，工业与农村、农业与城市互不

---

① 韩俊．“统筹城乡发展”的三大误区 [J]．改革内参，2010（13）．

沾边，“统筹”关系始终难以建立起来。所以，要使统筹城乡发展能够真正地“统筹”起来，一定要形成观念的根本性转变，并在规划发展、部署工作、制定政策、领导分工的整体上加以落实，从而逐步成为经济社会发展中的一种自觉行动。

第三，坚持城乡互动，发挥好两方面的积极性。现在人们比较多地在讲以工促农、以城带乡，其实统筹城乡发展、实现城乡发展一体化是一个城乡之间的互助互利、互促互动发展过程。以工业反哺农业来说，一方面是城市工业对农村和农业的支持；另一方面则是要加快农村自身的工业化进程，使工业成为农民收入增长的重要支点。强调以城带乡，一方面是通过城市工业吸纳农民转移就业和强化城市对农村的辐射带动作用，引领农村经济社会加快发展；另一方面通过农村的发展，给城市提供充足廉价的原材料和农业消费品，并且在农民的致富中开辟更大的工业品消费市场。就城镇化而言，一方面是城市带动农村发展、吸纳农村人进城就业生活；另一方面也是在农民自我创业的基础上，增强农村自身积累能力，让农民就地转变为工人、市民，形成“农村转变城市”式的新型城镇化。

第四，处理好“产”“城”关系，积极稳妥地推进城镇化。城乡发展一体化，在一定意义上说也是一种城镇化路径创新。当农民享有与城里人差不多的生产、生活条件时，他们便成为一种不在城里居住的“城里人”，也就事实上“城镇化”了。这是我们追求“一体化”、创新城镇化路径的实质所在。因而，“一体化”难免要伴随城镇化前进，要充分积极推进农村小城镇建设，而小城镇必将成为“一体化”的成长支点。然而，必须强调的是，小城镇建设一定要依托产业的发展，在产业创新中发展，决不能搞为城镇化而城镇化。现行体制中，城镇化一般是由城建部门分管，而城建部门又不分管经济，也很少研究经济问题，于是往往造成与产业发展割裂，就城建城的现象。这个问题应该引起我们重视。一定要依托工业开发、商贸集市、旅游热点、特色经济、交通枢纽建城、建镇，把产业园区与城镇功能区恰当地结合起来，走“产”“城”结合的城镇化路子。

（二）保护农民土地权利的关键是遵循物权平等原则

物权法第三条明确规定了物权平等保护原则，著名学者王利明教授称之为我国物权法的首要原则，它是物权立法的重要指导思想。这意味着，所有不同类型主体所享受的物权都可排除他人的非法侵害，同时也都受到法律的同等保护。但在物权法颁布之前，学术界就物权法是否应当规定物权平等保护发生争议。西方的民法理论基本不涉及物权平等保护理论，因为民法调整的对象是平等主体间的民事关系，而物权法是民法的组成部分，物权不平等保护倒是奇谈怪论了。但在中国，由于存在三种所有制和所有权，就有必要明确对三种所有权是一视同仁，还是区别对待。最终物权法确立了平等保护原则，这并没有错。并且，这个原则也是经过近些年来学术界和实务界的激烈争议后中央力排众议才确立的，实属来之不易。《中共中央关于推进农村改革发展若干重大问题的决定》出台之后，我们就应当更进一步，承认物权的平等原则。

物权平等原则首先是指物权主体地位平等，这是民法平等原则的必然要求；其次是指同类物权其权利内容应当平等；最后是物权受到侵害时应当受到同等保护。也就是说，物权平等原则包括物权平等保护原则。目前存在问题最多的是第二个方面，即同类物权其内容应当平等，这本是不言自明的公理，但在我国土地法律中并非如此。比如，我国有两种土地公有权，它们是两种平等的土地制度，具有平等的权利。因为国家土地所有权和集体土地所有权之间，不存在隶属或派生的关系，也不存在等级差别。可是在我国现行法律中，国家土地所有权和农村集体土地所有权的权利内容上就不平等，农村集体土地的所有权主体拥有占有、使用和收益权，但是没有完整的处分权，而处分权是所有权的标志，没有处分权的所有权不是真正的所有权。虽然所有权在现代民法中受到很多限制，但这与所有权中不包含处分权是两码事。王泽鉴教授曾引用德国联邦法院的判决说："所有权是一种根本性的基本权。将所有权作为法之建制，有助于确保此项基本权。个人的基本权系以所有权法律制度作为前提。若立法者以名不副实的所有权取代私有财产时，则个人基本权将无法获得有效的保障。"几十年来我国集体土地所有权的变迁印证了这一观点。

其他物权方面，物权法承认农村集体土地使用权、宅基地使用权和土地承包经营权是用益物权，从物权法理论上讲应该是可以抵押的。但在中国，除个别的如“四荒”土地使用权之外大部分都不可以抵押。

由于同类物权在权利上不平等，所谓的物权平等保护原则失去了应有的价值，可喜的是，《中共中央关于推进农村改革发展若干重大问题的决定》（以下简称《决定》）指出，要逐步实现集体土地和国有土地同权、同利，要逐步建立城乡统一的建设用地市场，对依法取得的农村集体经营性建设用地，必须通过统一有形的土地市场、以公开规范的方式转让土地使用权，在符合规划的前提下与国有土地享有平等权益。《决定》强调，要依法保障农户宅基地用益物权。《决定》还指出，农村金融是现代农村经济的核心。要扩大农村有效担保物范围。有人称《决定》是第三次土改，笔者认为，《决定》提出了城乡一体化的新思维，提出了农村土地改革的目标，就是要逐步实现城乡土地同地、同权、同利，这就是说，要使农村集体土地和国家土地一样享有平等的物权权能。物权平等的最大受益者将是农民。

调查表明，新中国成立以后我国农村土地制度的多次变更使农民对土地产权认知很模糊，政府公权力介入过深使土地上的私权利岌岌可危。农村物权观念普遍淡漠，主要表现在：

农地物权主体混淆。根据学者实地调查的结果显示，农民认为土地属于国家的人数是最高的，认为是属于村集体的人数则居其次，认为属于村民小组或个人的寥寥无几。而这与国家的制度安排是差距很大的，事实上，农村土地的95%以上的所有权是属于村民小组的。不过，在经济发达的地方和土地确权发证积极的地方，农民农地认知为国家的比例非常低[①]。这说明农村土地执法的状况和物权普法状况与农民的物权意识有很大关系，也和政府如何处理公权力和私权利（比如征地）有很大关系。

农地物权的认识错误。中央为了赋予农民长期稳定的土地承包物权，多次强调“增人不增地、减人不减地”，但有些农民甚至农村基层干部对此不

① 高飞．集体土地所有权主体制度运行状况的实证分析[J]．中国农村观察，2008（6）．

赞同，原因是农村居民普遍缺乏社会保障，农民和农村干部缺乏物权观念。更有甚者，在一个实行土地股份合作制的地方，由于“生不增、死不减”，所以长期没有调整股权，社区内部股权分配收益差别日益显著，主张按照家庭人口重新调整基本股的村民越来越多，村民委员会选举形成两派，以承诺调整股权作为竞选纲领的“在野派”最终获胜。这里存在的矛盾是当村民多数决议原则和国家法律相冲突时，村民决议有效还是无效？当事人的物权如何保障？这是今后相关法律修改时应当解决的问题。

农民物权观的模糊和淡漠已经成为农民土地权利保护的思想障碍。当前应当加强物权法的执法工作，加快农村土地确权、登记和发证工作，并在农户的土地证上明确农户对集体土地所有权享有成员权，这从土地发证工作执行得比较好的地方可以看出，这样有利于提高农民的物权意识和提高乡村干部的物权意识。

（三）完善农村宅基地使用权流转制度

农村宅基地管理体制改革的方面是，坚持农村宅基地所有权与使用权的分离，在保留集体建设用地所有权不变的前提下，充分发挥市场机制与计划调节的双重作用，实行农村宅基地有偿使用和转让；为打破城乡分割的二元土地使用制度，统筹城乡发展，推动城镇化进程，提高土地资源利用效率，保障农民的合法权益，促进农村社会的可持续发展；建立合理的农村宅基地流转制度，并建立与之相适应的宅基地市场体系，促进农村宅基地的集约高效利用[①]。

1. 加强农村宅基地立法体系建设

现行法律制度的设计缺陷是农村宅基地问题产生的根本原因，对现行的农村宅基地法律制度进行完善和创新，才是解决现存问题的根本出路。针对目前农村宅基地制度的立法滞后且法律效力低，以及新形势下出现的一些新情况新问题，应加强宅基地立法体系建设，尽快出台农村宅基地管理条例、集体建设用地流转管理办法及土地登记条例等。通过出台农村宅基地管理法

① 韩俊．中国农村土地问题调查 [M]. 上海：上海远东出版社，2009.

规，对农村拥有宅基地的标准范围、规划利用、产权关系等作出专门的法律规定。在农村范围内对农村宅基地进行总量控制，如果需要在新的地方增加宅基地的时候，就必须将以前的宅基地回收，并且变成耕地或进行流转，做到宅基地总量不变，以保护我国宝贵的土地资源。除此之外，还应当对现行有关法律法规进行清理与修改，并及时将正在实施且已证明有效的有关的准法规、准规章上升为正式的法规及规章。

2. 建立农村宅基地有偿使用制度

现行农村宅基地无偿使用制度对宅基地的乱占滥用缺乏经济约束。城市土地有偿使用制度与农村土地集体所有一级无偿使用制度在政策上的差异，为农村土地隐性市场提供了市场动力。宅基地有偿使用制度有利于农村土地产权制度的确立，使集体所有权在经济上得到实现，从而促进农村土地资源的市场配置，推进农村隐性市场的公开化和规范化，加快农村土地制度改革。宅基地有偿使用制度可以打破传统的宅基地使用的行政区域界线，推动农村村民住宅建设逐步向小城镇和中心村集中。考虑到全国农村经济发展和农民承受能力的差异性，农村宅基地的有偿使用制度宜循序渐进地推进，可先在直辖市及沿海城市等发达地区推行，待条件成熟时再在全国实行。

3. 建立农村宅基地使用权流转制度

建立农村宅基地使用权流转制度，应当参照土地承包权的改革方向，调整农村宅基地的产权设置；确定每一块宅基地的长期使用者，并依据规划新增或缩并宅基地面积；建立健康有序的农村宅基地流转市场，允许农村宅基地在城乡居民间自由流转，彻底打破城乡二元分割的土地利益机制；进一步开展长三角、珠三角、环渤海等发达经济带周边的农村宅基地流转研究，探索建立与农村宅基地合法流转相配套的财税体制和集体土地产权制度等。

应当明确农村宅基地流转的形式包括买卖、租赁、抵押等。鉴于宅基地承载的社会功能和土地资源的稀缺性，为防止滥用宅基地使用权流转来牟取不法利益，对其进行适当的限制是必要的。这种限制主要体现为，在坚持“一户只能申请一处宅基地”的原则下，转让了宅基地使用权的农户，不得再申请新的宅基地；坚持用途管制原则，明确禁止买受人擅自将宅基地改变为商业用地，谨防利用宅基地进行房地产开发等商业投机活动；允许城镇居民在农村购买住宅，但应规定城镇居民在农村购买住宅面积的最高限额，并开征房产税、土地保有税等，以防止农村土地资源的分配不公，减少土地资源的浪费，提高土地资源的利用效率。

4. 建立合理的宅基地流转收益分配机制

合理的土地流转收益分配机制是产权主体流转的内在动力，是土地流转制度建设的关键环节。农村宅基地流转收益分配涉及政府、集体土地所有者、使用者三者的利益关系，必须正确处理。要完善农村宅基地流转收益的收取、分配、管理及支出等各个环节的管理，确保其取之于地，用之于民。根据马克思的地租理论，绝对地租归所有者，级差地租Ⅰ归政府，级差地租Ⅱ归投入者。按照收益的初次分配基于产权的原则，宅基地流转中的流转收益即绝对地租应归集体土地所有者，这就需要建立地、房分别独立的核算体系。因国家投资的各类公共基础设施等产生的土地增值即级差地租归政府，但从鼓励农村宅基地流转角度考虑，国家不宜直接收取，应以不动产税、土地保有税及土地流转税等税收形式分享土地级差收益。这种分配方式有利于土地收益分配额度的量化。收益再次分配即级差地租Ⅱ应归宅基地使用权人，用于对地上房屋投资的补偿。

（四）完善农村集体建设用地流转制度

尽管集体土地所有权制度受到了社会各界的重视，并在我国法律中有明确规定，但是从其在农村社会的现实运行状况来看，该制度的功能没有得到充分发挥，也未能被广大农民所准确理解和接受，其存在着较为严重的缺陷。笔者认为，在当前农村土地法律制度的变革过程中，完善集体土地所有权制度具有急迫的现实意义。就集体土地所有权制度面临的现实困境来看，该制度的完善应当坚持如下基本思路。

1. 转变立法观念，强调集体土地制度以所有权为中心

在物权理论研究中，虽然主张以物的“利用”为中心代替以物的“所有”为中心是一股强大的思潮，其符合在社会主义市场经济条件下，物权的静态权的特点正在减弱，动态化的倾向更加明显的趋势，但这一观点仍然有待商榷。就我国具体国情而言，尽管我国于 1978 年改革了农地利用方式并

实行了承包经营责任制，但目前承包经营权已经发挥了最好的效用。此时，集体土地所有权中存在的弊病逐渐暴露出来。

当前，我国农村土地法律制度的完善不是通过强化土地承包经营权的物权性就能解决的问题。有学者认为：我国现行农地制度对农户行为的制约不是由于家庭经营所致，而是由于这一制度的合约结构中内含的制度提前正在成为侵蚀农户对土地的使用权和收益权的重要因素。这里所指的制度前提就是法学界关注的使用权问题。因此，所有权回归是我国土地产权制度的世纪走势①。同时，必须注意到用益物权的种种理论与规则皆是围绕所有权问题而顺利展开的，在法律手段与观念上它只是充分肯定了财产的多元化、多层次利用的必要性，为物质财产给社会创造更多的财富、发挥更有效的作用提供了良好的环境，对发展市场经济大为有益②。但也不能够因此得出物权法应以用益物权（即物的利用）为中心的结论。在当今完善用益物权制度的过程中，必须把“利用”的价值取向放在适当的位置。在我国今后的物权制度中，自然不能再强调所有权的绝对性，但对所有权的尊重仍是建立用益物权的必要前提，对财产归属的强调仍然具有重要的现实意义③。因此，我国集体土地所有权立法还是应当以作为财产利用基础的所有权为核心。

2. 重构主体制度，明确集体土地所有权的私权性

当前，尽管农村土地法律已经比较完备，但政策对于集体土地所有权制度的调控仍然没有真正退出舞台。时至今日，行政对私权利的侵害在集体土地所有权制度中表现得依然十分明显，该情形剥夺了法律的勃勃生命力，使中国农地法律制度软弱而缺乏权威，并影响了其实施效力。而作为集体土地所有权主体的“农民集体”未能符合民事主体的法律构造，无疑为公权力的入侵提供了诸多便利，因为正是在“农民集体”不具备民事主体的法律结构，且缺乏行使土地所有权之法律机制的情况下，村民委员会作为集体土地所有权的行使主体才牢牢掌控了集体土地所有权的运行。

---

① 陈小君，等. 农村土地法律制度的现实考察与研究：中国十省调研报告书 [M]. 北京：法律出版社，2010.

② 陈小君. 论传统民法中的用益物权及其现实意义 [J]. 法商研究，1995（4）.

③ 梁慧星. 中国物权法研究 [M]. 北京：法律出版社，1998.

对作为集体土地所有权主体的“农民集体”以民事主体理念予以构造，是避免公权力入侵集体土地所有权制度运行领域的主要途径。因此，加强对集体土地所有权主体制度的立法研究，尽快以民事主体理论为基础对“农民集体”进行民法构造，并将“农民集体”真正纳入农民主体的范围，使“农民集体”切实具备行使土地所有权的法律机制，从而完全剥离村民委员会行使集体所有权的职能，是集体土地所有权恢复私权品格的主要手段，也是将行政权挤出集体土地所有权制度领域的基本前提。同时，“农民集体”的民事主体资格的确立可以淡化集体土地所有权制度的公法性，并在一定程度上抵御行政权对集体土地所有权主体利益的剥夺，减少甚至避免集体土地所有权制度在运行中出现不必要的行政干预。

3. 完善土地登记制度，明确农民集体的土地归属

物权是一种支配权，具有绝对排他的效力，其得丧变更须有足够由外部可以辨认的表征，始可透明其法律关系，减少交易成本，避免第三人遭受损害，保护交易安全。此种可由外部辨认的表征，即物权变动的公示方法[①]。参照各国经验，物权公示方法因动产物权或不动产物权而相异，其中不动产物权的公示方法为登记，动产物权的公示方法为占有（交付即占有的移转是动产物权变动的公示方法）。集体土地所有权为不动产物权的一种，对其应当采用登记的公示方法。在我国，土地登记主要是作为确定地籍的方法和手段之一，以致实践中不少人认为土地权利登记只是土地管理部门管理土地实物的行政工作之一。由此看出，土地权利登记的法理根据仅仅是国家对行政事务的主权和国家根据部门分工原则进行的行政管理[②]。这一观念与物权角度对土地权属登记制度的设计完全不同。

根据宪法规定，任何组织或者个人不得侵占、买卖或者以其他方式非法转让土地。因此，从保护交易安全来看，集体土地所有权登记的制度功能较弱。尽管如此，集体土地所有权登记对于物权法上的权属公示与确权仍然具

① 王泽鉴. 民法物权：通则·所有权 [M]. 北京：中国政法大学出版社，2001.
② 孙宪忠. 论物权法 [M]. 北京：法律出版社，2001.

有重要意义①。一些省份因政府部门积极进行农村土地确权并加速发放土地所有权证，集体土地的权属状况十分明晰，农户对集体土地的归属较少出现认知上的错误②。可见，集体土地所有权在登记后，将具有使社会公众信其正确的法律效力，从而有助于农户准确地认知作为集体土地所有权主体的“农民集体”，方便农民积极参与该“农民集体”的决策及利益共享。

（五）完善农村集体土地征用制度

土地征收、征用制度在整个农村土地制度中占有举足轻重的地位，是整个农村土地制度有效运行的关键一环。同时，中国城市化进程的推进和社会主义新农村建设的展开，必然对土地征收、征用产生持久、强劲的现实需求。我国现行调整农村土地征收、征用的制度规范还存有缺陷，土地征收、征用制度的现实运行中存在范围泛化、规避法律、补偿严重不足、纠纷解决不畅等诸多问题，这些问题的存在严重影响被征地农民的生存和发展以及国家的长远利益。尤其是土地征收、征用的范围限制和合理补偿问题，关涉农村稳定，必须高度重视。因此，应当进一步完善农村土地征收、征用规范设计和运行机制，在满足加快城市化进程和开展社会主义新农村建设对农村土地的现实需求与维护被征地农民的合法权益、促进农业发展、维护农村稳定之间进行合理平衡③。

1. 明确界定“公共利益”的标准

由于宪法和基本法律对“公共利益”的内涵和范围作出明确、清晰的界定，加上规范土地征收、征用的法律规范本身之间的矛盾和冲突，造成在实践中公益性征地和非公益性征地并存、公益性征地泛化的局面，损害了被征地农民的合法权益和国家的长远利益。

对于因公共利益的需要使用农民集体所有的土地的，可以通过征收的方

① 陈小君，等. 农村土地法律制度研究——田野调查解读 [M]. 北京：中国政法大学出版社，2004.

② 高飞. 集体土地所有权主体制度运行状况的实证分析——基于全国 10 省 30 县的调查 [J]. 中国农村调查，2008（6）.

③ 陈小君，等. 农村土地法律制度的现实考察与研究：中国十省调研报告书 [J]. 北京：法律出版社，2010.

式来实现，并进行利益衡量，在公共利益占绝对优势且具有必要性时才能征收，以防征收权的滥用，最大限度地保护农民的合法权益。在立法上，我国可以采用概括式或者列举式相结合的体例对“公共利益”予以界定，除了抽象出“公共利益”的基本内涵，如公共性和非排他性、受益对象的不特定性，还应以不完全列举的方式明确“公共利益”的外延。

具体地说，可作出如下规定：国家举办如下各项公共事业，可以依法对农民集体所有的土地实行征收或征用并应给予公平的补偿，征收或征用范围应以必要为限并遵循最小侵害原则：第一，国防军事用地；第二，国家机关用地；第三，城市基础设施用地，包括公共道路交通、公共卫生、环境保护、文物古迹及风景名胜区的保护、公共水源及饮水排水用地区域的保护等；第四，公益事业用地，包括灾害防治、科学及文化教育事业、电力通信广播事业、气象事业、航空事业、森林保护事业、社会福利事业等；第五，国家重点扶持的能源、交通、水利等基础设施用地；第六，政府兴办的以公益性为限的国家重大经济建设项目用地；第七，法律规定的其他建设用地。

2. 提高补偿标准，扩大补偿范围

建立完善的补偿标准和利益分享机制，是缓解矛盾与冲突，保护被征地农民权益的一种可预期的选择。首先，应当建立符合市场经济规律的土地价格评估体系，实行由具备特定资质的行业组织或社会中介机构对土地进行估价的制度，得出初始地价后再交由主管部门参考土地市场的一般交易价格，并综合考量当地社会经济发展状况等因素，形成土地补偿费的拟订价格，然后通过举行听证会的方式，在此基础上得出最终的土地补偿标准。其次，安置补助费的标准应明确包括需要安置农业人口的养老保险和失业保险的社会保险费用。这主要是因为土地对于农民而言，除了生产功能之外，还具有重要的保障、归依和发展功能。再次，除了地上附着物和青苗的补偿费之外，应该增加残余地补偿费项目，即将农村土地补偿费的范围扩大至包括直接相关的损失在内。最后，对于农民在宅基地上建造的房屋因征收而被拆迁的，也应给予公平合理的补偿。具体而言，应结合当地新建农村住宅的成本费用和闲置费用设定一个基数，再综合考量各种因素确定补偿数额。需要说明的是，农民的房屋部分被拆迁的，对于剩余部分，也应给予残余房屋补偿费用。

3. 规范补偿费用分配程序，完善司法救济机制

征地补偿费用的分配关涉被征地农民的切身利益，公平、合理、透明的分配体制对于农民自身权益维护具有重要意义。其中，对于分配程序问题，笔者认为需要建立分配档案的意见征求程序和公告程序，由被征地农民集体协商决定分配方案的制订，同时分配方案的实行应该公开、透明，分配结果应当公示，确保被征地农民的知情权，促进分配工作的规范运作。在征地补偿费的分配中，对于已出嫁但户口仍在本村的妇女，应当摒弃我国传统的婚嫁观念，严格按照法律规定分给其应得的征地补偿款。对于征地补偿纠纷司法救济上存在的问题，一方面需要检讨立法本身的问题，另一方面需要在根本上解决司法体制的问题以及国家法与民间法的融洽衔接问题。笔者提出如下建议：村委会一级组织要严格遵守村民委员会组织法；村小组应该健全组织，使其作为诉讼主体时有法定代表人应诉；扩大法律宣传，提高征地主管部门、被征地单位和农民的法律意识，促进征地主管部门依法行政；减少政府有关部门对法院司法活动的干预；鼓励被征地单位和农民依法维权，减少上访等非常规手段的运用以避免纠纷演变为恶性事件。

（六）完善土地承包经营权制度

1. 深化土地产权制度改革，确保土地承包经营权的稳定

保护农民土地权益关键是赋予农民土地财产权，而现行农村土地承包权不稳定的根源就是土地产权问题。为此，我国农村土地产权制度改革的方向应该是在坚持农村土地集体所有的前提下，强化农民现有土地的长期使用权，并通过法律手段保证土地使用权的合理流转，给予农民用、养土地的激励，以克服短期化行为和粗放经营惯性，保障农业的可持续发展。

把土地承包权永久地固定给广大农民，使农民的土地承包权成为一种包含使用权、转让权、继承权和抵押权的土地财产权。这种承包权越是因为“永久化”而固定为土地财产权，农民就越会珍惜自己的土地承包权。承包权越稳定，农户的收益就越高。因此，在现有制度框架内，要通过立法进一步弱化集体所有权，强化农户承包权，把占有、使用、收益和处分权都给农

户，农户成为实际的而不是名义上的土地主人。

确立土地财产权，具体地说，就是要实行农村耕地承包权物权化、长期化、商品化。物权化是指所有耕地按照一定标准承包给农户，取消“双田制”等一切村干部可以在短期内任意发包耕地的权力。土地承包权的物权化可以保障农民的权益不受土地所有权变动的影响，稳定农民的直接经营和交易预期，减少未来不确性因素对农民权益的影响。同时，土地承包经营权的物权化会使农民在利用土地方面获得更大的自由度，有利于农村土地使用权的流转。这对于农民走出土地、摆脱贫穷、实现土地的规模经营、推动城市化进程将具有重要的意义。长期化是指耕地永久承包，承包权可以继承。商品化是指承包权可以买卖。在这个原则下，实行土地承包权的重新调整，除乡村道路等公用设施占地外，其他一切农地根据承包权划分给农户。实行这一改革的前提，必须真正实行农村土地所有权和经营权的分离。这样，可以最大限度地弱化村干部和乡镇以上政府处置村集体土地的权力，保证农民现有的土地权利不被侵犯。

2. 深化土地流转制度改革，确保承包经营权的合法流转

农村土地流转包括土地归属关系的流转与土地利用关系的流转。土地归属关系的流转是土地所有权关系的转变。在我国，这只能单向性转变，即农村集体所有的土地转变为国家所有，其由土地征收制度来规范，不纳入土地流转机制。因此在我国农村土地流转实为土地利用关系的流转。农业用地的流转即土地承包经营权的流转，则是重中之重。《中共中央关于推进农村改革发展若干重大问题的决定》（以下简称《决定》）规定，“完善土地承包经营权权能，依法保障农民对承包土地的占有、使用、收益等权利”，这一规定实际上是针对现行农村土地承包经营权存在的种种缺陷而言的。要想解决这些缺陷，就需要流转土地承包经营权。

党的十七届三中全会研究了承包权和经营权分离的有效形式，通过土地经营权长年转让、季节性转让、大户经营、企业化经营等多种形式，发展适度规模经营。促进土地流转最有效的方法应该是培育土地使用权市场，通过私人之间对土地承包经营权的自愿转让，来实现农户经营规模的扩大。对目前农民自发尝试的土地使用权流转方式，如反租倒包、土地有偿转包或转

让、土地投资入股、土地信托服务、土地互换等，要允许试验并加以规范和引导。但需要注意的是，《决定》对土地承包经营权的流转设置了一条底线，即不得改变土地集体所有性质，不得改变土地用途，不得损害农民土地承包权益。这意味着只有在土地所有权性质不变的前提下，保持经营权和流转权的独立性，才能真正将土地流转起来，从资源转化为资本，取得规模效应、集约效应和市场效应。

通过深化农村土地承包经营权制度改革，建立健全土地承包经营权流转市场，一是可以扩大专业大户、家庭农场、合作社、公司等经营主体的土地经营规模，获取规模效益；二是可以减少土地撂荒，充分利用土地，提高土地生产率；三是可以为外出务工经商的农民解除后顾之忧，同时增加其收益。

然而，现有法律政策规定得十分笼统，对土地流转双方的权利义务、利益补偿、流转价格、纠纷处理、流转合同等方面还没有具体操作性的规定，因此也很难正确引导土地流转。现实中很大一部分流转是在口头约定的情况下进行的，这导致流转的期限不明确，交易双方权利义务不清晰。为此，需要完善法律制度，使农地流转真正实现市场化、规范化、正规化。

3. 深化土地管理制度改革，完善土地补偿机制

新一轮土地改革是将目前城乡分割的二元土地所有制管理制度，转变到区分经营性、公益性用地的新的管理制度上来，对建立符合国情的、城乡一体化的土地管理制度，具有极大的推动作用。这也决定了此次土地改革与以往“农村改农村，城市改城市，互不搭界”不同。新一轮土地改革是将城乡统筹起来进行总体安排，综合配套推进，是一次对现行土地管理制度的全方位改革和完善。改革范围涉及集体建设用地使用制度、征地制度、土地承包经营制度、土地市场体系建设、耕地保护制度等各个方面。对土地承包经营权来说，改革农村土地管理制度最关键的是完善征地补偿机制问题。

按照现行有关法律的规定，在一些大中城市相同区位的土地，法定的农地征收补偿标准仅为国有建设用地征收补偿标准的3%—6%。这种法律规定显失公平，也无法执行。城镇居民的财产在不断增值的同时，农民却不能分享土地增值和财富增长。由于历史原因，城乡差距本就悬殊，城乡分割的

二元土地管理制度进一步拉大了这种差距。这种不平等也体现在拆迁补偿标准上。对城镇居民住房用地，是按房地产市场显化的土地市场价格进行补偿的，但对农户的宅基地和农村非农建设用地却按农地产值进行补偿。在农地转为国有建设用地的过程中，执行的补偿标准则更低。

《中共中央关于推进农村改革发展若干重大问题的决定》对完善征地补偿机制提出了新要求，即“依法征收农村集体土地，按照同地同价原则及时足额给农村集体组织和农民合理补偿”“对依法取得的农村集体经营性建设用地，必须通过统一有形的土地市场、以公开规范的方式转让土地使用权，在符合规划的前提下与国有土地享有平等权益。抓紧完善相关法律法规和配套政策，规范推进农村土地管理制度改革”。这一突破性表述，实际告别了以往按土地所有制进行管理的老体制。以后凡是符合规划的经营性建设用地，无论是国有还是集体，均可在“城乡统一的建设用地市场”上交易。城乡土地有望由此实现“同地同权同价”。这同时意味着，今后村民集体也将成为建设用地的供地主体。随着部分农村集体建设用地直接进入市场，不必再经过国家征收，有助于降低土地的交易成本。随着改革的深入推进，政府征地范围将缩小，补偿标准会大大提高，农民将获得更大收益，政府出让土地收入会减少。

第十一章　农村宅基地使用权继承制度改革与创新

基于农村宅基地粗放使用现象严重之状况，蕴藏着巨大发展潜力和改革红利之现实，国内学者纷纷展开对农村宅基地问题的研究，特别是关于宅基地流转问题的研究取得了丰富的成果，也提出了许多建设性意见和建议。可对于农村宅基地继承的研究还比较薄弱，成果较少。现实中，农村宅基地被继承的现象非常普遍，且宅基地继承也被广大群众高度认同。但是，关于农村宅基地是否能够继承、如何继承等问题，包括土地管理法、物权法、继承法等法律法规都没有一个明确的规定，或者规定模糊，以致理论界莫衷一是。在法律回避、研究欠缺但现实需求背景下，农村宅基地能否继承以及如何继承等，亟待学界进一步探讨和研究。

梳理学术界关于农村宅基地继承问题的研究发现，存在着两种截然不同的观点:“肯定说”和“否定说”。

肯定说认为：根据物权法“房地一体”原则，地随房走，继承人通过房屋继承从而获得农村宅基地，具有一定的合理性。同时，按照我国物权制度的“物权平等”原则，作为公民遗产的农村房屋及宅基地与城镇房屋及土地属于同类性质物权，其权能平等，都应该能够继承。况且我国宪法、继承法都强调公民私有财产可以依法继承，不得侵害。

否定说认为：如果允许农村宅基地继承，则可能会违背宅基地“一户一宅”原则，或者可能会突破宅基地使用者主体身份限制，与土地管理法规定的宅基地取得的条件相抵触。再者，根据相关法律规范，农村宅基地管理制度实行的是“两权分离”，即所有权属于村集体，而农户只是拥有使用权，而绝非私产。因此，农村宅基地不能依据继承法中关于“私有财产可以依法继承”而进行继承。

学者从不同的视角，依据不同的法条，研究得出了两种相左的观点（“肯定说”和“否定说”），都有其法理依据和理论基础。笔者研究认为：农村宅基地继承具有一定的合理性和可行性。

一、田野调查样本分析

实证研究是通过对研究对象的观察、实验和调查，获取客观材料，从个别到一般，归纳出事物的本质属性和发展规律。对农户宅基地使用权继承问题进行实证调研与分析，将有助于为后续研究提供数据支撑，使得研究内容更加具有现实性与操作性。根据课题研究的需要，课题组在 2017 年初采用随机抽样调查与重点调查相结合的方法，历时三个月在河南省、湖北省、山东省、安徽省等省份进行了田野调查，同时又组织河南中医药大学、河南师范大学等高校农村籍在校大学生、研究生进行了问卷调查和座谈，在此基础上还重点对全国农村改革试验区——河南省新乡市进行了实地考察，获取了丰富的有价值的第一手材料。课题组先后发放调查问卷 610 多份，收回 580 份，有效率约为 95%。具体调查情况及数据如下。

（一）关于农村宅基地能否继承

农村宅基地能否继承，是本课题研究的起点及核心思想，其立场必须旗帜鲜明。对于这个问题的肯定或否定回答，是区分现实与政策的重要标准。调查中，我们首先给受访者讲解了我国学界目前对于这个问题的两种对立的态度及观点：允许继承（即“肯定说”）和不允许继承（即“否定说”）。调查显示，有 83% 的受访农户支持“肯定说”，占有较大的比重。与此同时，我们又分别对下面三个相关问题进行了访谈：第一，假如继承人已经拥有了一处宅基地，还可以继承吗？有 76.7% 的被访农户持赞成观点；第二，假如继承人的宅基地面积已经达标（或者已经超标），还可以继承吗？有 71.5% 的被访农户持赞成观点；第三，假如继承人是非本村集体社员（或者城镇居民），还可以继承吗？有 81% 的被访农户持赞成观点。数据表明，进行农村宅基地继承制度改革，使农户能够实现无限制继承，在农村具有较大的市场。

表 11－1　宅基地使用权能否继承（1）

宅基地继承	能继承（肯定说）	不能继承（否定说）
数量（户）	480	100
比重（%）	83	17

表 11－2　宅基地使用权能否继承（2）

假设		能继承	不能继承
农户已经拥有一处宅基地	数量（户）	445	135
	比重（%）	76.7	23.3
农户宅基地已达到限定面积	数量（户）	415	165
	比重（%）	71.5	28.5
继承人非集体经济组织成员	数量（户）	470	110
	比重（%）	81.0	19.0

（二）关于农户自家宅基地取得方式

目前，我国农村宅基地的取得方式一般有两种，即申请取得和继受取得。针对农村宅基地的继受取得方式，课题组欲调查和掌握因继受取得的宅基地在农村占有多大的比重。当调查组询问“在您家现有宅基地中，有没有因继承而取得的”这个问题时，竟有 70.7% 的被访农户家中有因继受取得的宅基地。且这些农户大多数家中是“一户多宅”或者面积超标，一旦农村集体建设用地破冰上市流转，将会给农户带来巨大的财产性收入，同时也可以为正在进行的农村宅基地有偿退出增加建设用地资源储备。

表 11－3　宅基地取得方式及比例

宅基地取得方式	继受取得	其他方式
数量（户）	410	170
比重（%）	70.7	29.3

（三）关于农村宅基地继受取得条件

我国土地管理法规定，农户申请取得宅基地必须满足“三个基本条件”，农户是否赞同呢？有 63% 的被访农户表示“赞同”，具有较高的认同性。可是，这“三个基本条件”与前面调查的农村宅基地继承“肯定说”明显自相矛盾，这让课题组感到困惑。于是，我们询问一位受访者其中缘由，他的回答颇有些道理：如果不坚持“三个基本条件”，就会让村里有背景的能人、城里有钱的富人与我们争食。如果不能继承亲人的宅基地，那不符合祖宗的传统，谁还会置办家产呢？这道出了一个现象：当法律与现实发生冲突时，人们的思维更趋向于现实。

表 11－4　农村宅基地继受取得条件

宅基地继受取得的 3 个条件		赞同	不赞同
一户一宅；面积不超标；本集体经济组织成员	数量（户）	365	215
	比重（%）	63.0	37.0

（四）关于房产与宅基地使用权继承

为提高土地的利用效率，我国现行政策法规对农村宅基地的使用和继承作了一些限制性规定：例如，房屋坍塌后继承人无权继承宅基地；农户宅基地被批准后两年内不建房者将被收回[①]……据此，我们设计了这样一个问题：如果农村宅基地空闲没住房，或者房屋年久失修不能居住，这种情况下的农村宅基地还能够继承吗？对于这个问题，不少受访者感到不解：宅基地上有没有房屋，或者房屋坍塌就不能继承宅基地了吗？当他们了解了国家有关政策法律后，仍有 89% 的受访农户选择了“可以”。调查表明，“作为私有财产，房屋与宅基地同样神圣不可侵犯”的观念已经根深蒂固。

表 11－5　宅基地使用权继承情况

假设		可以继承	不可以继承
农户宅基地上尚未建设住房；或者房屋已经坍塌，不具备居住条件	数量（户）	516	64
	比重（%）	89.0	11.0

① 国土资源部《确定土地所有权和使用权的若干规定》第五十二条：空闲或房屋坍塌、拆除两年以上未恢复使用的宅基地，不确定土地使用权。

（五）关于农村宅基地继承条件

农村宅基地的继承存在着现实与法律的冲突。如何才能化解冲突呢！对于不符合“三个基本条件”的宅基地继承者，课题组给设定了相应的条件。首先，继承人需要给村集体支付一定的费用。这样，既可以兼顾血缘和地缘的关系，也可以兼顾个人和集体的利益。可是，竟有 64.6% 的被访农户持反对态度；其次，要给继承人限定一定的使用期限，即以宅基地上的房屋使用年限为时限。同样，只有 40.5% 的被访农户持赞成观点。

表 11 — 6　农村宅基地继承条件

宅基地继承的附加条件		赞同	不赞同
继承人需要支付一定费用	数量（户）	205	375
	比重（%）	35.4	64.6
继承人需要限定使用期限	数量（户）	235	345
	比重（%）	40.5	59.5

（六）结论

综上分析，可以得出简短结论：

（1）实现农村宅基地无限制继承被大多数群众所认同。农户普遍认为，农村宅基地所有权虽然是村集体所有，但房屋属于私有财产，房屋和宅基地都能够继承。

（2）农户宅基地因继受取得占有相当大比重。农村宅基地继承已经成为农村的普遍现象，必须正视。

（3）农村宅基地继承存在观念与法律的冲突。农户一方面认同农村宅基地管理的法律法规，一方面又固守农村宅基地继承的观念。

二、农村宅基地继承的法规状况考察

新中国成立后，我国农村宅基地管理制度及继承制度经历了巨大的演变和变迁。追溯中国农村宅基地继承制度的根源，探寻其历史嬗变的轨迹，揭示其制度变迁的规律与特点，透视农村宅基地与社会经济发展的互动关系，对于农村宅基地继承制度改革与完善具有重要意义[①]。

（一）农村宅基地继承的相关概念

1. 宅基地

“宅基地”是带有鲜明中国特色的法律概念，这一词最早出现于 1962 年 9 月 27 日党的八届十中全会通过的《农村人民公社工作条例（修正草案）》中，其规定宅基地所有权归属于集体：“生产队所有的土地，包括社员的自留地、自留山、宅基地等，一律不准出租和买卖。”而第一次在正式的法律文件中使用则是在 1963 年最高人民法院《关于农村和城市宅基地所有权问题的复函》一文[②]。宅基地的含义有广义和狭义之分：广义上的宅基地是所有用于建造房屋以供居住、使用的土地，包括国家所有土地和集体所有土地上的住宅用地。如有的学者认为，宅基地使用权是“我国公民依法取得在国家或集体所有的宅基地建造房屋用以居住、使用的一种物权”；狭义的宅基地仅仅针对集体所有土地上的农村居民，是农村集体经济组织为保障农户生活需要而拨给农户建造房屋及小庭院使用的土地，用于建造住房、辅助用房(包括厨房、厕所、仓库)、庭院、沼气池、禽畜舍、柴草堆放等。

在新中国成立后一段时间，城市用于建设市民居住房屋的土地也是宅基地私有的一种，如 1958 年 1 月 6 日修订的《国家建设征用土地办法》规定：“征用城市市区内的房屋地基，如果房屋和地基同属一人，地基部分不分别补偿；如果分属两人，可以根据地基所有人的生活情况酌情补偿。”但随着后来的土地改革，我国相关的土地法律逐步取消了城镇居民宅基地无偿使用，使农村宅基地成为我国宅基地使用权的唯一形式，宅基地的概念亦由广义变为狭义。

2. 宅基地使用权

新中国成立后的人民公社时期，形成了农民集体享有土地所有权，农民享有宅基地使用权这一权利结构，宅基地使用权制度开始正式形成。宅基地

---

① 吕军书. 我国农村宅基地流转制度创新研究 [M]. 北京：新华出版社，2014：20.

② 孟勤国，等. 中国农村土地流转问题研究 [M]. 北京：法律出版社，2009：124.

使用权是指自然人依法对集体所有的土地享有占有和通过建造房屋和附属设施等方式予以使用的权利[①]。根据我国物权法的规定，宅基地使用权是中国所特有的一种用益物权，指的是集体成员依法对集体所有的土地享有占有和使用的权利，对处分和收益不完全的权利，其包含农民的居住生活用地、房屋四周的绿化用地和其他生活服务设施用地。

王卫国教授认为，农村宅基地使用权这种权利特征包括五点：权利属性，即集体土地使用权；权利主体，即农村集体经济组织成员；权利取得的条件，要经过依法审批；权利取得方式是集体经济组织分配用途限定，即建造住宅；权利存续状态，即没有使用期限限制[②]。

3. 遗产与继承

遗产是指被继承人死亡之时所遗留下来的个人所有财产以及法律规定的可以继承的其他财产权益。我国继承法第三条规定："遗产是公民死亡时遗留的个人合法财产，包括：(一)公民的收入；(二)公民的房屋、储蓄和生活用品；(三)公民的林木、牲畜和家禽；(四)公民的文物、图书资料；(五)法律允许公民所有的生产资料；(六)公民的著作权、专利权中的财产权利；(七)公民的其他合法财产。"

依宪法第十三条第二款规定："国家依照法律规定，保护公民的私有财产权和继承权"和继承法第三条第二款中将公民房屋列入继承范围的规定，农村宅基地上的房屋自然可以被继承。

（二）农村宅基地继承的法规演变及现状

农村宅基地继承制度的变化，不单单是一个单纯的财产问题，它更是中国土地制度变迁的缩影，我国农村宅基地继承的法规具体演变大体分为以下三阶段。

第一阶段（1949—1962 年），农民拥有土地所有权，对农村宅基地有继承权。1950 年实施的土地改革法第三十条规定："土地改革完成后，由人民

① 王崇敏，李建华．中国物权法 [M]. 北京：高等教育出版社，2008：135.

② 王卫国．中国土地权利研究 [M]. 北京：中国政法大学出版社，2003：89.

政府发给土地所有证，并承认一切土地所有者自由经营、买卖及出租其土地的权利。”1956年《高级农业生产合作社示范章程》第十六条规定：“社员原有的坟地和房屋地基不必入社。”因为宅基地所有权归农民个人所有，对宅基地所有权中的使用权继承为题中应有之义。

第二阶段（1962—1982年），农民只享有土地使用权，对农村宅基地继承受到限制。1962年《农村人民公社工作条例（修正草案）》第二十一条规定：“生产队范围内的土地，都归生产队所有。生产队所有的土地，包括社员的自留地、自留山、宅基地等等，一律不准出租和买卖。”第四十五条规定：“社员的房屋，永远归社员所有。社员有买卖或者租赁房屋的权利。社员出租或者出卖房屋，可以经过中间人评议公平合理的租金或者房价，由买卖或者租赁的双方订立契约。”该条例规定农民对宅基地仅享有使用权，不能抵押、买卖、出租，并限制流转，此时宅基地的继承受到限制。

第三阶段（1982年至今），农村宅基地制度形成，对农村宅基地的继承未明确。改革开放以后，农村土地集体所有制形式并未发生改变，允许宅基地使用权人，在限定的范围内转让、出租地上建筑物，但对宅基地是否能够继承，法律未明确规定。

对于农村宅基地继承问题的规定，也是散见于我国宪法、土地管理法、物权法等，以及国务院、国土资源部文件中。

1. 宪法中的相关条款内容

宪法第十条规定：“农村和城市郊区的土地，除由法律规定属于国家所有的以外，属于集体所有；宅基地和自留地、自留山，也属于集体所有。任何组织或者个人不得侵占、买卖或者以其他形式非法转让土地。土地的使用权可以依照法律的规定转让。”宪法第十三条规定：“公民的合法的私有财产不受侵犯。国家依照法律规定保护公民的私有财产权和继承权。”一方面规定宅基地所有权归集体所有，另一方面提出保护公民合法私有财产的继承权，但对是否禁止宅基地使用权的继承，宪法并未明确。

2. 土地管理法中的相关条款内容

土地管理法是我国专门调整土地管理方面的专项法律，该法第八条规定：“农村和城市郊区的土地，除由法律规定属于国家所有的以外，属于农村集体所有。”第六十二条规定：“农村村民一户只能拥有一处宅基地，其宅基地的面积不得超过省、自治区、直辖市规定的标准。农村村民出卖、出租住房后，再申请宅基地的，不予批准。”《城镇国有土地使用权出让和转让暂行条例》第四十八条规定：“依照本条例的规定取得的土地使用权的个人，其土地使用权可以继承。”但其强调的是城镇国有土地使用权，而非宅基地使用权，且土地管理法第六十二条强调宅基地使用权主体是农村村民，其他非本集体经济组织成员无法取得，这种身份限制正是我国宅基地使用权继承纠纷频频发生的一个重要根源。

3. 物权法中的相关条款内容

物权法首次对农村宅基地使用权作了独立的制度安排，凸显了对该权利的重视，该法第四条规定：“国家、集体、私人的物权和其他权利人的物权受法律保护，任何单位和个人不得侵犯。”第一百四十七条规定：“建设用地使用权转让、互换、出资或者赠与的，附着于该土地上的建筑物、构筑物及其附属设施一并处分。”第一百五十二条规定：“宅基地使用权人依法对集体所有的土地享有占有和使用的权利，有权依法利用该土地建造住宅及其附属设施。”第一百五十三条规定：“宅基地使用权的取得、行使和转让，适用土地管理法等法律和国家有关规定。”物权法强调对私人财产的保护，强调“房随地走，地随房走，房地一体”，但是对于宅基地使用权的继承上，未明确规定，采取适用土地管理法等法律和国家有关规定。

4. 民法通则和继承法中的相关条款内容

民法通则第七十六条规定“公民依法享有财产继承权”。继承法第三条也规定了“公民的合法财产可以继承”，包括公民的房屋等。从这些相关的法规可以看出，建造在宅基地上的房屋因其属于公民的私有财产，是可以被继承的，但没有涉及宅基地使用权是否可以继承。

5. 部门规章中的相关条款内容

1995 年国家土地管理局印发了《确定土地所有权和使用权的若干规定》，其第四十九条规定：“接受转让、购买房屋取得的宅基地，与原有宅基地合计面积超过当地政府规定标准，按照有关规定处理后允许继续使用的，可暂确定其集体土地建设用地使用权。继承房屋取得的宅基地，可确定集体土地建设用地使用权。”依据前述规定推断，第二类主张继承人基本有通过继承地上物所有权取得宅基地使用权的主体资格。

1999 年《国务院办公厅关于加强土地转让管理严禁炒卖土地的通知》规定：“农民的住宅不得向城市居民出售，也不得批准城市居民占用农民集体土地建住宅，有关部门不得为违法建造和购买的住宅发放土地证和房产证。”

2004 年国土资源部《关于加强农村宅基地管理的意见》规定：“严禁城镇居民在农村购置宅基地，严禁为城镇居民在农村购买和违法建造的住宅发放土地使用证。”

2008 年《国土资源部关于进一步加快宅基地使用权登记发证工作的通知》第三条规定：“严格落实农村村民一户只能拥有一处宅基地的法律规定。除继承外，农村村民一户申请第二宗宅基地使用权登记的，不予受理。”首次明确农民集体内部成员可以通过依法继承房屋取得宅基地使用权，办理登记手续。

2011 年《国土资源部、中央农村工作领导小组办公室、财政部、农业部关于农村集体土地确权登记发证的若干意见》第六条规定：“已拥有一处宅基地的本农民集体成员、非本农民集体成员的农村或城镇居民，因继承房屋占用农村宅基地的，可按规定登记发证，在《集体土地使用证》记事栏应注记‘该权利人为本农民集体原成员住宅的合法继承人’。”

根据对以上法律法规及部门规章的考察，结合农村宅基地的主体，目前我国对农村宅基地继承问题，大体上可以分为以下四种情景：

一是同被继承人一起生活的本集体经济组织的家庭成员，无法继承宅基地使用权。基于宅基地使用权遵循按户占有、一户一宅的要求，家庭成员对其占有方式为共同共有，个别家庭成员的死亡并不影响家庭关系的存在，其将继续被其他家庭成员所共同共有，不发生继承；二是符合宅基地申请条件的，但不与被继承人一同生活的本集体经济组织的成员，继承人可依法继承宅基地使用权。因为该种继承并未违反宅基地使用权设立初衷，是基于村民的身份而设；三是不符合宅基地申请条件的，且不与被继承人一同生活的本集体经济组织的成员；四是对于非本集体组织成员对于身为本集体组织成员的被继承人的宅基地使用权是否能继承，法律没有明确。对农村宅基地有争议的是第三种和第四种情况。

（三）中国香港相关法规内容

第二次世界大战结束后，香港政府将新界乡村的土地按用途分为农地和屋地，农地只能用于耕种，屋地可建住宅。1972年，香港政府实行俗称的“丁屋政策”。该政策规定新界原居民男性后代，年满18周岁后，每一男丁有权申请一次并仅此一次在原居村落及其邻近范围内分配一块土地用以建屋，获批后，只需付象征性的地租，即可兴建乡村房屋。根据基本法第四条规定，1997年后，新界原居民继续有权享受“合法传统权益”，即丁屋政策仍然有效。丁屋是个人物业，可以继承，而且继承不影响继承人申请丁屋权。按1910年即生效至今的《新界条例》的规定，男性后代且只有男性后代才有土地继承权，而该男性后代即使继承了父辈的丁屋，其本人仍有申请丁屋用地权[①]。

（四）国外关于土地继承权的法规规定

1. 德国相关法规内容

德国是实行土地私有制的国家，土地是允许自由转让的，德国民法典第九〇三条规定：“在不违反法律和第三人利益的范围内，物的所有权人可以随意处分其物，并排除他人的任何干涉。”其《土地使用权条例》第一款规定：“土地使用权是可以买卖、可以继承的，在土地的地上或地下拥有建筑物的权利。”因此，在德国，土地使用权及在其上的建筑物能够完全地被继承[②]。

2. 美国相关法规内容

美国宪法第五条修正案规定：“不经正当法律程序，任何人不得被剥夺生命、自由和财产。不给予公平赔偿，私有财产不得充作公用。”包括土地

---

① 张开泽．香港“丁屋政策”与内地农村住房制度之比较 [J]. 理论与改革，2006（2）：95.

② 郑冲，贾红梅．德国民法典 [M]. 北京：法律出版社，2001：226.

在内的私有财产被视为一项基本的人权，神圣不可侵犯，土地属于个人私有财产，拥有完全处分权，土地完全可以继承[①]。

3. 加拿大相关法规内容

加拿大土地所有制有三种形式：一是联邦公有土地，占全国土地的40%；二是省公有土地，占全国土地的50%；三是私人所有土地，占全国土地的10%。加拿大规定个人对私有土地拥有充分自由的支配权及继承权，私有土地可以自由买卖[②]。

4. 越南相关法规内容

越南政府认为土地使用权可以继承[③]。1993年越南颁布《土地法》，其中规定："任何农户及个人享有对所分土地享有交换、转让、租赁、继承或抵押土地使用权。"1995年越南颁布了越南社会主义共和国民法典，该法典第五编为土地使用权转让。主要是关于以合同和继承两种方式移转土地使用权的规定。

（五）现行农村宅基地继承法律的缺陷

通过考察现行关于农村宅基地继承制度的法律法规和部门规章发现，关于宅基地使用权的继承问题，这些法规均采取了回避态度。根据我国继承法有关规定，建筑在宅基地之上的农村房屋是允许继承的；然而，根据我国土地管理法规定，农村宅基地具有鲜明的人身依附性和福利性，不属于农民的遗产，不允许继承。这就导致了农村宅基地继承的法规与现实的冲突。

1. 农村宅基地继承主体不明

农村宅基地继承中的主体冲突主要表现在非本集体经济组织成员的继承人，特别是从农村迁移出去的城镇居民，和拥有宅基地所有权集体的冲突。在民法通则、继承法等看来，宅基地上的房屋是被继承人合法取得的财产，当继承开始之后，其理应作为遗产由继承人继承；而在集体经济组织看来，

---

① 付英. 美国土地资源的严格保护和有效使用 [J]. 山东国土资源，2006（2）：15.

② 陈芒，谢必如. 加拿大土地资源和房地产管理概况 [J]. 当代房地产，2000（2）：28.

③ 张玫，丁士军. 越南土地政策概述 [J]. 世界农业，2004(4)：32.

宅基地使用权主体仅限于本集体经济组织成员，没有此种身份的继承人就没有继承宅基地使用权的资格。

2. 农村宅基地和宅基地上房屋所有权关系不明

农村宅基地与其上房屋的不可分离性，致使无论处分目标是哪种权利都必将牵涉到另一种权利的处分问题。而根据我国宪法、继承法、物权法等法律的规定，房屋属于私人财产，农户有权对其自由处分，包括继承。但都没有明确农村宅基地是否可以继承，在物权法中虽然规定了“房随地走，地随房走，房地一体”的原则，但农村宅基地属于一种特殊土地，其也未明确农户继承了房屋所有权就继承了宅基地的使用权，二者之间的关系不明。

3. 农村宅基地的权利不完整

物权法把农村宅基地使用权纳入了用益物权，但为“有限制的”用益物权，仅包括占有权和使用权，不包括收益权和处分权。我国物权法第一百五十三条规定:“宅基地使用权的取得、行使和转让，适用土地管理法等法律和国家有关规定。”但土地管理法对宅基地使用权能否随房屋一起继承取得，是否有主体资格的限制等问题并未明确，基于现行规定要求宅基地使用权特定的身份，导致其享有的权利也不完整。

4. 农村宅基地制度导致土地资源浪费

土地管理法限定了农户宅基地取得的“三个基本条件”，其中之一就是“一户一宅”原则，如果继承人有了宅基地或为城市居民，对于父母、子女的宅基地，只能将继承来的房屋卖给本村其他符合申请条件的村民，如果不愿出卖，则该房屋不得翻建、改建、扩建，待处于不可居住状态时，宅基地由集体经济组织收回，不符合市场经济，对继承人和被继承人来讲，也十分不公平，而且也导致资源的浪费。

（六）农村宅基地继承制度改革的主要障碍

改革和完善农村宅基地继承制度，是新一轮土地制度改革的应有之义。但是，由于规范农村宅基地继承的相关法律制度不够健全，实现农村宅基地继承仍面临着法律与制度的双重障碍[①]。

首先，农村宅基地继承面临着法律限制。前文所述，现行的农村宅基地管理法规散见于我国的一些法律法规以及国务院、国土资源部的文件中。但是，关于农村宅基地能否继承，如何继承等问题，这些法律法规均未涉及。根据我国继承法有关规定，作为农户私有财产的房屋是允许继承的，且宪法也规定了私人合法财产继承的原则；然而，依据我国土地管理法规定，农村宅基地使用权属于他物权，且具有鲜明的人身依附性，不能作为私有财产被继承。总之，我国土地管理法中关于农村宅基地取得的“三个基本条件”与宪法、继承法中关于保护公民私有财产继承权原则相矛盾，导致农村宅基地继承的法规与现实冲突。

其次，农村宅基地继承面临着制度限制。城乡二元化户籍管理制度致使城乡居民享有的权利内容具有较大的差异性，在就业、医疗、教育、保障等方面，城镇居民享受到了更多的优惠待遇。而在农村居民社会保障水平较低，甚至不能全覆盖的情况下，国家赋予了农地保障物权的属性[②]，农村宅基地使用权的设立也正是基于这个出发点。因此，农村宅基地使用权从产生之日起，就被赋予了社会福利和社会保障性质。如果允许集体经济组织以外成员（城镇居民）到农村继承宅基地，如果农户已经拥有了一处宅基地且要行使宅基地继承权，无疑会受到宅基地管理制度的限制。

三、农村宅基地继承制度改革的价值

改革不同于完全否定的革命，它虽也包含自我否定，但更多的是否定之后的自我肯定与自我改进，它是一种事物自我完善的实践。而任何改革实践都需要理论指引，所谓有的放矢，指的就是要知道目的是什么、追求的是什么，同样，我们进行农村宅基地继承制度改革，首先要确立改革追求的是什么，要实现什么样的价值目标，换句话说就是解决用什么来指导农村宅基地

① 吕军书，时丕彬．风险防范视角下农村宅基地继承制度改革的价值、困境与破局 [J]．理论与改革，2017（7）：15.

② 吕军书．论社会保障性物权立法的价值取向及改革走向 [J]．理论与改革，2015（5）：60.

继承制度改革的问题。结合相关物权理论和当前我国实际，应该把解决法律间冲突、保障用益物权、顺应宅基地权能演化趋势、促进新型城镇化发展和依法保障私人财产权当作目前制度改革之价值追求。

（一）改革有利于解决法律间冲突

评价某个法律的优劣主要是看其内部是否协调、有序，是否符合形式逻辑。因为这既是法律系统性之必然要求，也体现了其科学性，作为法治必备要素之一。同时，在一个法律体系内部，也存在由于社会关系的复杂性导致调整同一对象的多部法律之间协调性的问题，这也涉及法律逻辑性、科学性和系统性的问题，如何解决法律间冲突是法律完善的一项重要任务。富勒就将制定相互矛盾的规则作为造法失败的一项原因，并指出这种矛盾冲突的情况既可能出现在一部单一制定法范围内部，也可能在不同的制定法之间存在。

目前，我国涉及调整农村宅基地继承诸法律中，物权法仅笼统规定援引现有相关法律法规；土地管理法规定了其法定数量标准；继承法明确了房屋是公民的合法遗产。随着我国新型城镇化的规模推进，现实中出现了诸如城镇居民继承农村土地上房屋等一系列新问题，理论上也出现了宅基地使用权能否继承的争论。农民能否继承宅基地使用权？非集体组织成员能否继承？

按照现有制度，以公有土地为基础的宅基地使用权严格限制主体身份，所以，前者是适格主体，而后者是非适格主体。前一种情况下，由于目前我国法律对能否继承没有明确规定，仅仅规定了农民内部有限之一并继承即不能单独继承，仅能随着其上的房屋一并被继承，但是这样的结果必然会违反土地管理法规定的标准。至于后一种情况，表面上看答案是否定的，因为首先城镇居民非适格主体，其次法律没有明确规定。但是这样便产生城镇居民依据继承法取得农村房屋所有权却不享有宅基地使用权的情况。虽然从表面上理解，此时城镇居民继承的仅仅是宅基地上的房屋，没有违反相关的法律规定，但这与我国法律确立的“房随地走、地随房走”的法律原理相矛盾。不难看出，目前我国涉及规范宅基地继承的立法规定矛盾重重，已经严重损害了法律权威，同时也导致了法律理论和实务上操作的混乱。这其中既有立法技术水平较低的原因，也有立法政策方面的无奈，归根结底还是法律理论及立法未能适应对现实社会关系的及时调整。

因此，我国农村宅基地继承制度改革首先要面对的就是如何解决相关法律之间的冲突问题，这既是改革的目标，也是改革的应有结果。

（二）改革有利于保障农户宅基地用益物权

物权法已经以立法的形式正确定位并赋予了宅基地使用权以用益属性，关于宅基地制度改革试点工作的指导意见等中央文件也多次重申对农民用益物权的保护，这体现了中央对该项权利保障的日益重视。随着我国市场经济体制的确立和完善，宅基地使用权制度在流转（继承）方面暴露出了诸多问题，引起人们的系列质疑，宅基地使用权是否为一项独立权利？是否具有完整用益权能？如果其是独立的物权，为什么不可以像其他财产权一样流转(继承)？这些都与其作为物权法中一项基本的用益物权的地位极其不相称，目前立法上的这种模糊规定尤其不利于实践中对农户宅基地用益物权的有效保障，不利于增加农民的资产性收入。

用益物权是一种他物权，指对他人所有物（主要是不动产）的用益，它是实现“物尽其用”的一项重要手段，它有效地解决了物的所有和物的利用之间的矛盾，即所有者不利用和利用者不所有的难题，实现了不同主体间的双赢，大大增加了物之效用发挥。作为中国特有的宅基地使用权解决了集体土地公有和私人基本居住需求之间的矛盾，成功解决了我国亿万农民居住问题，是我国一项最基础的物权。

从民法理论上讲，用益物权人可以是所有权人外之任何人，故宅基地使用权理论上可以为集体之外的任何人享有，故不存在城镇居民通过继承而成为其权利主体的理论障碍。依法理，用益物权人具有一般物权的支配性特征，即独占地占用、使用和收益权及保证其完整性所需的完整的物权请求权。“除物权人外，其他任何人对物权人的权利负有不得侵害和妨害的义务。”① 现行的对待宅基地使用权继承的态度实际上是对其作为一项独立财产

① 王利明．物权法 [M]. 北京：中国人民大学出版社，2008：185.

权和具有完整用益性，进而对其作为一项基本用益物权的部分否定，明显违背相关法理。因此，若明确承认其为用益物权，就需要遵循其基本原理，否则，就会出现一方面强调其用益属性，另一方面却否定其实质的用益内容的矛盾。同时，作为一种重要的财产权，宅基地使用权理应具备财产权的基本性质，如可转让性或流通性，即非身份性的财产权一般情况下都应可以在主体间进行转让，而且可转让性或流通性也是财产性权利实现其自身价值的主要手段，这类似于市场经济中货币的流通性越强，其产生的价值越大的原理。因此，保障该权利的可转让性也是保障该权利本身的应有之义。

故需要通过改革其继承制度，在制度上和实践中落实其在理论上应具有的用益性和支配性，才能使其物上请求权制度真正发挥保障物权状态圆满的保障作用，进而有利于保障农户用益物权，同时在改革过程中始终把保障宅基地用益权作为推进改革实践的着眼点和出发点。

（三）改革顺应宅基地权能演化趋势

从宅基地使用权主体的限制性，即主体仅限于农民，取得的无偿性，即只要符合相关条件即可依申请无偿取得，类似于所有权的无期限性，数量规定上的法定性等特征可以看出，宅基地使用权在设立之初的主要权能或功能是带有福利性的平等分配，无偿地保障广大农民居住需求，带有强烈的社会保障倾向。同时，体现了法律重视对其初次分配和享有的规制，而轻视对其动态调整，这从目前法律采取简单的严格限制其继承的态度中可以看出。

然而，具有传统特征的宅基地使用权继承制度已经不能满足新时期我国市场经济发展的要求，并导致了诸多社会问题，如农村大量房屋闲置（浪费）与城市建设用地紧张的矛盾、农村房屋继承与宅基地身份性限制间的矛盾、农民资产无法实现财产化等，亟须对其进行改革，重新进行功能定位。

新型城镇化、城乡一体化的发展对宅基地使用权制度提出了新的要求、新的任务，它的功能已远非解决农民的居住问题，即保障功能逐渐弱化，财产属性日渐凸显，具体表现在宅基地的权能开始由福利性的居住保障向财产性的收入保障转变，开始由注重静态规制向兼顾动态规制转变，开始由注重平等分配向注重提高效率转变，开始由强调身份性向注重财产性转变，开始由原来的强调归属变为兼顾其用益。

继承作为权利流转的一种方式，相对于权利的初始分配而言属于对权利的二次分配，因此我们应该区分宅基地使用权的初始分配和二次分配中的不同要求，不应该再以其初始分配所要求的诸多带有强烈计划经济体制色彩和福利性的限制条件等来对其继承（二次分配）进行简单否定。

宅基地权能即作用的这种由福利性到财产性、由平等性到效率性、由静态到动态的演化趋势，是其适应社会变化而自我调节的体现，是大势所趋，因此决定了我们必须对现有继承制度进行改革，并在进行相关制度改革时顺应其演化趋势，在肯定并赋予其充分完整的用益物权权能（使用和收益）即依物权法原理对其进行物权化改造的基础上，做到兼顾其财产性、效率、物的利用。只有这样，方能顺应其权能演化趋势，否则任何改革实践都将无疾而终。

（四）改革有利于促进新型城镇化发展

对于新型城镇化而言，评价的一个关键标准就是城镇化水平的高低，换句话说即农民融入城市的程度。影响城镇化程度的主客观因素中，一个主要因素，是市民化后之前农村利益的去留问题，这其中包括土地承包经营权、宅基地使用权等能否继续享有，或者丧失农民身份后能否对这些权利进行继承等。而目前，基于计划经济体制、城乡二元管理体制之上的具有强烈身份性（非流转性）特征的农村宅基地继承制度未能明确解决这一难题，这严重阻碍了新型城镇化的进程，具体表现为一边是作为农民一项重要财产的宅基地使用权，另一边是市民化后城市相对完善的社会保障制度，这对于面临是否市民化的农民而言显然是一个两难选择，这已成为新型城镇化发展的一个严重障碍，不解决这一问题，新型城镇化就不可能充分推进。

鉴于我国农村宅基地是以户即家庭为单位分配，因此除非该户举家搬迁进城丧失农村户籍，否则家庭成员个别的市民化不会导致其宅基地使用权的丧失，故现实的大多数情况是采取一种类似规避法律的措施，即一个家庭中年迈的父母继续保留农村户籍，而年轻子女进城成为城镇居民，而年迈的父母之所以仍保留农村户籍除了感情因素外，更多的是利益的考虑，即继续保留作为农民的相关权益，比如房屋所有权和宅基地使用权，这一部分具有市民化愿望，但出于利益考虑而未市民化的人群的存在，必然在一定程度上妨碍市民化的程度。即使如上述自发产生的规避措施实行，仍然存在诸多不确定性风险。当留守于农村的年迈父母逝世时，原先寄希望于通过继承制度继续保有农村房屋及宅基地使用权的打算却遇到了因现有制度限制导致的尴尬。

通过改革宅基地使用权继承制度，使准备进城农民能放心地实现市民化，同时使已变身为市民的原农村居民仍可以合法继承农村宅基地，这样便解决了农民市民化的后顾之忧。

（五）改革有利于保障私人财产权利

在我国，上自宪法，下至民法总则、物权法无不规定对公民合法私有财产及权益的保障，表明保障私人合法财产权已是举国共识。当前，我国法律一方面否定宅基地使用权的继承，另一方面却同时规定保护公民对建基于其上之房屋之继承权，鉴于房屋与土地在物理上的强烈依附性及导致的价值上的依附性，这必然导致继承人的宅基地使用权与房屋所有权的分离，实际上削弱了继承人的房屋所有权效力。反观城镇建设用地使用权，在城镇房地产市场交易实践中，已经明确确立了“房地一体”的原则，从而保障了公民对房屋的相对于农村房屋的更为完整的所有权。

从现有规定来看，实践中名义上保护公民对农村房屋的继承权，但是不承认与农村房屋休戚相关的宅基地使用权可以一并继承，特别是当继承人为非本集体经济组织成员的时候，通常的做法是法院判决非集体经济组织成员的继承人限期拆除房屋，或将房屋折价转让给本集体经济组织其他成员，以实现在表面上的依“法”判决即保证不违反对其主体的限制规定。这种治标不治本的无奈司法实践显然满足不了日益加速的城镇化进程中出现的解决已非个例的此类继承现象的要求，而且这种让继承人限期拆除房屋或将房屋折价转让给本集体组织成员的强制做法无疑侵犯了公民私有的房屋所有权，无异于对所有权的支配排他性、完整性、无期限性等应有之义的篡改，显然违背物权法定原则的强制性规定，也明显违背了我国加大保护私人所有权的改革初衷。

通过改革其继承制度，参照解决城镇建设用地使用权和商品房继承方面的做法，真正给予权利主体以完整的房屋所有权，这既是所有权制度的应有之义，又是不断加强的保障私人财产权利观念的当然要求。

在物权法理论上，继承作为依事实行为取得用益物权的一种方式，继承人当然可以以继承的方式取得宅基地使用权，这在物权理论上没有问题。而且，权利的功能实现需要流转（继承）才能真正实现，物权法也已经由最初的强调物的归属转向兼顾对物的利用，“物尽其用”原则和效率原则的确立即是明证。传统的仅仅规定物权人享有物权，却不允许物权变动或流转（继承），既违背了物权法的初衷，也不符合现行市场经济体制下资源优化配置的要求。

四、农村宅基地继承制度改革的方向

农村宅基地是我国农民安身立命的基本保障。中国是农业人口占多数的国家，在经济社会不发达、社会保障制度还不能完全支撑农民基本生活需求时，利用集体所有制无偿分配给农民居住用地，使农民居者有其屋，是实现农村稳定的基本前提。

随着改革开放以来社会经济的发展和社会环境的改变，宅基地使用权成为一种有限资源。而我国现行法律法规对农村宅基地制度设置了严格的限制，使其仅仅发挥着维护农村村民基本居住权的作用。从计划经济体制延续而来的宅基地使用权制度阻碍了城乡二元结构体制的破解和城镇化建设进程的推进，也限制了非集体经济组织成员继承人对其继承权的行使。因此，构建现代化的宅基地使用权继承制度，需要在社会保障性基础上，完善宅基地使用权的用益物权权能，充分发挥宅基地使用权的经济价值，使其起到增加农民收入、改善农民生活的作用。

（一）要遵循农村宅基地继承制度改革的基本原则

1. 遵循物权平等原则

物权法专章将宅基地使用权规定为用益物权的一种，明确了宅基地使用权的物权属性。但由于只有简单的 4 条，过于简陋，没有就宅基地使用权的收益、处分权能作出明确规定，并且对其权利内容、变动条件和程序只设置转引性条款，使其适用土地管理法中相关的法律条文。受困于宅基地使用权的社会福利性，在物权法中宅基地使用权虽然与城镇建设用地使用权分列，但前者的收益和处分权能受到极大限制，结果使得宅基地使用权的用益物权属性有名无实。城镇居民享有住宅的所有权，房屋占用地的建设用地使用权也可按照房地一体原则随同房屋一起流转；农村村民虽享有房屋的所有权，但宅基地使用权流转受到严格的限制。这种限制实质上剥夺了农民处分自己财产的权利，违反物权平等原则，无法使农民享有通过土地使用权流转所产生的巨大经济利益，也无法实现农村与城市土地和房产权利流转的自由和平等。不解除对宅基地使用权的不合理限制，就无法使宅基地使用权和城镇建设用地使用权处于平等地位。

党的十八届三中全会通过的《中共中央关于全面深化改革若干重大问题的决定》强调保障农户宅基地用益物权，2015 年初中央又出台了《关于农村土地征收、集体经营性建设用地入市、宅基地制度改革试点工作的意见》，标志着新形势下我国的“新土改”已拉开帷幕。在这样的背景下，旧有的宅基地使用权需要进行现代化改造。因此，为了保护农民以土地为核心的财产权利，最大限度发挥宅基地使用权的用益物权权能，建议在物权法第二百五十二条宅基地使用权的内容上增加收益和处分权能。同时，除修改物权法相关规定外，还应清理现有有关宅基地使用权的法律、法规。

2. 遵循物权效率原则

物权效率原则是指“物权制度应当以提高物的利用效率，发挥物的最大效益为制度安排的根本指导思想”①。宅基地使用权是我国物权体系的重要组成部分，因此在宅基地使用权现代化构造中，应当坚持物权效率原则，建立健全相关制度，凸显效率价值。

我国宅基地使用权制度设计之初，并没有考虑制度本身的合理性，而是

① 吕军书. 物权效率维度下我国农村宅基地市场配置探微 [J]. 河南大学学报（社会科学），2012（1）：36.

将其作为推行工业化和抽取农村资源的手段。但是随着市场经济的发展，我国社会面临着由农业社会到现代工业社会的转变，农村宅基地承载房屋、保障居住等传统功能逐步萎缩，而财富储存功能、产业空间聚集功能、土地增值等新兴功能不断加强[①]。宅基地使用权旧有的通过行政方式统一分配、无限期使用和限制流转的配置方式，使得宅基地的利用效率达到最低点，无法满足农村经济发展的要求，造成了土地资源的浪费。而城镇建设用地使用权在土地资源市场化的背景下，已经建立了完善的土地流转市场，土地利用效率大大提高。宅基地使用权现代化构造的目标就是使其成为城镇建设用地使用权一样的用益物权。宅基地使用权继承制度改革时必须考虑如何更好地配置资源，提高宅基地使用权的利用效率，使得农村村民在保障居住权的基础上，最大限度实现其经济价值。

3. 遵循保护公民财产继承权原则

我国宪法第十三条明确规定了公民私有财产继承权受法律保护。农村村民所拥有财产中，房屋往往是价值最大的不动产，可以由合法继承人依法继承。但与房屋密不可分的宅基地使用权，根据土地管理法有关规定，其具有强烈的人身依附性。因此，不具有集体组织身份的继承人对被继承人合法拥有的房屋虽然享有继承权，但其无法通过继承的方式取得宅基地使用权。与宅基地使用权继承相对应的是个人承包收益的继承。按照继承法第四条规定，个人承包应得的收益可以依照本法继承。宅基地使用权和个人承包应得收益都属于被继承人生前的生活和生产资料，前者不能被继承，后者可以被继承，这违背了继承法和宪法的精神，是对公民合法财产继承权的一种侵犯。宅基地使用权本身属于财产权，继承权是财产权的延伸，不能继承的财产权是不完整的财产权。因此，在修改我国继承法时，宅基地使用权应作为遗产权的客体允许继承。

① 王崇敏，张丽洋. 我国农村宅基地使用权继承制度的构建[J]. 河南省政法管理干部学院学报，2011（5）：145.

（二）关于农村宅基地继承主体的改革与完善

宅基地使用权继承主体可分为两类，一类是本集体经济组织成员，另一类是非本集体经济组织成员。关于这两类主体对农村宅基地行使继承权有着不同的改革路径。

1. 集体经济组织内部成员对农村宅基地的继承

当继承人和被继承人共同生活，属于同一户时，只要符合继承条件，被继承人的宅基地使用权可以被继承。继承人与被继承人共同享有房屋的所有权与宅基地使用权，被继承人死亡后，房屋所有权与宅基地使用权直接由继承人继承①。

继承人是不与被继承人共同生活的本集体经济组织成员，符合宅基地申请条件的，也属于本户内部继承，应允许继承人继承。但继承人行使继承权后，不得再另行申请宅基地。这样可以避免出现宅基地荒弃或浪费问题。

继承人是本集体经济组织成员，但该继承人已单独立户，有自己的宅基地使用权，如果允许其继承将会导致一户多宅的情形出现。根据我国法律规定，一户只能拥有一处宅基地，但有些学者对此的理解是：这是对宅基地申请时所提出的要求（一户只能申请一处住宅），并没有限定继承后一户多宅的情况②。在国土资源部 2010 年下发的《关于进一步完善农村宅基地管理制度切实维护农民权益的通知》中将“一户一宅”的内涵明确规定为：农村居民一户只能“申请”一处宅基地使用权。所以依照该规定“申请”和“拥有”是两个不同的概念，一户一宅是对原始取得主体的身份限制，不是对继受获得主体身份限定，也不应禁止继承人通过继承获得多处宅基地。如果村民拥有两处以上的宅基地，只有一处是通过申请获得的，其他是通过继承获得，就符合该通知的规定③。因此，在这种情况下，应当允许继承人进行继承，但是对其必须进行一定的限制。例如，继承人需要支付一定的费用；继

① 胡蓉. 我国的宅基地制度：理论研究的历史与趋势 [J]. 云南社会主义学院学报，2013（1）：80.

② 高圣平，刘守英. 宅基地使用权初始取得制度研究 [J]. 中国土地科学，2007（2）：36.

③ 王崇敏. 宅基地使用权保障机制研究 [J]. 河南财经政法大学学报，2013（5）：90.

承获得的宅基地使用权设有使用时间的限制等。特别是如果其他村民依法申请宅基地，而本集体的宅基地又紧张，可以以受让人支付一定的经济补偿金为代价，优先购买一户多宅继承人的宅基地使用权。这样既可以保护继承人合法权益，也可以缓解宅基地供应紧张的局面。

2. 非本集体经济组织成员对农村宅基地的继承

如继承人已单独立户，但没有宅基地，虽然继承人不是本集体经济组织成员，不具有申请宅基地使用权所需要的身份，也应允许其继承宅基地使用权。因为，继承人虽非本集体经济组织成员，但是没有宅基地其无法解决居住问题，宅基地使用权设立的目的就是为农民生活提供基本社会保障，实现居者有其屋。在此种情况下，也应允许继承人继承宅基地使用权[①]。

如果继承人已单独立户，并且已有宅基地。对于这种情况，可以设立自动消灭时效[②]，即如果继承人在一定时间内不对继承的宅基地加以利用，村集体有权收回。对于有宅基地并且不是本集体经济组织成员的继承人，限制要更严格。除了在上一种情况中的限制手段外，还要设定自动消灭时效。

如上所述，不论继承人是否为本集体经济组织成员，都享有继承权。因为，无论何种身份主体取得宅基地使用权，集体经济组织仍然拥有土地所有权。而集体经济组织可通过一些限制手段，在维护集体经济组织所有权的基础上保护继承人的继承权。同时宅基地使用权也是用益物权，对继承人的主体资格进行限制，不符合物权平等原则，事实上也无必要。但是对宅基地使用权继承主体的开放不是对宅基地使用权继受取得的完全放任。具体而言，可以要求继承人支付一定的费用，宅基地使用权附加一定的使用期限。对于经济发达地区的农村和农户社会保障制度比较完善的地区，宅基地对其保障功能已经逐渐萎缩，因此可以建立宅基地使用权退出机制。集体经济组织及其成员可以对宅基地使用权人给予公平合理的补偿，从而享有对流转的宅基地使用权的优先购买权。在某些情况下，还可以设立自动消灭时效，收回继承人所继承的宅基地使用权。

---

① 丁延卿. 农民土地权利继承研究 [D]. 合肥：安徽大学，2014：29.

② 姜红仁. 关于农村宅基地使用权继承的法律思考 [J]. 江西社会科学 ,2012（2）：159.

（三）关于农村宅基地继承条件的改革与完善

1. 要实现房屋与宅基地一并继承

当继承发生时，农宅作为遗产可由继承人继承，而与农宅紧密相连的宅基地使用权不属于遗产，无法继承。为解决这一矛盾，有学者提出这样一种方案，只转让房屋所有权，但宅基地使用权不一起转让。还有学者进一步提出，当宅基地上房屋所有权让与他人时，保留宅基地使用权，仅需为取得房屋所有权之人在宅基地使用权上设定法定或约定地上权，通过这种方式，房屋所有权人获得占用宅基地的合法地位[①]。笔者认为这种观点并不妥当。首先，房屋所有权人应当享有土地使用权，因为所有权人使用房屋的同时，也在占有、使用房屋所在的土地。如果允许房地分离，否定宅基地使用权与房屋一起继承，则继承人继受的是无土地使用权的“小产权房”。其次，如果在土地使用权之上再设定地上权，将使土地上的权利状态更为复杂[②]，容易产生各种权属纠纷。而且，地上权设立的目的是在宅基地使用权不移转的情况下，房屋所有权依托地上权而转移，但由此而产生的后果是：宅基地使用权的所有权化得到强化，使其无限接近所有权，而作为农地权利体系基石的集体土地所有权进一步被削弱。最后，城市房地产管理法第三十二条、物权法第一百四十六条、第一百四十七条和第一百八十二条规定了“房随地走”和“地随房走”规则。这些规定表明城市房屋转让适用房地一体化原则，如果农村房屋转让实行房地分离原则，将导致城市和农村房产转让适用两套不同规则，阻碍我国将来城乡统一建设用地市场的建立。

因此，继承发生时，宅基地和其上的房屋不能分离，必须一起进行继承。

2. 要加强宅基地使用权的登记工作

根据我国物权法第六条规定，不动产物权的公示，需要依法进行物权登记。不动产物权以登记作为物权变动的基本公示方法。因为物权的取得必须

① 王卫国，朱庆育. 宅基地如何进入市场？——以画家村房屋买卖案为切入点 [J]. 政法论坛，2014（3）：92.

② 李石山，汪安亚，唐义虎. 物权法原理 [M]. 北京：北京大学出版社，2011：246.

有足以由外部可辨认的特征，才能表明其法律关系，避免第三人遭受损害，保护交易安全[①]。

我国不动产登记原则上采用登记生效主义。除此之外，立法者根据制定物权法时我国实际情况和登记制度的现状，对部分物权（土地承包经营权和地役权）的变动采取登记对抗主义作为例外。宅基地使用权采取何种登记主义，物权法没有明确规定。针对立法缺失，学者们进行了不同的解读。有的学者认为，宅基地使用权的设立无须登记，其设定以申请人完成审批程序为条件[②]；有的学者认为宅基地使用权属于不动产权利，依据现行法规定，登记为其公示方法，其权利的设定应当是登记生效[③]。笔者赞成这种观点，宅基地使用权及其上的房屋作为价值较大的不动产，只有通过登记的方式将权属的存在和变动进行公示，才能使民众知晓物权的现状，起到保护物权人权利和降低物权变动风险的作用。

随着《不动产登记暂行条例》及其实施细则的实施，全国范围内不动产登记工作正在进行。在国土资源部等五部门联合下发的《关于进一步加快推进宅基地和集体建设用地使用权确权登记发证工作的通知》中，要求在全国建立和实施不动产统一登记制度的同时，逐步推进农村宅基地和集体建设用地使用权确权登记工作。这两项农地权利的确权登记，将为进一步改革和完善宅基地制度、建立城乡统一的建设用地市场奠定基础。宅基地使用权登记可参照城市房地产登记办法，向其使用权人发放全国统一的宅基地使用权证，纳入全国联网的不动产登记信息管理基础平台进行统一管理[④]。随着全国范围内登记基础工作的完成，未来我国不动产统一登记制度采用登记生效主义将成为必然[⑤]，完善宅基地使用权登记制度也指日可待。

目前，根据《不动产登记暂行条例》第五条和《不动产登记暂行条例实

① 王泽鉴．民法物权（第 1 册）[M]. 北京：中国政法大学出版社，2002：52.
② 王利明，等．中国物权法教程 [M]. 北京：人民法院出版社，2007：232.
③ 高圣平，刘守英．宅基地使用权初始取得制度研究 [J]. 中国土地科学．2007（2）：36.
④ 吕军书，李茂．土地发展权转移视角下我国农户宅基地有偿退出的路径选择 [J]. 河南师范大学学报（哲学社会科学版），2014（6）：124.
⑤ 耿卓．论宅基地使用权的物权变动 [J]. 政治与法律，2012（5）：34.

施细则》第四十条，依法利用宅基地建造住房及其附属设施的，可以申请宅基地使用权及房屋所有权登记。被继承人（申请人）通过法定的公示程序，取得房屋所有权和宅基地使用权的权属证书，证明其取得的物权具有法律效力。当宅基地使用权与房屋发生继承时，继承人根据该权属证书进行继承。但是为避免权属混乱和纠纷产生，继承人还应到不动产登记机构进行不动产物权的变更登记。

（四）关于农村宅基地继承方式的改革与完善

改革农村宅基地继承方式，应该实行实物继承与货币继承相结合。实物继承是一种最常见，且简单易行的财产继承手段，它具有不可分割性；而货币继承则需要对将要继承的财产进行市场价值评估，甚至分割。货币继承是实物继承的完善与补充，两者结合起来使用效果会更好。在继承人行使宅基地继承权时，不要僵化地使用实物继承，而要根据具体情况采取多元化的继承方式。在继承人继承农村宅基地时，如果没有法律与制度的障碍，没有产权纠纷及产权分割之扰，可以实行实物继承。

如果继承人继承农村宅基地时，有两个或两个以上遗产继承人，则构成共同继承，需要对共同遗产（房屋所有权和宅基地使用权）进行分割。《不动产登记暂行条例实施细则》第四十三条规定：申请宅基地等集体土地上的建筑物区分所有权登记的，参照国有建设用地使用权及建筑物区分所有权的规定办理登记。根据该规定，继承人通过继承获得宅基地上房屋区分所有权（包括宅基地使用权的按份共有）。当有些继承人是本集体经济组织成员，而另一些继承人是非集体经济组织成员时，这种分割方式既复杂又可能会导致财产的价值减少。考虑到要尽可能避免房屋所有权人和宅基地使用权人的分离，可由具有集体组织成员身份的一名继承人继承宅基地和房屋，其余继承人可放弃实物继承。经全体继承人协商，由继承人给予其他放弃继承权的继承人一定货币补偿。另外，有些地区农村宅基地闲置现象普遍存在，也可以由继承人申请货币宅基地，以避免实物宅基地继承导致一户多宅和闲置住宅增加。针对上面这种状况，选择货币继承方式则较为科学，这样既保护了公民的财产权，又规避了法律风险。

（五）关于农村宅基地继承制度的改革与完善

1. 继承人取得宅基地使用权应支付相应的费用

农村宅基地使用权是保障农民居住权的用益物权。在社会保障性制约下，本集体经济组织成员可以在不支付对价的情况下无期限地使用宅基地。但宅基地使用权原始取得的无偿只是因农民身份分配的结果，是农民作为集体经济组织成员享有的福利。而宅基地使用权的继承属于继受取得，原始取得的无偿不能成为否定继受取得有偿的理由。在继承发生时，如果继承人是非本集体经济组织成员，其不具备取得宅基地使用权的条件。如果为保护继承人的继承权，允许其对房屋所有权和宅基地使用权一并继承，则必然会损害集体经济组织的集体利益。因此，要求这一类继承人支付一定的费用，来获取宅基地使用权，不仅可以保护被继承人的合法财产权，还可以化解集体利益和个人利益的冲突，符合民法的公平原则。如果继承人是本集体经济组织成员但已有自己的宅基地，则继承会导致一户多宅、住宅超标现象出现，这与保障农民基本生活条件的立法原则不相符。因此，继承人只有支付对价后取得宅基地使用权才能弥补集体经济组织的利益。这些有偿使用宅基地所得收入可以归入本集体经济组织，作为农村集体整体的福利保障，可以用于加大农村公共基础设施以及公益事业建设的投入。

农村宅基地使用费可以以城镇建设用地出让金为模板，用农村宅基地使用金名义来收取。所谓“农村宅基地使用金”，是指农村村民、城镇居民、法人及其他组织，依买卖、继承、赠与等方式受让农户初始取得的农村宅基地时，应当支付给土地所有权人的土地使用费[①]。宅基地使用费具体标准可由各地根据当地实际情况制定并允许当事人在一定范围内协商。考虑到农民经济能力有限，宅基地使用费收取可采用逐年收取的方式。这样既可以减轻农民的经济负担，也可以使集体经济组织获得长期、稳定的土地财政收入。虽然该项收入属于集体经济组织，但是为了加强监管，防止宅基地使用金被滥

① 龙翼飞，徐霖. 对我国农村宅基地使用权法律调整的立法建议——兼论“小产权房”问题的解决[J]. 法学杂志，2009（9）：30.

用，可由土地管理部门代为收取，再转交给集体经济组织。

2. 因继承获得的宅基地使用权要有时间限制

长期以来，我国宅基地使用权没有使用期限的限制，其目的是保障农村村民生存居住。但根据物权法的基本理论，宅基地使用权是从集体所有权上派生的用益物权，属于他物权。作为他物权均应受到一定期限的限制，若宅基地使用权长久存续，将会与所有权发生矛盾①，也会使宅基地使用权与建设用地使用权、土地承包经营权等用益物权不一致。当宅基地使用权处于静态持有状态，使用权无期限对此影响不大；当宅基地使用权转让（例如继承）时，则应当明确规定宅基地使用权的时限②。如果不对土地使用权加以时间的限制，其转让后，将导致土地所有权权能无法回归，不能恢复土地所有权完整的样态。结果是宅基地使用权脱离集体所有权，成为事实上私人所有权，损害了集体所有权人的利益。

需要讨论的问题是，怎样设计宅基地使用权的期限？有学者认为可参见城镇居住用地最长 70 年的规定③，也有学者建议继承获得的宅基地使用权可以以农屋存续时间为限④。

笔者认为，第二种观点较为妥当，应以继承宅基地使用权上的房屋的自然寿命决定宅基地使用权期限。房屋灭失后，继承人失去使用宅基地的基础，土地使用权终止，集体经济组织可以将其收回。通过继承获得的宅基地使用权，继承人只能进行修缮，用以保持和维护宅基地和其上房屋的状态，但不可以重建。

3. 建立宅基地有偿退出机制

随着城镇化进程的加速，大量农村劳动力流入城市，导致家乡宅基地及房屋大量闲置。同时，允许宅基地使用权继承也会导致一户多宅现象，从而导致宅基地的闲置。而作为一个“理性经济人”，继承人为个人利益最大化，

---

① 房绍坤．物权法用益物权篇 [M]. 北京：中国人民大学出版社，2007：221.

② 江晓华．宅基地使用权转让的司法裁判立场研究 [J]. 法律科学（西北政法大学学报），2017（1）：199.

③ 王留彦．宅基地使用权与房屋继承权的冲突探析 [J]. 改革与战略，2011（10）：44.

④ 张卫．论农村宅基地使用权的继承 [J]. 河南省政法管理干部学院学报，2010（1）：143.

一般不会主动退回宅基地。根据调查，农民普遍认为，宅基地是个人财产，可以继承，就是自己不使用，哪怕闲置，别人也无权过问。因此，为提高宅基地的利用率，解决宅基地闲置问题，可以通过经济补偿方式引导农民自愿退出宅基地，逐步建立适应我国国情的农村宅基地退出制度。

我国现行法律中，土地管理法第六十五条规定：因乡村公共设施和公益事业需要、不按照批准使用或停止使用时可以收回宅基地使用权。土地回收，应给予适当补偿。该法第四十七条将土地收回的补偿标准下放到地方政府，导致各地集体土地收回补偿标准混乱，有些地方甚至没有补偿规定①。根据物权法第四十二条规定，征收集体所有的土地要足额支付土地补偿费、安置补偿费等费用，安排被征地农民的社会基本保障费用，保障被征地农民的生活。虽然该法律条文规定了补偿的基本内容，但对补偿标准、补偿方式没有明确规定，同样不具有现实操作性。

国务院《关于进一步推进户籍制度改革的意见》强调，建立我国宅基地退出机制，应尊重农民个人意愿，不得以退出土地承包经营权、宅基地使用权、集体收益分配权作为农民进城落户的条件，防止农民“被上楼”现象的出现。宅基地回收时，需要保护农民合法利益，应对使用权人进行合理补偿。补偿标准不仅需要考虑宅基地的保障功能，还需考虑宅基地使用权的收益功能。可以以邻近城镇土地市场价值为标准，除房屋的补偿外，还包括宅基地面积的补偿②。宅基地补偿金核算、宅基地使用权退出价格和集体建设用地价格评估可由第三方土地评估机构进行。

（六）建立农村宅基地继承的配套制度

1. 健全农村社会保障体系

有些学者反对宅基地使用权的继承，最根本的理由是担心宅基地使用权如果允许非集体经济组织成员继承，突破了宅基地使用权人的身份限制，使宅基地在农村居民和城镇居民之间发生流转，将导致宅基地所承载的保障性

① 陈小红. 试论农村宅基地征收补偿制度的完善 [J]. 辽宁交通高等专科学校学报，2013（6）：37.

② 程春丽. 农村宅基地退出补偿与利益机制构建探析 [J]. 农村经济. 2014（1）：16.

功能丧失。

我国农村宅基地所承载的社会保障功能是农村经济发展水平较低状况下的一种必然选择，也是我国农村社会保障体制不健全的体现。但是随着农村经济发展水平逐步提高，宅基地的资产功能得到显现，其社会保障功能在不断减弱。宅基地虽然能提供基本生存保障，但无法满足农村居民生活水平提高所提出的教育、医疗等要求，这些社会保障功能，需要通过整个社会资源的综合运用来实现①。如果过于强调宅基地的社会保障功能，不仅混淆了权利的性质，而且使国家借以逃避本应向农民提供的真正社会保障，大大增加了流转宅基地使用权的制度成本②。所以，应根据经济发展变化，在进行宅基地使用权继承制度改革时，不再将保障功能视为宅基地首要功能，而是由国家建立健全社会保障制度，为国民提供充分社会保障。只有通过完善的社会保障，才能解放宅基地使用权的社会福利属性，还原其作为财产的生产要素这一本性，发挥其财产性作用，为宅基地使用权继承制度改革提供良好基础。

经历 40 年改革开放，我国农村社会保障体系正在逐步建立，包括农村最低生活保障、农民养老保险、农村新型合作医疗等制度。但是这些制度尚不完善，存在不少问题。例如农民养老保险制度构建中还存在养老保险金额度有限的问题；新农合制度构建中，地方政府限定报销数额、缩减报销范围的问题。特别是在住房保障这一方面，农村居民无法像城镇居民一样，低收入人群有经济适用房、廉租房、公租房的住房选择。如果农村居民因为经济困难卖掉自己的房屋和宅基地，没有住房保障的农民将陷入无家可归的局面。所以，可以仿照城镇实行经济适用房和廉租房制度，建立农村住房保障体系，解决农民投入宅基地市场的后顾之忧，使宅基地不再成为农村居民唯一的生存保障。

2. 继续深化农村户籍制度改革

受历史因素影响，我国在户籍管理上实行城乡二元户籍制度，从而人为

---

① 陈美球，等. 适时促进农村土地由保障功能向资本功能的转变 [J]. 江西农业大学学报（社会科学版），2005（4）：17.

② 张国华. 论宅基地使用权的功能 [J]. 天津法学，2013（3）：24.

地逐步确立和巩固了城乡二元结构，将农民与农村土地捆绑在一起。这种城乡分割的状态和城乡居民身份及待遇差异，是宅基地使用权身份限制的根源。

市场经济发展对劳动力和专业技术人员的内在需求要求人口必须加以流动。不合理的户籍管理制度限制了农村居民向城镇的流动，严重影响了社会经济的发展水平，尤其是农村发展水平。同时，我国农村剩余劳动力进城成为为城市建设作出贡献的农民工团体，但在城市的农民工却因为没有城市户口而无法享受相应的社会保障。为留后路，农民往往紧紧抓住土地上的权利不放。现行宅基地使用权继承的身份限制，导致进城生活的农民即使不以农业收入作为收入来源，也保留至少一个家庭成员的农村户口。要改革宅基地使用权继承制度，需要先变革我国的户籍制度。

户籍制度改革与土地制度改革是相伴随而产生和发展的，一方变革会引起另一方的变革，二者呈现互动性[①]。2014 年国家层面的户籍制度改革正式启动，这项改革以消除城乡居民之间的不平等待遇、赋予公民迁徙相对自由为改革目标，最终促使城乡二元结构从根本上被打破。

笔者认为，户籍制度改革要充分考虑其和土地制度改革的密切关系，确保人员有序流动的同时，农村土地资源也应合理流动，实现土地的规模化经营，使一部分农民向城镇合理流动，加快城镇化进程。

3. 建立全国城乡统一的建设用地市场

宅基地使用权继承虽然解决了农民财产权问题，但只有允许农民手中的宅基地进入市场流转，才能将其拥有的财产权转变成实际的利益。宅基地继承制度改革是我国宅基地制度改革的一部分，也是将来集体建设用地制度改革和城乡统一建设用地市场建设的起点[②]。

我国现行法律框架中，建设用地分为城市建设用地和集体建设用地。根据土地管理法相关规定，工业用地原则上由国有建设用地供给，农民集体所

---

① 汤玉权. 论户籍制度改革与农村土地制度的变革——对四川省南充市马桥村的调查分析 [J]. 东南学术，2006（1）：81.

② 刘红梅，等. 经济发达地区农村宅基地使用权继承研究 [J]. 中国土地科学，2014（2）：51.

有的土地使用权不得出让、转让或出租用于非农业建设。国家不允许集体经济组织流转集体享有所有权的土地，将该土地的用途限制在宅基地、乡镇企业和乡镇公益性设施建设。当需要集体所有的土地作为建设用地时，政府通过征收方式将土地性质转变为国有建设用地使用权，再通过出让或划拨方式将土地流转出去。在出让这种情况下，集体所有的土地产生的大部分价值收益被收入公共财政中，农民所获得的补偿仅占收益的一小部分。如上所述，农村集体建设用地（经营性建设和住宅建设用地）并不具有完全财产属性。否则无法解释以下问题：作为所有权人的集体对所有之物为何不能进行收益和处分？这种将农村集体和农民排除在建设用地市场之外的集体建设用地入市规则，极为不合理，必须加以现代化的构造。党的十八届三中全会通过的《中共中央关于全面深化改革若干重大问题的决定》（以下简称《决定》）对中国农村土地制度作出了整体的改革指导。在《决定》中，将放开农村宅基地市场、同地同权、构建城乡统一的建设用地市场，增加农民收入作为明确的改革目标。

要实现《决定》中的“同地同权”，首先应取消土地管理法和城市房地产管理法中对农村集体建设用地流转的限制，实现物权法第四条所确立的物权平等原则。不仅城市建设用地和集体建设用地需要同权，宅基地也应纳入统一建设用地市场。其次，要保障农民在土地流转中的收益。开放宅基地使用权流转市场后，宅基地使用权和房屋所有权一并流转，而两者所有权人不同，产生收益分配问题，包括房屋流转所得和土地流转所得。所以，应在公开、透明并有效的监督机制下，将收益分为宅基地所有权人收益、宅基地使用权人收益、国家税收三部分，进行分配①。收益大部分应归宅基地使用权人和所有权人（农村集体）。农民集体和农民个人之间的分配比例可由集体进行商讨，国家做好评估工作、管理房地产市场等基础工作即可。

五、农村宅基地继承制度改革的风险防范

目前，我国农村宅基地继承制度已经不符合城镇化快速发展的要求，出

① 李玲瑜. 农村宅基地使用权流转法律问题研究 [D]. 济南：山东大学，2013：35.

现了现实与法律的冲突，制度重构势在必行。正在进行的全国农村宅基地制度改革试点工作也在试点地区悄然启动，农村宅基地继承制度改革与完善是其应有之义。推进农村宅基地继承制度改革与创新，政府要转变职能，未雨绸缪，做好改革的风险预警和防范工作。

（一）防范集体耕地流失的风险

宅基地使用权允许继承并不违背我国保护耕地的基本国策，也不意味着耕地保护与宅基地继承互不相容。首先，耕地和宅基地使用用途不同，国家依据土地用途进行不同的管理。这种耕地和宅基地的分类管理意味着两者的转换需要严格的审核。耕地保护出现问题是耕地管理工作中执法不严造成的。宅基地使用权流转不会对耕地保护造成影响。其次，农村耕地面积减少的一个重要原因是城镇化、工业化对土地的大量需求。不能认为这是宅基地流转（包括继承）所引起的。实际中所出现的农民占用耕地建房的现象，是其对土地权利的滥用，应当属于宅基地管理制度上的问题。我国旧有的宅基地管理制度应进行现代化构造，例如采取有效措施，强化规划、审批的管理，并监管其实施过程，从宅基地的取得、使用、流转和退出等多个环节，对宅基地建设加以规范，来达到节约耕地资源、提高土地利用率的目的。再次，耕地保护更多地应该运用经济和行政手段，增加农业投入，提高农民农业生产的积极性，而不是通过限制宅基地流转的方式。最后，宅基地使用权继承是有时间限制的。房屋灭失后，继承人失去使用宅基地的基础，土地使用权终止，集体经济组织可以将其收回。“这样的制度设计，是不会造成耕地减少的，只是让这种用益物权多存续一段时间而已。然而，它却是保护耕地与保护公民继承权之间的美妙平衡。”①

（二）防范农户一户多宅的风险

虽然土地管理法第六十二条确立一户一宅原则并对宅基地面积进行限制，但是这一规定经常被突破。据中国社科院《农村经济绿皮书》显示：农

① 张卫. 论农村宅基地使用权的继承 [J]. 河南省政法管理干部学院学报，2010（1）：143.

村村民的住宅空置率已经高达30%左右[①]。在“一户多宅”“超面积占用”比较严重的情况下，农村宅基地继承会促进农户宅基地宗数以及使用面积进一步增多，使原本较高的农房（宅基地）空置率再度上升。

农村宅基地继承制度改革之后，农村宅基地可以顺利继承，或者通过缴纳一定的费用、附加一定的年限之后实现继承权，这样可能会使原先违法占用的宅基地，或者超过法定使用面积的宅基地，或者一户多宅者通过宅基地继承使之合法化，这与我国设定农村宅基地使用权制度的初衷相违背，也不利于集体建设用地的集约节约利用。作为稀缺资源的建设用地已成为制约工业化、城镇化的发展瓶颈，建设用地增量不足，存量利用效率不高的矛盾异常尖锐，过高的空置率有违正在进行的农村宅基地管理制度改革宗旨，也是土地供给侧结构改革着力解决的难题。

（三）防范农民利益受损的风险

按照土地管理法精神，对于“一户多宅”“面积超标”“非集体经济组织成员继承人”是不能直接行使农村宅基地继承权的。否则会侵犯农户的私有财产权，使原本缺少财产性收入渠道的农户更加困难。改革需要付出成本，关键是改革成果如何分配，是为大多数人谋利益，还是让少部分人获利？这是检验“良政”和“劣政”的关键。

目前，我国以每年1.23个百分点的速度推进着城镇化发展，每年将有2000多万农民进城[②]，父辈是农业人口，新生代是城镇人口的家庭将会越来越多，如果因农村宅基地的主体身份限制而剥夺其继承权，将会是法律调节的偏差。目前，农民在国家占绝对比重，“三农”问题仍是中央和政府工作的重中之重，农民利益不能侵害也是我国推进农村各项事业改革的底线。从调研来看，农民的法律素养较低，对于农村宅基地管理制度和有关法律知之甚少，普遍认为继承祖辈遗留的宅基地和房屋合情合理，因此，在农村，

① 楚德江．农地承包权与宅基地使用权退出机制创新研究 [M]. 北京：中国出版集团，世界图书出版公司，2016：120.

② 潘成华．我国农村城镇化过程中存在的问题，[J]. 经济研究参考，2016（71）.

宅基地被继承的状况成为常态。因土地管理法规定的农村宅基地申请取得的“三个基本条件”而剥夺（或限制）继承权，将会极大地损害农民的土地权利和利益。再者，农民房产可能是农民一辈子的心血，也是农民最大的财富，因现行法律规范而剥夺（或限制）继承人的继承权，可能会损害到农民的私有财产。通过农村宅基地继承制度改革，借鉴解决城镇商品房继承方面的做法，真正给予权利主体以完整的房屋所有权，这既是我国物权制度的应有之义，也是不断加强保障私人财产权利观念的当然要求。

（四）防范乡村伦理破坏的风险

中国传统乡村社会以自给自足的生产方式和相对封闭的生活方式为基本特征，在此基础上产生了具有自身特色的乡村伦理关系和道德生活样式。中国传统乡村社会是一个建立在“血缘”和“地缘”基础上的“熟人”社会，以“人情”为纽带，以“互信”为基础，成为乡村社会交往的伦理。农村宅基地继承一旦放松“身份限制”后，城镇市民、非集体经济组织成员与农村村民将混居一起，传统的“血缘”“地缘”和“熟人”关系将会被打破，几千年来形成的传统的家庭观、生活观、道德伦理观等都将受到挑战。再者，村庄是中国乡村社会的基本单位，承载着一些基本的功能，一些公共服务产品也要靠集体经济组织来提供。例如，村庄道路、供水、环境卫生等。农村宅基地继承一旦放松“身份限制”后，传统意义上的“村民”将逐渐多元化。集体经济组织也因此减少了投资村庄公共服务的动力，导致村庄的公共性投资衰退，原本作为伦理性与功能性一体的村庄也将难以维系，最终农民将逐渐失去最后的生存希望和家园①。农村宅基地继承放松“身份限制”后，城镇市民与村民混居一起难以避免。在我国历史上，城市大多数情况下是先进生产力和先进文化的代表，且始终是乡村的学习表率、仿效榜样和判别标准，尤其是城市的伦理道德不管是正面的、反面的，都对乡村起着引导作用、传承作用，城市里那些负面伦理也会自然传导到乡村。例如，城市居民的泛商品化导致农村“拜金主义”流行，城乡贫富差距扩大导致农民心态失

---

① 吕军书，郭杨. 农村宅基地流转背景下乡村伦理破坏的风险防范 [J]. 农业经济，2014（4）：33.

衡，城市居民的现代思潮导致农村居民“东施效颦”等。因此，必须把农村宅基地继承改革之后可能破坏农村伦理道德的风险放在重要位置[①]。

（五）防范新型城镇化延缓的风险

与发达国家相比，我国的城镇化率还比较低。目前，国家正多策并举快速推进新型城镇化发展，大批农民正在逐渐转变成城镇居民，其集体经济组织成员权也正在丧失。实践中，国家和政府也多次强调，农民转变为市民不能以“双放弃”（放弃农村土地承包权，放弃农村宅基地使用权），或者“单放弃”为条件，要让农民自愿选择、有偿放弃，逐渐融入城镇中。

如果这时再因身份特性而剥夺市民化后的农村宅基地继承权，基于“经济人”的思维，农民就会考虑城镇化的得失。在目前农村社会保障低水平的状态下，农村土地制度仍具有保障性物权性质，是保障农民“耕者有其田”和“居者有其屋”的物质基础。如果农民仅仅为了城市优美的人居环境、较好的社会保障、健全的公共服务而转变为市民，进而放弃农村宅基地继承权，农民会审慎决断。农民因宅基地继承问题而对市民化顾虑重重，则有违国家推进城镇化的本意。通过农村宅基地继承制度改革，可以使已转变为市民的原农村居民仍可以合法继承农村宅基地，这样便解决了农民市民化的后顾之忧，也有效防范了因宅基地继承困境而成为城镇化的掣肘。

① 吕军书，郭杨. 农村宅基地流转背景下乡村伦理破坏的风险防范 [J]. 农业经济，2014（4）：33.

第十二章　农村宅基地流转制度的改革与创新

农村宅基地是农民重要的生产和生活资料，全国约有4亿亩宅基地，数量庞大。农村宅基地使用权流转问题在我国由来已久且备受争议，从新中国成立后的实践看，宅基地使用权流转经历了数次政策变迁，交易由宽到严再到较严，由完全允许到完全禁止再到个别允许、有条件的允许，每次变迁都是随当时社会经济基础变化而变化，具有鲜明的时代特征。自20世纪90年代末至今，随着我国城市化和市场化进程的不断发展，现有的宅基地使用制度虽几经修改，却还是难以适应时代发展的需要，进行农村宅基地使用权流转的法律制度创新势在必行。

一、农村宅基地流转的立法现状及缺陷

我国土地立法体制日趋完善，但有关农村宅基地使用权流转问题却是立法缺位或虚位的一个领域，我国现行法律法规并未明文禁止农村宅基地使用权的流转。

宪法是我国的根本大法，宪法第十条第四款规定："任何组织或个人不得侵占、买卖或者以其他形式非法转让土地。土地的使用权可以依照法律的规定转让。"从宅基地使用权的角度讲，该条文明确了宅基地使用权的转让应根据法律的规定。

物权法体现了对公有财产和私有财产给予平等保护的新理念，它把"宅基地使用权"作为独立的一章加以规定，足显其重要性。关于宅基地使用权的转让，物权法第一百五十二条规定："宅基地使用权人依法对集体所有的土地享有占有和使用的权利。"但并未规定转让、抵押等对宅基地使用权

的处分行为。但是，物权法第一百五十三条和第一百五十五条却又规定："宅基地使用权的取得、行使和转让，适用土地管理法等法律和国家有关规定。""已经登记的宅基地使用权转让或者消灭的，应当及时办理变更登记或者注销登记。"可见，物权法的规定有前后不一致的情况。从学理和实践的角度看，应当解释为物权法允许宅基地使用权转让。关于宅基地使用权的抵押，与农地承包经营权一样，物权法第一百八十四条明令禁止抵押。但是，在现实中宅基地使用权随房屋一并抵押的情况时有发生。

土地管理法是我国专门调整土地管理方面的基本法律，该法第八条规定："农村和城市郊区的土地，除由法律规定属于国家所有的以外，属于农民集体所有；宅基地和自留山，属于农民集体所有。"该条规定了土地的国家所有和集体所有两种类型，明确了宅基地属集体所有。第六十二条规定："农村村民一户只能拥有一处宅基地，其宅基地的面积不得超过省、自治区、直辖市规定的标准。农村村民出卖、出租住房后，再申请宅基地的，不予批准。"第六十三条规定："农民集体所有的土地使用权不得出让、转让或者出租用于非农业建设；但是，符合土地利用总体规划并依法取得建设用地的企业，因破产、兼并等情形致使土地使用权依法发生转移的除外。"立法并没有明确禁止宅基地的转让，只是规定村民在转让、出租住房后，不得再申请宅基地。其立法本意是保护和限制改变耕地用途、保护农业用地数量的维持和国家粮食的供应，因此禁止的对象应是农业用地而非建设用地。

从当前的法律和司法实践来看，我国对农村宅基地使用权流转是持禁止态度的，禁止农村宅基地使用权的自由流转。这具有一定的缺陷性。

（一）农村宅基地使用权流转的立法滞后

目前，我国现有的法律中，仅有土地管理法、物权法对农村宅基地使用权的规范有所涉及，且规定十分有限，操作性也不强。这一方面增加了管理的难度，另一方面大量宅基地流转私下进行，扰乱了土地市场的正常秩序。而且自发流转行为和结果不受法律保护，无法律的约束和保障，当转让、出租行为发生后，双方发生矛盾和纠纷，一旦对簿公堂，法院只能依据法律规定判处交易不成立，从而不分谁对谁错，一味地维护本村居民的利益，这在一定程度上损害了买方的利益，违背了诚信原则，也助长了村民在处理宅基地交易案件上的无理行为。

（二）现行的农村宅基地管理制度导致宅基地闲置浪费现象严重

当前，农村宅基地闲置浪费较为严重。究其原因：其一，宅基地不能流转，使得资源不能得到充分的利用，造成土地资源严重浪费；其二，宅基地无偿使用，使得人们没有节约土地资源的紧迫感；其三，在我国城市化步伐加快、农民市民化的大背景下，农民留在农村的宅基地不能进入合法的流转，村集体组织又无权收回处置，导致农村出现“空心村”现象。

（三）现行的农村宅基地管理制度导致宅基地地下交易盛行

我国现行法律禁止农村宅基地的自由流转，但是在很多地方农村宅基地与房屋的地下流转却十分活跃，形成隐形市场，这种行为并不受现行法律的保护，属于私下流转导致“黑市交易”。双方一旦发生矛盾纠纷，法院只能要求双方自己协商解决，权益难以得到有效保护。“黑市交易”这种现状一方面导致房地产市场的无序和混乱，纠纷的不断，引发社会矛盾的日益激化；另一方面由于缺乏有效的监管体制，使得作为所有权人的农村集体经济组织反而未获得任何利益，国家也蒙受了税收损失。

（四）现行的农村宅基地管理制度违背了城乡统筹协调发展

现行法律严格限制农村集体土地的使用和流转，实质上是对农村集体土地的歧视。城镇居民对应的是商品房，而农民对应的是宅基地和农宅，商品房可以作为商品在市场上流通交易，而农宅则无法作为资产进入市场，明显体现了城乡差距与分割。按照物权法规定，农村宅基地只能在村集体内部流转，尚不允许城市居民或村庄以外的其他居民购买村庄的农民住房，也就是说，农民的宅基地使用权还不能转让给城市居民。城市和农村居民住房土地的法律规定存在较大差异，不利于城乡经济社会的统筹协调发展。历史发展到今天，农村宅基地的财产功能已经超过社会保障功能，农村宅基地使用权的流转变得越来越重要。

二、农村宅基地流转的现状及动因

随着我国工业化和城市化进程的不断发展，农村宅基地的价值日益显现，尤其是交通便利、地势优越的城乡接合部，于是催生了宅基地交易隐形市场的形成和发展。尽管多年来国家相继出台了一系列禁止农村宅基地向本集体以外单位和个人流转的规定，但收效甚微，屡禁不止。当前，许多地区农村宅基地流转的隐形市场依然十分活跃。居高不下的城市房价和较高的投资回报率是刺激农村宅基地流转市场活跃的重要因素。农村宅基地流转量大面广，但是由于现行法律和政策的限制，基本处于自发无序的隐蔽状态，引发的交易风险和权利不确定状态已经成为不可忽视的社会问题。

形成农村宅基地流转隐形市场的诱因很多，主要如下。

（一）宅基地使用权流转是现代物权发展的必然体现

现代物权法更强调对物的经济效益的价值追求，由过去单纯地强调归属转向对利用价值的追求。根据经济学的观点，判断财产权制度是否有效的标准之一，便是财产权具有可转让性。宅基地使用权作为一种用益物权，如果仅仅是确定其归属，则其财产的价值未能充分发挥。只有允许宅基地使用权流转，才能将资源流向有效的利用主体，实现资源的最优配置。因此，要实现对宅基地使用权的充分利用，除有明确的归属外，流转是实现价值的有效途径。这是宅基地使用权流转的理论基础。

（二）农民追求经济利益最大化驱动了宅基地流转隐形市场的形成

宅基地使用权的原始取得（使用）均是无偿的，则其流转的成本必然与昂贵的国有土地使用权形成巨大反差。城市土地市场经过几年的运作与完善，已经形成较为合理的配置，留给投资者的利润空间已经很小。况且，现在的城市土地市场已经形成较为饱和的局面。因此，投资者正逐步由城市转向城市郊区，进而是广大的农村低廉的土地。他们为追求经济利益的最大化纷纷私下转让多余住宅、宅基地以获取较高的收益。

（三）居高不下的城市房价推动了宅基地流转隐形市场的发展

农村人口的流动、城市化快速推进形成的空闲宅基地，为宅基地流转市场的形成提供资源储备。农民有进城的愿望，而一些城市居民则向往农村的田园风光；有条件的农民在城里买房，而有的城里居民也想在农村购房置产，于是形成利益互补，双方达成协议进行买卖。从而巨大的市场需求推动农村宅基地流转隐形市场的发展。

（四）多方融资的需要刺激了宅基地流转隐形市场的活跃

对农民来说，土地市场价值日渐明晰，随着新农村建设的推进，越来越多的家庭正在从事非农产业，许多家庭在扩大产业规模、调整产业结构时，或者遇到家庭成员重大疾病时，或者是子女上大学时，经常会遇到资金短缺问题，而通过出租、出售房屋能达到融资的目的，从而刺激了农村宅基地流转隐形市场的进一步活跃。

总之，农村宅基地长期以来私下流转灰色交易不断，并且屡禁不止，有其客观必然性和合理性，究其原因不外乎经济利益的驱动。虽然基于我国特殊的土地国情，实行最严格的土地管理制度，保护农民的利益，法律规定农民一户只能有一处宅基地，但是也应该清楚地看到农村一户多宅，空置、闲置住宅现象依然普遍，如何在保护农民利益的前提下规范和利用好这部分土地资源才是最重要的。

三、农村宅基地流转的现实意义

扩大国内消费需求是保持国民经济健康、可持续发展的关键。经济运行中，内需不足主要表现为消费需求不足，特别是农村消费需求低迷。因此，当前扩大内需的重点在农村，而难点也在农村。决定农村居民消费水平和消费规模的最重要因素是农民收入，虽然改革开放以来我国农村居民的生活水平有了很大提高，但农村居民收入的增长没有能够随着经济的增长而同步得到提高，因此广大农村居民有支付能力的消费需求就不能随着经济的增长而同步增长，这是造成农村居民消费率低的一个最根本的原因。在当前农民增收放缓的情况下，促进农村宅基地使用权的流转，实现农民宅基地和房屋的保值、增值，无疑是重要之举。

（一）允许农村宅基地使用权流转有利于农民财产性收入增长

对于农村宅基地制度改革的意义，如同家庭联产承包责任制一样，必将促进农民财富增长，释放农村经济的内在活力。宅基地使用权流转后，农民就有了自己完整的房屋产权，就可以到金融机构抵押、担保，获得创业、消费和生产发展资金。据专家测算，以全国两亿农户、户均 100 平方米估算，200 亿平方米的房产，按每平方米 300 元计算，农村房产市场将有 6 万亿元的市场潜力。如果仅仅按 10% 的抵押贷款比重，就会吸引 6000 亿元的贷款进入农村，为农民所用，这对农村生产和消费市场的启动将会发挥巨大作用。

（二）允许农村宅基地使用权流转有利于保护公民平等权利

我国宪法规定公民在法律面前一律平等，保护公民合法的私有财产。一方面，允许农村居民到城镇购置房地产，而不允许城镇居民到农村购置宅基地，对城镇居民来说是不公平的；另一方面，允许城镇居民自由转让其房屋，而农民自由处分其农宅的权利却受到限制，这实质上是侵害了农民的私有财产权。

（三）允许农村宅基地使用权流转有利于加快新农村建设步伐

农村宅基地使用权流转后，可以使城市大量资金向农村流动，新农村建设就有了坚实的物质基础。通过农民自建、城市开发商或城市居民购地建设、联合建设等大规模的建房活动，可以短时间内改变农村的环境面貌，促进新农村、小城镇建设，缩小农村与城市的差距。

（四）允许农村宅基地使用权流转有利于农村土地资源节约利用

目前农民的房屋呈院落型，占地较多，浪费严重。城市资本参与农村住房建设后，可以盘活宅基地存量，通过置换使宅基地相对集中，也可统一规划修建多层住宅，房屋向空中立体发展。节约下来的土地可以复耕，也可以绿化、美化农村环境。

四、农村宅基地流转的困境和出路

（一）理论困境和出路

1. 民法物权与行政管理权相冲突的权利困境和出路

宅基地使用权为民法体系下物权部分中的一种物权。民法上用益物权的内容为占有、使用、收益、处分。从私权与公权分类核心标准可知，民法物权在本质上可以理解为私权，物权是强调保障公民个人财产权利。作为私权，其核心要素是权利人可依其自由意志行使权利来实现利益①。因此，依据民法物权理论，宅基地使用权人有权利依法自愿行使全部权利内容。

宅基地使用权转让受具有公权性质的行政管理权约束。禁止宅基地使用权流转是带有浓厚公权色彩的行政管理权的体现。宅基地使用权人的收益、处分民法物权权能在实践中不能行使，证明宅基地使用权流转理论中民法物权与行政管理权相冲突的困境。

土地的稀缺性决定其受国家政府管理规范，财产的保护性决定其受权利人自由支配，所以，土地权利自诞生便处于物权和行政管理权冲突中，身陷私权与公权之争。就如拉伦茨所言：“在立法者看来，公法中对土地的建筑性或其他营业用途的限制，从某种程度上来说，只是具有拾遗补阙的性质，这些限制不会影响到所有权制度的核心，即所有物属于所有权人的排他的意志领域和支配范围。”②宅基地使用权在权利属性上确实存在着一定的困境，即本质上应为一种私权的宅基地使用权，却不得不无奈地被公权挤压，最终将不可避免地沦落为强大公权掌控下的名义上的“私权”③。故行政管理权的公法空间不应挤占民法物权的私法空间，宅基地使用权人对自己私权享有完

---

① 王红良．论集体土地所有权的民法属性 [J]. 广西政法管理干部学院学报，2008（2）.

② 卡尔·拉伦茨．德国民法通论 [M]. 王晓晔，邵建东，等，译．北京：法律出版社，2003.

③ 曹泮天．现行宅基地使用权制度的困境与出路 [J]. 河北法学，2010（10）.

全自由。

2. 公正与效率相考量的价值困境和出路

公正与效率在法律价值体系中处于天平两端，公正与效率价值蕴含在任何一部法律中，宅基地使用权法律制度也不例外。该制度公正价值在于控制土地稀有资源下，宅基地无偿取得，农民居之有所，社会稳定。该制度行使内容、禁止流转等规定体现了重视该制度的公正的价值取向，忽略其效率的价值取向。

宅基地制度重视公正严重忽视效率的价值取向符合计划经济时代国情，那么，现在我国市场经济日益繁荣的情况下，应当公正和效率兼顾。现实中，宅基地闲置、“空心村”等现象表明宅基地使用权缺少效率的弊端，应予以提高效率价值。“小产权房”以自己独特的方式抗议着该制度缺少效率价值的弊端。有学者认为，随着土地资源理念的不断强化和渗透，土地权利制度安排应从以“所有为中心”的设计转向以“利用为中心”的设计上来。宅基地使用权制度充分考虑效率目标是这一理念变化的要求①。因此，在价值理论上，宅基地使用权流转制度经受着公正和效率的价值考验。

现有宅基地使用权流转模式是对现有法律制度仅仅维持公正秩序的打破与革新。从某种意义上来说，秩序意味着一种利益的平衡，这种平衡可能来自外在，也可能来自内在。但是一种更体现文明、更值得尊重的秩序，其必定体现为一种内生的平衡②。不具有内生平衡特性的秩序可以被理解为一种未体现正义的秩序。因为，一种具有正义目的的秩序，应该是满足个人的合理需要和主张，并以此同时促进生产进步和提高社会内聚性程度的秩序。著名学者博登海默说：“法律的秩序要素所关注的乃是一个群体或政治社会对某些组织规则和行为标准的采纳问题，这些规则和标准就是要给予为数众多却又混乱不堪的人类活动以某些模式和机构，从而避免发生失控的动乱。”③“三化”协调发展中，市场经济资源配置产生的新产权——宅基地使用权，它并

① 刘俊. 农村宅基地使用权制度研究 [J]. 西南民族大学学报（人文社科版），2007（3）.

② 曹泮天. 现行宅基地使用权制度的困境与出路 [J]. 河北法学，2010（10）.

③ 博登海默. 法理学——法哲学及其方法 [M]. 邓正来，译. 北京：中国政法大学出版社，1998.

不具有宅权权能。产权的完整、市场的渴求与禁止自由流转两股对流造成的秩序紊乱，这是非正义的。故效率价值引入宅基地使用权制度，恰好与公正价值一起改善该制度现在的不平衡性，实现法律秩序均衡。

3. 计划生存保障与市场资源配置的功能困境和出路

市场经济资源配置中，土地及依附于它的权利流转，呈现出生产资料计划保障功能和发展竞争功能的冲突。人类社会经济制度建立之前，土地就天然具有生存保障功能。我国计划保障功能不仅基于历史原因而存在，而且在现有城乡二元结构仍长期存在的现实国情下而存在。宅基地仍是一部分农村生存保障的资源。大部分农民的居住权仍建立在宅基地制度之上，时至今日，宅基地仍体现计划保障功能。

宅基地作为财产和一种生产资料，可以给权利所有人和使用人带来经济效益。市场经济发展的过程也是对土地等生产资料进行资源配置的过程。宅基地使用权制度因固守其计划生存保障功能，而阻碍其发挥应有的市场资源配置功能，阻碍我国现有市场经济发展。宅基地使用权流转是让那些不需要发挥计划保障功能的宅基地使用权，按最佳方式进行资源配置。禁止宅基地使用权流转制度是阻碍其市场资源配置的竞争发展功能，流转恰好实现市场资源配置功能且不丢失计划保障功能。

（二）法律困境和出路

1. 登记制度混乱，流转交易困难

依据法律规定，城市土地及使用权要进行登记，登记是房屋交易及设定使用权流转的决定效力要件。同等性质的农村房屋及使用权登记法律规定模糊，行政法规滞后。农村宅基地使用权登记的现实是实务操作混乱，没有进行宅基地登记发证，权属模糊不清，增加了流转的困难和成本。征用或征收宅基地时，因未登记或登记不明，影响正常的征用或征收工作，这在转权模式中是法律困境；买卖、置换、继承宅基地中，因未登记或登记不明，造成本可以避免的宅基地纠纷，甚至导致流转行为无效。

严格限制宅基地交易的规定也是导致宅基地交易无从登记、无法公示的原因之一。不动产交易以登记为公示原则，由于缺乏农村宅基地交易的登记制度，现实交易方式非法律化。比如，流转公示并不通过土地登记来进行，而是以“众人作证”的方式，或是以村庄签发买卖土地的证明文件的方式进行。非法律化的方式相比法律方式更有效用，虽也节约了一定成本，但提高了争议纠纷的风险。无登记，仅凭建房申请书和审批文件，就向有关拆迁部门主张征地的补偿费用，纠纷便由此而生。无登记，房屋转让双方都无转让依据，纠纷发生难以处理。总之，宅基地登记应从我国国情和便于操作的实际出发，全面掌握目前宅基地登记实际状况，统一标准，强化登记管理工作，实现流转和登记法律有所依据。

2. 行政规制政策与司法审判准则的冲突和出路

目前，法院审理宅基地纠纷案件的司法审判依据有两种：一种依据是违反行政法律法规的强制性规定无效；另一种是法律规定的“使用权随房屋走”的原则。冲突表现为两方面：一是不同法院审判依据准则不同产生同案不同判的情形；二是两种审判法律依据准则适用冲突。采用第一种审判依据理由是，应采用行政规制政策作为审判依据。“地随房走”的规则产生的基础仍是国家对土地上不动产财产权的行政规制政策，但这样严重阻碍了宅基地使用权合理流转，且与现实中宅基地使用权试点改革中的有效合法行为产生法律障碍，更加违背降低交易成本的法律初衷。采用第二种审判依据的理由是，行政规制政策效力低于“地随房走”原则，宅基地使用权流转中大多纠纷仅涉及房屋所有权的流转，该原则解决现实中的农村住宅合理转让行为法律地位，易于解决现有“小产权房”问题，这其中客观上为城镇居民享有宅基地使用权提供规避法律的空间，置行政法规于无效地位。故司法审判依据行政法还是私法原则形成流转中的法律困境。

审理中，法律困境体现判决结果为认定宅基地买卖合同一般无效，例外有效。人民法院认为，有关宅基地管制的措施不属于行政法规的范围，只是行政管制措施，不能作为裁判的依据，对农村房屋买卖的土地使用证和房产证的颁发进行变通处理。这些法院裁判的依据是法律规定的“地随房走”原则，这又导致宅基地管制制度失去了约束力。因为现实中许多农村房屋交易的真正目的并不在于房屋本身而在于宅基地，交易者只是通过房屋交易的形式来实现宅基地交易。买卖合同效力认定不是法律困境的关键，而是“地随房走”的原则是否适用于农村宅基地交易的问题，因此有必要在理论上对“地随房走”原则作更深入的讨论。通过人民法院对宅基地使用权流转纠纷个案处理，渐进适时走出宅基地使用权流转的法律困境。

（三）现实困境和出路

1. 城乡统筹一体发展中城乡二元住宅建设用地制度困惑和出路

城镇发展中城市建设用地需求增加，在不占用耕地的情形下，仍要增加城市建设土地数量。城镇化目的是消灭城乡二元结构，宅基地使用权流转正是打破城乡两种土地制度模式，改进城镇和农村两重户籍制度的有效手段。宅基地使用权流转正是在促进城镇化，打破城乡二元住宅建设用地制度。农民可以在流转或者征用中获得应有的收益和补偿，实现城乡统筹一体发展，建立城乡一元住宅建设用地制度。

2. 城镇居民居住农村与农村村民居住城镇现实需求无法互置的冲突和出路

各级城市不同程度的雾霾天气，人多车多生存空间狭小，昂贵的房价，使得厌烦城市生活的城镇居民想到农村居住。越来越多阳光产业在农村扎根，来农村发展实业的城镇居民也需要居住。在以上因素作用下，“小产权房”兴起且大有市场。特别是进城务工的农村农民，其住房问题在城镇化进程中备受关注。一方面因为房价高和户籍问题，进城务工人员在城市居住条件恶劣，且短期无法改善；另一方面，进城务工人员长期在外，一户一宅的福利实际无法享用。也就是说，进城务工人员家里有房不能住，也不能产生收益，同时还要在城里花钱租房。宅基地使用权流转可以实现城镇居民入住乡村和农民居住城市需求互换满足，解决这个现实冲突。

五、实现农村宅基地流转的制度创新

农村宅基地使用权流转解禁之所以如此困难，关键在于两个核心问题，一是出于保护耕地的需要，这是我国整个土地法律法规和政策的基点，认为一旦宅基地使用权可以自由流转，难免导致投机行为、炒买炒卖、滋生腐败等一系列问题，造成耕地损失；二是保护农民基本权益的需要，认为宅基地使用权自由流转有可能导致处于弱势地位的农民失去安身立命之所，造成社会问题。这两种担心固然有其必要性和合理性，但并不能成为严格限制宅基地使用权流转的理由，我们不能因噎废食，漠视现行制度的弊端而置社会发展和现实需要于不顾。从社会实践的角度来看，固守原有的制度体系也不能很好地解决上述问题，耕地屡遭侵占，大批失地农民生活困窘，原有政策的有效性已经被社会现实所否定，是“疏”是“堵”必须抉择。因此，解决问题的关键在于设计合理的制度和有效的管理，而不是回避矛盾。就目前来看，对现行宅基地使用权流转制度的改革应着眼于以下几方面。

（一）创新农村宅基地制度的立法理念

物权法明确提出，要“保障一切市场主体平等法律地位和发展权利”。具体到宅基地方面，就是要保障农民和市民平等法律地位和发展权利。为什么同样是公有土地，城市土地使用权可以自由流转而农村宅基地却不行，为什么城市住房用地可以卖给农民，而农村宅基地却不能卖给市民。对农村宅基地流转限制实质上是对农民、农村的歧视，是一种不平等立法思想体现。农村宅基地财产权只有市场配置才能实现增值，才能体现其价值，农民的生存权和发展权等基本人权从而才有物质基础。物权法是调整财产归属关系和财产利用关系的法律规范，物权的主要功能在于确权。农村宅基地是一种重要物权，农村宅基地集体所有的归属关系在我国较清晰，因而农村宅基地利用关系本来应该成为物权法主要调整对象，结果却限制和禁止农村宅基地流转，这显然有悖于物权法的性质。因此，法律应明确农村宅基地的使用权是物权，并赋予农民宅基地以完整的物权。

其一要坚持所有权与使用权彻底分离原则。宅基地所有权属于集体，使用权属于集体成员，恰恰是彻底分离原则的体现。有学者认为，坚持所有权与使用权相分离原则，有助于最大限度地为我们服务。因为，依据最新权利制度中重利用的设计，分离后，使用权不受传统所有权四项权能之一的约束，而是一个动态发展的权利，所以，根据制度目标的需求，社会经济发展的需求变化，赋予宅基地使用权什么性质与具体内容[①]。笔者认为，坚持分离，符合土地的资源性和财产性，利于保护土地资源，利于为人类服务。但是，宅基地使用权这一动态发展的权利，其内涵应是不断丰富和发展的，其丰富和发展的方向应是符合物权效率原则和城乡统筹发展战略。

其二要兼顾效率与公平原则。有学者认为，权利设定应以效率为其价值目标。因为，宅基地使用权是以满足市场流转要素为目标拟制的，所以，将宅基地使用权拟制为一项独立的物权，符合物权类型的外观要求，如设立特定期限、明确用途等[②]。笔者认为，制度设立必须坚持公平正义这一自然法则，同样，宅基地使用权制度也坚持公平原则。不管其制度建立之初，还是发展中，均体现并坚持了公正原则。流转就是效率，宅基地使用权流转释放了该项制度的无限活力，并赋予其更强的生命力。

其三要尊重公共利益和农民自愿原则。有学者认为："宅基地使用权自由流转任何时候不能损害社会公共利益和整体利益这一最基本限制。因为根据物权法定原则，设定环节打造一个什么性质与状态的权利，取得和利用阶段也只能是这样的性质与状态。"我国利益冲突法则中，公共利益具有至高无上的地位。况且土地作为一种特殊资源和财产，其本身受公法和私法调整的特殊性，决定其利用时应平衡个人利益与公共利益。应恰当准确确定宅基地使用权，使其权利内容和行使范围都遵循公共利益。同时，根据民法意思自治原则，农民对流转潜在的风险，可能侵害到的利益，作为使用权人的权利人有权决定自己是否行使权利及选择何种方式行使权利，最大限度尊重农民自愿，宅基地制度流转的实现用尊重农民意愿来保住尊重公共利益的基本原则和限制。

其四要坚持权利期限有限原则。宅基地使用权有期限原则，可以一扫现在使用权无期限带来的利用效率极差的系列问题。王利明认为，为了保护农民的基本生存问题，宅基地因其福利性应具有无期性，一旦规定了期限，会威胁到农民的生存保障，引发农村社会不稳定性，且宅基地的社会福利性质

① 刘俊. 土地权利沉思录 [M]. 北京：法律出版社，2009.

② 同上。

也不应当设定期限[①]。有学者认为，无期限的城市土地使用权仍享受着生存保障和福利，两者联系并非必然。城镇居住房屋的建设用地使用权为 70 年，城市居民并没有因这一期限而不买房，也没引起居民的恐慌，引发社会不稳定，同时，到期自动延期的做法迎刃解决有期限的弊端。有人认为，所有权人和使用权人协商解决宅基地使用有无期限及期限多长。这种做法符合民法意思自治原则，但农村自治不成熟，多为乡村干部治理，很多地方没有按照国家法律规定期限实施，民法意思自治原则无法实现，同时也违反国家相关法律制度。集体经济组织可以根据相关规定和实际情况，决定是否收取宅基地续期的使用费，实现城市土地和农村土地等权，经济效益和社会保障效益双重实现。

（二）确立农村宅基地管理的改革目标

宅基地制度改革的最终目标是建立宅基地使用权自由流转的法律制度，完整体现农民宅基地的使用权。由于宅基地的取得具有无偿性，宅基地的使用具有保障性，因而不允许宅基地单独流转也有一定的合理性。但农民宅基地上的住房是农民私有财产，可以转让，根据“地随房走”的原则，宅基地的使用权会随着房屋所有权的转让而转让。改革宅基地流转法律制度，其核心内容是，在保持农村宅基地集体所有的基础上，政府取消原有的限制农村宅基地流转的相关规定，对手续齐备、建造合法的农村宅基地及其地上房屋，颁发《集体土地使用证》《房屋产权证》等证书，允许农村宅基地进入土地交易市场，和城市商品房、房改房一样，合法上市转让。

（三）构建宅基地流转的法律支撑

创新宅基地使用权流转制度均需要一套内容全、效力高的法律法规，相反，如果没有相应的法律法规给予制度保障，创新农村宅基地使用权制度是不可能的。中国现行的宅基地使用权制度是以保护宅基地的归属为核心建立起来的，要修改限制宅基地流转的法律和政策，赋予宅基地使用权更多的

① 王利明. 物权法 [M]. 北京：中国人民大学出版社，2007.

流通性，促进资源优化配置，才符合现代物权的价值化趋势。首先，完善不利于宅基地流转的产权制度。要明确宅基地所有权主体，确定所有权主体的权利和责任，最大限度减少所有权主体对使用权行使的干预。充实宅基地使用权的内容，修改完善现行法律禁止宅基地使用权转让、出租、抵押等方面的规定，探索宅基地使用权多样化的实现方式。其次，构建完善利益分配机制。要合理划分国家、集体和农民个人三者的利益关系。国家作为管理者，以税收方式对流转收益进行调整。集体作为土地所有者，其收益就是农业地转变为建设用地所引致的价值增值收益。农民在土地使用年期内因自己投资所致的价值增值部分从集体收益中分配。再次，建立规范有序的宅基地交易市场。打破城乡二元所有制障碍，尽快建立城乡统一的建设用地市场，以公开公平规范的方式转让宅基地使用权。最后，做好宅基地流转的配套服务。应建立宅基地地籍管理和土地评估制度、建立宅基地交易信息发布制度，并加快乡镇土地利用总体规划修编，合理确定宅基地规模和布局，保障宅基地按规划有序流转。

（四）探索农村宅基地使用权流转的制度设计

农村宅基地是农民安身立命之基础，事关农民的切身利益、农村社会的稳定以及农业的发展，设计一个既符合我国农村实际，又具有前瞻性的宅基地法律制度十分重要。现行的法律法规严格限制农村宅基地使用权的流转，致使宅基地资源无法正常流转，损害了农民的权益。所以要顺应现代物权法以用益物权为中心的发展趋势，按照市场经济的要求，打破限制宅基地流转的制度约束，创新宅基地使用权流转制度，充分发挥农村宅基地资源的经济效用。笔者认为，农村宅基地使用权流转的具体制度可设计为：

关于宅基地使用权的取得。目前“一户只能拥有一处宅基地”的限制性规定有必要改为“一户只能申请一处宅基地”的规定。这是基于宅基地的福利性而对宅基地使用权初始取得的限制，但不应成为宅基地使用权继受取得的限制，应当允许村民通过流转、继承等方式取得两处以上的宅基地。

关于流转的承受主体。不应有特殊身份的限制，应当突破本集体经济组织成员内的范围，任何单位或者个人均可成为宅基地使用权流转后的承受主体。

关于流转收益。鉴于之前无偿取得宅基地使用权的农村村民未向集体土地所有权人支付相应的对价，集体土地的收益权能不能得到实现，在宅基地使用权流转时，按照一定的标准向集体经济组织上交土地收益。

关于流转模式。应因地制宜地选择适合本地实际的流转模式，政府主导模式、土地合作社模式、个体自主流转模式等都是目前各地在实践中总结出来的可供借鉴的方法方式，要在坚持“群众自愿，政府适度干预”的原则下，分区域、有差别、按步骤地有效推进。

（五）建立严格的宅基地使用权流转管理体制

宅基地管理体制不确立、不确定、不明朗的情况，造成农村房屋与宅基地使用权权利主体怠于行使自己应有权利的积极性，宅基地大量闲置，权利混乱增加纠纷，登记管理体制严重缺位的实况，将宅基地使用权制度前进步伐向后拉退。

建立并完善流转交易审批制度。集体经济组织和村民的利益至高无上，不能侵害。从规范交易审批程序来建立严格的流转管理体制。如试行三级审核程序，依托村民自治现有体系，乡镇把第二关，再提交县级政府部门审批同意，否则宅基地的交易无效①。

建立农村宅基地评估制度。宅基地使用权流转制度发展中，农村房屋自动估价制度缺失，肩负宏观调控职能的国家，试行建立农村土地评估机制。最大限度保值闲置宅基地上房屋方式有两种：破损房屋拆除后，宅基地划入集体规划，无偿分配给无宅基地的集体成员；完好房屋，登记普查中对闲置 5—10 年的，列入待评估房屋范围，然后纳入“宅基地住房交易储备中心库”可进行交易②。基层政府要依法选拔和指定具有房屋评估能力的人员负责农村房屋和宅基地流转估价。该人员管理可参照《城市房地产市场估价管理暂行办法》，保证评估公正、独立、有效。估价方式多样，如买卖双方协商

① 周亮华，沈建新．农村宅基地流转现状分析及新制度构建 [J]. 宏观热点，2010（9）.

② 许祥云．农村空房土地如何确权 [N]. 中国国土资源报，2009-02-17.

估价一致，即可按该估价进行交易；如协商不成，就可以申请聘请政府评估机构进行专业测评。

建立规范有序的农村宅基地使用权流转市场体系。任何市场都是从荒芜到繁荣，农村宅基地使用权流转市场发展也应遵循该规律。作为微观经济行为的使用权流转行为，其调整是通过发挥价格基础调节作用来实现的，并达到最优效果。政府宏观调控宅基地使用权流转市场，价格调控是最有效、最直接的，价格必须在合理范围浮动，明令禁止出现价格虚高的现象。

（六）创新农村宅基地使用权流转的纠纷解决方式

2011 年，中央社会管理综合治理委员会等 16 家单位联合印发了《关于深入推进矛盾纠纷大调解工作的指导意见》，2012 年，最高人民法院下发了《关于扩大诉讼与非诉讼相衔接的矛盾纠纷解决机制改革试点总体方案》，并指定试点法院开展关于诉讼与诉讼相衔接的矛盾纠纷解决机制改革，进一步创新社会管理，健全多元纠纷解决机制，有效化解社会矛盾，促进社会和谐稳定，实现经济又好又快发展。

试点法院探索出“诉调对接”模式。法院立案庭设立“诉调对接中心（站、点）”的组织机构。其职能为有序引导当事人通过该模式化解纠纷，支持与指导人民调解组织、社会法庭、商事调解组织、行业调解组织以及其他具有调解职能的组织开展调解工作，帮助协调人民法院对各类非诉调解协议进行司法审查确认，充分发挥审判权的规范、引导和监督作用。诉调对接中心由立案庭、研究室负责人担任主任、副主任，工作人员从人大代表、政协委员、专家学者、律师、仲裁员、人民陪审员、离退休司法工作人员、法律工作者、党员干部以及其他德高望重、热心公益、群众信服、纠纷解决能力强的社会人士中选任，中心由常驻调解员和非常驻调解员共同组成。

该模式是人民法院积极探索参与社会管理创新的新方式，充分发挥审判权的规范、引导和监督作用，拓展延伸人民法院化解纠纷的功能和职责；优化整合了纠纷解决的各种力量和资源，建立完善诉讼与仲裁、行政调处、人民调解、社会法庭调解、商事调解、行业调解以及其他非诉讼纠纷解决方式之间的衔接机制；深入推动了各种纠纷解决机制的组织和程序制度建设，持续促进纠纷解决方式更加多元、便捷、灵活、高效，不断满足人民群众日益增长的新要求、新期待。

参考文献

著作类：

1. 杜润生. 中国农村制度变迁 [M]. 成都：四川人民出版社，2003.

2. 江平. 中国土地立法研究 [M]. 北京：中国政法大学出版社，1999.

3. 李剑阁. 中国新农村建设调查 [M]. 上海：上海远东出版社，2007.

4. 梁慧星，等. 中国财产法 [M]. 北京：法律出版社，1998.

5. 刘俊. 中国土地法理论研究 [M]. 北京：法律出版社，2006.

6. 孙毅，申建平. 建设用地物权——宅基地使用权 [M]. 北京：中国法制出版社，2007.

7. 尹飞. 物权法——用益物权 [M]. 北京：中国法制出版社，2005.

8. 陈小君. 农村土地法律制度研究 [M]. 北京：法律出版社，2003.

9. 陈健. 中国土地使用权制度 [M]. 北京：机械工业出版社，2003.

10. 王卫国. 中国土地权利研究 [M]. 北京：中国政法大学出版社，1995.

11. 王利明. 物权法研究 [M]. 北京：中国人民大学出版社，2004.

12. 徐武生. 担保法理论与实践 [M]. 北京：工商出版社，1999.

13. 叶剑平. 中国农村土地产权制度研究 [M]. 北京：中国农业出版社，2000.

14. 刘云生. 中国不动产法研究 [M]. 北京：法律出版社，2010.

15. 靳相木. 中国乡村地权变迁的法经济学研究 [M]. 北京：中国社会科学出版社，2005.

16. 蒋省三，刘守英. 防止村庄建设中侵害农民宅基地权利的倾向 [M].

北京：中国发展出版社，2007.

17. 刘俊. 土地权利沉思录 [M]. 北京：法律出版社，2009.

18. 喻文莉. 转型期宅基地使用权制度研究 [M]. 北京：法律出版社，2011.

19. 宋戈. 中国城镇化过程中土地利用问题研究 [M]. 中国农业出版社，2005.

20. 刘保玉. 物权法体系——中国物权法上的物权类型设计 [M]. 北京：人民法院出版社，2004.

21. 张广荣. 我国农村集体土地民事立法研究论纲——从保护农民个体土地权利的视角 [M]. 北京：中国法制出版社，2007.

22. 吴大英，任允正等. 比较立法制度 [M]. 北京：群众出版社，1992.

23. 张平华，李云波，张洪波. 土地承包经营权 [M]. 北京：中国法制出版社，2007.

24. 陈小君，等. 农村土地法律制度的现实考察与研究：中国十省调研报告书 [M]. 北京：法律出版社，2010.

25. 梁慧星. 中国物权法研究 [M]. 北京：法律出版社，1998.

26. 王泽鉴. 民法物权：通则・所有权 [M]. 北京：中国政法大学出版社，2001.

27. 陈小君，等. 农村土地法律制度研究——田野调查解读 [M]. 北京：中国政法大学出版社，2004.

28. 周诚. 土地经济学 [M]. 北京：中国大地出版社，1996.

29. 刘奇. 三农问题——走出制度困局 [M]. 合肥：安徽人民出版社，2005.

30. 吴远来. 农村宅基地产权制度研究 [M]. 长沙：湖南人民出版社，2010.

31. 张云华，等. 完善与改革农村宅基地制度研究 [M]. 北京：中国农业出版社，2011.

32. 王旭东. 中国农村宅基地制度研究 [M]. 北京：中国建筑工业出版社，2011.

33. 崔建远. 土地上的权利群研究 [M]. 北京：法律出版社，2004.

34. 林岗．产权分析的两种范式 [M]. 天津：南开大学出版社，2003.

35. 张良悦．城市化进程中的土地利用与农地保护 [M]. 北京：经济科学出版社，2009.

36. 中国社会科学院农村发展研究所宏观经济研究室．农村土地制度改革：国际比较研究 [M]. 北京：社会科学文献出版社，2009.

期刊报纸类：

1. 高圣平，刘守英．宅基地使用权初始取得制度研究 [J]. 中国土地科学，2007（2）.

2. 孟勤国．物权法开禁农村宅基地交易之辩 [J]. 法学评论，2005（4）.

3. 林德萍．建立农村宅基地新机制的思考 [J]. 农村经济，2004（9）.

4. 刘俊．农村宅基地使用权制度研究 [J]. 西南民族大学学报，2007（3）.

5. 汪军民．宅基地使用权的立法问题探讨 [J]. 湖北大学学报（哲社版），2006（5）.

6. 诸培新，曲福田，孙卫东．农村宅基地使用权流转的公平与效率分析 [J]. 中国土地科学，2009（5）.

7. 朱新华，柴涛修，陈利根．宅基地使用权流转制度改革的制度经济学解析 [J]. 中国土地科学，2009（4）.

8. 邱道持，赵亚萍，石永明，冯玲玲．农村宅基地流转激励机制研究 [J]. 西南大学学报（自然科学版），2008（10）.

9. 章波等．经济发达地区农村宅基地流转问题研究——以北京郊区为例 [J]. 中国土地科学，2006（1）.

10. 韩世远．宅基地的立法问题——兼析物权法草案第 13 章“宅基地使用权”[J]. 政治与法律，2005（5）.

11. 李翔、徐茂波．物权法不应限制宅基地流转 [J]. 中国土地，2006（2）.

12. 郭明瑞．关于宅基地使用权的立法建议 [J]. 法学评论，2007（1）.

13. 钱茜．我国农户住房、宅基地立法的历史比较 [J]. 农业经济问题，2005（12）.

14. 赵之枫．城市化背景下农村宅基地有偿使用和转让制度初探 [J]. 农业经济问题，2001（1）.

15. 王兰萍．论我国土地使用权和用益物权 [J]. 山东师范大学学报（社科版），1997（2）.

16. 陈柏峰．农村宅基地限制交易的正当性 [J]. 中国土地科学，2007（4）.

17. 李植斌．农村集体建设用地流转研究 [J]. 国土资源科技管理，2003（3）.

18. 朱岩．宅基地使用权评释 [J]. 中外法学，2006（1）.

19. 范晓杰．农村私有房屋可以用于抵押 [N]. 人民法院报，2000-11-11.

20. 高富平．物权法的十个基本问题——物权法草案修改意见 [J]. 法学，2005（8）.

21. 刘云生．农村土地使用权抵押制度刍论 [J]. 经济体制改革，2006（1）.

22. 高圣平，刘守英．集体建设用地进入市场：现实与法律困境 [J]. 管理世界，2007（3）.

23. 陈家泽．土地资本化的制度障碍与改革路径 [J]. 财经科学，2008（3）.

24. 丁关良，蒋莉．我国农村宅基地使用权转让制度改革研究 [J]. 中州学刊，2010（5）.

25. 沈守愚 . 陈利根．集体土地产权制度改进的理论与实践的法律思考 [J]. 南京农业大学学报（社科版），2007（1）.

26. 周洪亮 . 陈晓筠．从“一户一宅”的视角探讨宅基地使用权取得 [J]. 中国农业大学学报（社科版），2007（1）.

27. 何缨．“宅基地换房”模式的法律思考 [J]. 山东社会科学，2010（1）.

28. 蔡玉胜，王安庆．城乡一体化进程中土地利用存在的问题与对策——以“宅基地换房”模式为例 [J]. 经济纵横，2010（1）.

29. 蒲方合．宅基地使用权置换中的利益平衡机制研究 [J]. 经济体制改革，2009（4）.

30. 李延荣．集体建设用地流转要分清主客体 [J]. 中国土地，2006（2）.

31. 喻文莉，陈利根．农村宅基地使用权制度嬗变的历史考察 [J]. 中国土地科学，2009（8）.

32. 黎孔清、陈银蓉．现行农村宅基地使用权制度评价与改进创新 [J]. 农村经济，2010（1）.

33. 朱识义．欠发达地区农村宅基地使用权流转法律制度的完善 [J]. 求索，2010（1）.

34. 韩玉斌. 农村宅基地使用权立法的价值选择 [J]. 西南民族大学学报（人文社科版），2005（3）.

35. 李凤章. 集体土地所有权的本质：通过“空权利”来“反权利” [J]. 法制与社会发展，2010（5）.

36. 岳永兵. 公平视角下的宅基地流转浅析 [J]. 国土资源情报，2008（8）.

37. 张德瑞. 我国农民平等权利法律保障：回顾、反省与前瞻 [J]. 理论与改革，2005（4）.

38. 王洪亮. 小产权房与集体土地利益归属论 [J]. 清华法学，2005(5).

39. 顾建光. 中国城乡居民住房的福利效益比较研究——从市场与政府的角度 [J]. 中国经济体制改革，2009（1）.

40. 刘守军. 也谈农房上市交易 [J]. 中国土地，2005（3）.

41. 叶林荫，聂勇. 农村宅基地使用权制度研究 [J]. 河南金融管理干部学院学报，2009（1）.

42. 郭晓鸣，张克俊. 让农民带着“土地财产权”进城 [J]. 农业经济问题，2013（7）.

43. 刘锐. 农村宅基地退出问题再探讨 [J]. 中州学刊，2013（7）.

44. 邱道持，胡蓉，赵亚萍. 郑财贵对农村宅基地产权制度建设的思考 [J]. 调研世界，2008（8）.

45. 韩康. 启动中国农村宅基地的市场化改革 [J]. 国家行政学院学报，2008（04）.

46. 刘卫柏，贺海波. 农村宅基地流转的模式与路径研究 [J]. 经济地理，2012（2）.

47. 黎孔清，陈银蓉. 现行农村宅基地使用权制度评价与改进创新 [J]. 农村经济，2010（1）.

48. 范高峰. 农村宅基地使用权自由流转必要性探析 [J]. 人民论坛，2010（8）.

49. 王崇敏. 我国农村宅基地使用权取得制度的现代化构建 [J]. 当代法学，2012（5）.

50. 李敏飞. 农村城镇化进程中宅基地资源配置研究 [J]. 福建论坛（人文社会科学版），2013（1）.

51. 姜军松，杨建军，吕敏. 我国农村宅基地产权排他性问题探析 [J]. 湘潭大学学报(哲社版)，2012(6).

52. 许源丰，王敏. 中国转型期农村宅基地使用权的流转及其突破点 [J]. 东岳论丛，2010(3).

53. 朱明芬，邓容. 农村宅基地使用权隐性流转情况的实证调查 [J]. 农村经济，2012(12).

54. 付坚强，陈利根. 我国农村宅基地使用权制度论略——现行立法的缺陷及其克服 [J]. 江淮论坛，2008(1).

55. 朱新华. 农村宅基地制度创新效率“短板”的判断与治理 [J]. 经济体制改革，2012(3).

56. 张梦琳，陈利根. 完善农村宅基地征收补偿制度 [J]. 理论前沿，2009(15).

57. 张廷栓. 农村宅基地使用权流转制度探析 [J]. 人民论坛，2010(35).

58. 韩康，肖钢. 积极探索建立有中国特色的农村宅基地市场——启动农村宅基地市场化改革研究 [J]. 理论前沿，2008(13).

59. 姜红仁. 关于农村宅基地使用权继承的法律思考 [J]. 江西社会科学，2012(2).

60. 袁铖. 城乡一体化进程中农村宅基地使用权流转研究 [J]. 农业经济问题，2010(11).

61. 许建苏. 农村宅基地使用权制度探讨 [J]. 河北法学，2006(11).

62. 朱识义. 欠发达地区农村宅基地使用权流转法律制度的完善 [J]. 求索，2010(1).

63. 付鹏. 我国农村宅基地使用权制度的创新思路 [J]. 经济研究参考，2009(24).

64. 徐晓松. 中国农房登记的制约因素及制度改革思考 [J]. 天津师范大学学报(社科版)，2013(1).

后 记

宅基地使用权是物权法律体系中直接涉及农民权益的核心问题之一。中共中央多次强调：保障农户宅基地用益物权。现实表明，收益权正是农村宅基地权能中最薄弱的环节。在这样的背景下，研究探索农村宅基地的流转制度创新，不仅有利于丰富农户宅基地用益物权内容、有利于解决耕地保护与建设用地供给之间的矛盾、有利于增加农民的财产性收入，更有助于为中国新一轮经济增长提供内部支撑和持久动力。

《我国农村宅基地使用权流转制度研究》是赵保海教授在主持研究河南省哲学社会科学规划项目《基于农地产权制度改革的社会保障性物权研究》（编号：2014BFX002）的基础上进一步深化研究，形成本成果。

本书的写作集项目组成员长期的研究和教学成果，以马克思主义唯物史观为指导，以实证研究为手段，以法律保障为视角，以全国典型地区农村宅基地管理为样本，借鉴国内专家学者的最新研究成果，运用法学与其他相关学科理论，采用多种研究方法，从制度构建角度提出了操作性较强的可借鉴的我国农村宅基地流转制度创新的新思路。本书由河南中医药大学赵保海教授策划设计并撰写第一章，参加本书编写的还有郑州澍青医学高等专科学校的王晨（第六、七、八、九章），河南中医药大学的曹猛（第二、三、四、五章）、河南中医药大学的张会萍（第十章），南阳医学高等专科学校的张元凯（第十一章），河南师范大学的吕军书（第十二章），本书由赵保海教授统稿和修改。本书是集体智慧的结晶。

本书在写作过程中，参阅了国内外公开出版的大量文献资料，也得到了许多学界同人的大力支持和帮助，并且提出了许多具有借鉴意义的参考意见和建议，在此一并表示衷心感谢。同时，也衷心希望学界同人对本书观点提出批评意见，以便进一步深化研究。

本书编写组

2019.10